清史镜鉴

——部级领导干部清史读本

第七辑

国家清史编纂委员会
国家清史纂修领导小组办公室 编

國家圖書館出版社

图书在版编目（CIP）数据

清史镜鉴：部级领导干部清史读本·第七辑／国家
清史编纂委员会，国家清史纂修领导小组办公室编. —
北京：国家图书馆出版社，2014.9
ISBN 978 - 7 - 5013 - 5445 - 0

Ⅰ.①清…　Ⅱ.①国…　②国…　Ⅲ.①中国历史 – 古
代史 – 研究 – 清代 – 干部教育 – 学习参考资料　Ⅳ.①K249.07

中国版本图书馆 CIP 数据核字（2014）第 183181 号

书　　名	清史镜鉴——部级领导干部清史读本·第七辑
著　　者	国 家 清 史 编 纂 委 员 会　编 国家清史纂修领导小组办公室
责任编辑	许海燕
出　　版	国家图书馆出版社（100034　北京市西城区文津街 7 号） （原书目文献出版社　北京图书馆出版社）
发　　行	010-66114536，　66126153，　66151313，　66175620 66121706（传真），66126156（门市部）
E-mail	btsfxb@ nlc. gov. cn（邮购）
Website	www. nlcpress. com→投稿中心
经　　销	新华书店
印　　装	北京画中画印刷有限公司
版　　次	2014 年 9 月第 1 版　2014 年 9 月第 1 次印刷
开　　本	850×1168（毫米）　1/16
印　　张	18.25
字　　数	230 千字
书　　号	ISBN 978 - 7 - 5013 - 5445 - 0
定　　价	55.00 元

序

  清朝是我国历史上最后一个封建王朝，统治中国长达 268 年之久，其前期在发展经济文化、巩固国家统一、加强民族团结等方面甚有功绩。中叶以后，内外矛盾尖锐，外敌入侵，国内动荡，政治日益败坏，其失误和教训，实足发人深省。清亡距今不足百年，离我们时间最近，对我们的现实生活影响较大。"今天的中国是历史的中国的一个发展"，要根据中国国情，建设中国特色社会主义，就要学习和研究历史，特别是离我们今天很近的清史。

  新中国成立后，为了弘扬文化、传承国脉，党和国家领导人十分重视清史纂修，曾成立相关机构进行筹备，但由于种种原因，修史之事，几起几落，一直未能启动。2002 年 8 月，中央领导做出纂修清史的重大决定，相继成立了清史纂修领导小组、清史编纂委员会，清史纂修工程，于焉肇始。

  清史纂修不仅具有重大的学术价值，还和现实生活有着密切的关系，它不是网罗奇闻逸事，不是观赏陈迹古董，不是"发思古之幽情"，而是和时代脉搏的跳动息息相关。中国封建社会发展缓慢，延续了两千多年，到了清代，它具有什么特点？它的经济、政治、文化发展到了怎样的高度？清代众多的历史人物应该怎样评价？清代很多扑朔迷离的事件真相如何？为什么古代中国一直处于世界的先进行列，而到了清代却愈来愈落后？在统一多民族国家和整个中华民族发展史上，清朝统治的 268 年究竟处于什么地位？应该对其如何评价？如果没有外国的侵略，中国将会沿着什么方向发展，发展的前途可能会是怎么样？这些都是此次清史纂修所要研究和揭示的重大问题。

清史编纂工作自 2002 年启动以来，在党中央、国务院的关心下，经过海内外专家们的鼎力合作和辛勤努力，目前已有大批阶段性研究成果相继产生。在有计划、按步骤推进清史纂修的同时，为了更加全面、广泛、客观地反映纂修中取得的重要成果，及时将其应用于我国新时期新阶段社会主义现代化建设，充分发挥清史纂修在资政、存史、育人等方面的重要作用，经清史纂修领导小组副组长、文化部副部长周和平同志提议，在清史纂修领导小组办公室诸同志的努力下，于 2006 年 7 月开始编发《清史参考》。刊物集学史和资政于一体，兼顾资料性和时政性，择要刊登在清史纂修中形成的部分科研成果。内容大致涉及典章制度、名人史事、轶闻掌故、档案文献、学术争鸣、资料考证等，力求如实反映三百年清朝历史的真实面貌，给读者以较丰富、较切实之清史知识。

历史是已经逝去了的人和事的记录，是各个国家和民族的文化创造。人有反思往事的感情，有寻根问先的愿望，有从自身的经验教训中学习的天赋。人类在不断前进，但每一代人都是在前人的基础上进行创新，不断前进的。这就形成了文化的传承和历史的延续，形成了历史、现实、未来之间相通的无穷无尽的长链。现实深深植根于历史之中并通向遥远的未来。历史研究可以帮助人们在过去的远景中认识自己，并为未来的创新指点方向。历史学虽然不能像应用科学那样快速而直接地取得实用效益，但它的功能是长期的、巨大的。人类如果忘记了自己的历史，将会在现实和未来中迷失方向。历史学是传承文明、陶冶心灵、提高素质、建设社会主义精神文明所必需，也是了解社会、掌握国情、管理和建设国家、进行战略决策所必需。

《清史参考》创刊后赢得了较好的社会反响。办刊两年来，共有50余位专家在《清史参考》刊发文章。《清史参考》的作者，大多为清史纂修工作的项目承担者，也有一些是清史编纂委员会的骨干专家，都学有所长，是各自研究领域的佼佼者。所载文章不仅有很强的学术性，还多富深刻的现实意义，具有一定的参考价值，且篇幅短小、风格朴实、文字流畅、可读性强。应该说，对于现阶段社会上流行的种种"戏说"清史的文艺作品，能够起到一定的校正作用，用真实的历史史实来教育青年，教育大众。这本身也是历史学家们理应担负的一种社会责任。

近日，欣闻国家清史纂修领导小组办公室计划将《清史参考》结集出版，以扩大清史纂修的社会影响，使刊物资政、存史、育人之价值泽及社会、服务学界、繁荣文化，心喜之余，略缀数语，以为序言。

戴　逸

2008 年 7 月 28 日

目　录

社会文化

外交军事

读一点清史

李洪峰

　　中国共产党是具有深远历史视野和广阔世界眼光的伟大政党。

　　我们党历来重视历史经验的总结，历来倡导领导干部学习历史。毛泽东同志早在 1938 年就指出："今天的中国是历史的中国的一个发展；我们是马克思主义的历史主义者，我们不应当割断历史。从孔夫子到孙中山，我们应当给以总结，承继这一份珍贵的遗产。"（《中国共产党在民族战争中的地位》，《毛泽东选集》第二卷，人民出版社 1991 年版，第 534 页）邓小平同志强调"要用历史教育青年，教育人民"（《用中国的历史教育青年》，《邓小平文选》第三卷，人民出版社 1993 年版，第 206 页）。江泽民同志多次要求，党和国家各级领导干部尤其是高级干部，要带头读史，他指出："一名领导干部不善于从历史中吸取营养，不可能成为高明的领导者；一个政党不善于从总结历史中认识和把握社会发展规律，不可能成为顺应历史潮流的自觉的政党；一个民族不善于从历史中继承和发展本民族和世界其他民族创造的优秀文明成果，不可能屹立于世界民族之林。"（《高度重视学习中华民族发展史》，《人民日报》2012 年 7 月 31 日）胡锦涛同志深刻指出："只有铭记历史，特别是铭记我们党领导人民创造的中国革命史，才能深刻了解过去，全面把握现在，正确创造未来。"（《在十六届政治局第三十三次集体学习时的讲话》，《人民日报》2006年7月26日）习近平同志强调："领导干部不管处在哪个层次和岗位，都应该读点历史，通过学习历史不断深化对人类社会发展规律、社会主义建设规律和共产党执政规律的认识，不断丰富自己的历史知识，这样才能使自己的眼界和胸襟大为开阔，认识能力和精神境界大为提高，使自己的领导工作水平不断得以提升。"（《领导干部要读点历史——在中央党校2011年秋季学期开学典礼上的讲话》，《人民日报》2011年9月2日）

人类的历史，是一个不断地从必然王国向自由王国发展的历史。改革开放30多年来，我国的经济建设和综合国力增长取得了举世瞩目的伟大成就。同时我们也看到，随着经济社会的发展进步，在世情、国情、党情发生深刻变化的新形势下，我们面临许多前所未有的新情况、新问题，推动科学发展、促进社会和谐的任务更重了，对党的执政能力和领导水平的要求更高了。而实践反复证明，解决现实问题的要求越紧迫，对历史经验的借鉴越重要。我们更有必要从历史经验中寻找智慧，更有必要从不断认识和把握历史规律中增强前进的信心和勇气，更有必要把提高历史素养放到更为重要的位置上来对待，打好扎实的历史根底。

打好扎实的历史根底，才能更深刻地理解理论。中国共产党诞生本身就是中国历史发展的必然，是马克思主义同中国工人运动相结合的产物。正是在推进马克思主义中国化的历史进程中，我们党才实现了从理论准备不足到理论上成熟发展的历史性飞跃，产生了一系列重大理论成果，创立了毛泽东思想和包括邓小平理论、"三个代表"重要思想、科学发展观等重大战略思想在内的中国特色社会主义理论体系。这些我们党自己的科学理论形态，是我们党领导革命、建设和改革的强大思想武器，是中华民族自立于世界民族之林的强大思想武器，也是实现中华民族伟大复兴的强大思想武器。毛泽东同志讲过："指导一个伟大的革命运动的政党，如果没有革命理论，没有历史知识，没有对于实际运动的深刻的了解，要取得胜利是不可能的。"（《中国共产党在民族战争中的地位》，《毛泽东选集》第二卷，第533页）领导革命是这样，领导建设和改革也是这样。理论、历史和实践三者之间，是内在地联系和统一的。理论是对实践的总结，理论的源泉是实践。如果不是以实事求是的态度去了解中国人民在近代历史上的奋斗历程，了解中华民族五千年发展史的历史走向，就无法充分理解我们党的科学理论成果产生的历史必然性及其深刻内涵，就无法充分理解党的解放思想、实事求是的思想路线和各项路线方针政策的极端重要性，就无法充分理解中国特色社会主义道路、中国特色社会主义理论体系、中国特色社会主义制度的正确性，因而也就无法正确运用理论武器去解决现实问题。刘少奇同志说过，"不学地理、历史"，你就"理论不起来"［《对马列学院第一班学员的讲话（1948年12月14日）》，《刘少奇选集（上）》，人民出版社1981年版，第417页］。科学理论的产生，总是与一定的历史条件、一定的历史任务相联系的，只有充分理解科学理论产生的历史背景，及其在历史发展中被实践检验的过程，才能更加深刻地理解实践发展永无止境、认识真理永无止境、理论创新永无止境的深刻道理，才能在实践中自觉运用理论，不断丰富和发展理论，坚持高举马克思主义和中国特色社会主义伟大旗帜不动摇。

打好扎实的历史根底，才能更积极地认识现实。马克思认为，历史研究是人类认识世界、认识社会的唯一途径。他说："我们仅仅知道一门唯一的科学，即历史科学。"（马克思、恩格斯：《德意志意识形态》，人民出版社2003年版，第10页）马克思正是通过对以往人类历史的充分研究，才发现了社会历史发展的规律；正是通过对资本主义社会的深刻研究，才发现了资本的秘密。恩格斯也指出，"新的事实迫使人们对以往的全部历史作一番新的研究"（《反杜林论》，《马克思恩格斯选集》第三卷，人民出版社1995年版，第365页），这说明认识和解决现实问题，永远是我们学习历史的第一动力。我们党理论工作的方针是理论联系实际，是以正在做的事情为中心，我们必须自觉地坚持和贯彻这个正确方针。但这丝毫不意味着可以忽视历史的学习。司马光用17年时间修撰《资治通鉴》，认为历史"关国家盛衰，系生民休戚"（《进书表》，《资治通鉴》，中华书局1976年版，第9607页）。清代史学家顾炎武，研究历史以"经世致用"为目的，他的研究既重溯源，更重导流，举凡制度、吏治、地理、疆域、经济、风俗、学术、语言，几乎无所不包。他倡导的"读万卷书、行万里路"的治学方法，影响深远。作为具有悠久文明史的伟大的中华民族，正是在一次次历史危机、一次次王朝更替、一次次文化流变中，不断战胜困难和风险，不断解决复杂矛盾和问题，从而不断实现历史进步的。中国的特殊国情，很大程度上表现为历史的特殊性。只有正确认识和把握历史的来龙去脉，才能更积极地认识和把握现实。从而才能对我国社会主义初级阶段的基本国情及其在不同时期的新特点，作出正确判断；才能对形势的发展变化，保持清醒头脑；才能对我们前进道路上遇到的新的困难和新的风险，进行积极应对；才能调动起全党、全民族的伟大力量，做好长期艰苦奋斗的思想准备，始终保持坚韧不拔、奋发进取的良好精神状态。

打好扎实的历史根底，才能更坚定地创造未来。历史是我们走向未来的基石。总结历史经验，认识和把握历史规律，从来都是为了正确地创造未来。党的十八大高瞻远瞩，提出到中国共产党成立 100 年时全面建成小康社会，到新中国成立 100 年时建成富强、民主、文明、和谐的社会主义现代化国家。应该说，这"两个一百年"战略目标的提出，是基于我国改革开放 30 多年来的新鲜经验的科学总结，是基于新中国成立以来我国建设社会主义的艰辛探索的科学总结，也是基于 170 多年来我国历代仁人志士救国救民艰苦历程的科学总结，具有坚实的历史依据和现实基础。然而，面对中国的崛起，世界上有人时而鼓吹"中国威胁论"，时而又宣扬"中国崩溃论"。对此我们一定要保持高度警觉。像我们这样有 13 亿人口的东方大国、社会主义大国，从世界后列走到世界前列，必然会冲破一些旧东西，必然会带来一些新东西，也必然会遇到一些议论和阻力，这是意料之中的事，没有必要大惊小怪。重要的是，在走向世界、融入世界和提高自己、发展自己的过程中，我们要从建设世界强国的高度，深谋远虑，审时度势，正确把握我国所处的历史地位，正确把握国际和国内大局，正确把握共产党执政规律、社会主义建设规律和人类社会发展规律，扎实提高执政能力和执政水平，团结和带领全国各族人民，坚定目标不动摇，矢志奋斗不懈怠，稳中求进不折腾，不为任何风险所惧，不为任何干扰所惑，百折不挠地为实现中华民族伟大复兴的宏伟理想而奋斗，更好地为中国人民和世界人民服务。

打好扎实的历史根底，才能更主动地应对世界文化的交流、交融和交锋。现在，我国正处在充满机遇也充满挑战的时期，正在实现从经济大国向世界强国迈进的历史性跨越之中。建设社会主义文化强国，是这种历史性跨越的题中应有之义。建设社会主义文化强国，全党全民族必须有高度的、充分的文化自觉和文化自信。而高度的、充分的文化自觉和文化自信，只有在对本民族历史有深厚感情和深切了解的基础上才能形成。我们不能跟着

"西方文化中心论"走,"言必称希腊";不能搞历史虚无主义,数典忘祖。毛泽东同志 1960 年 12 月在会见外宾时,对批判地汲取和继承中国古代的优秀文化,曾经有很深刻的论述。他说:"应当充分地利用,批判地利用。中国几千年的文化,主要是封建时代的文化,但并不全是封建主义的东西,有人民的东西,有反封建的东西。要把封建主义的东西和非封建主义的东西区别开来。封建主义的东西也不全是坏的。我们要注意区别封建主义发生、发展和灭亡不同时期的东西。当封建主义还处在发生和发展的时候,它有很多东西还是不错的。反封建主义的文化也不是全部可以无批判地利用的。封建时代的民间作品,也多少都还带有封建统治阶级的影响。我们应当善于进行分析,应当批判地利用封建主义的文化,而不能不批判地加以利用。反封建主义的文化当然要比封建主义的好,但也要有批判、有区别地加以利用。我所了解的是这样,我们现在的方针是这样。至于充分利用文化遗产,我们现在还没有做到。"(《毛泽东文集》第八卷,人民出版社 1999 年版,第 225 页)毛泽东同志这些思想,具有长远指导意义。文化是一个民族的根脉和灵魂,文化的根脉不断,国家和民族的发展就会生生不息。丢掉了自己的文化,最终会丧失一切。文化兴则国兴,文化强则国强。在日益激烈的国际竞争中,我们只有守住中华民族的文化根脉,才能自觉、自信地应对世界各种文化的交流、交融和交锋,才能从容大气地立足于多元化的世界文化格局,才能真正实现由经济大国到世界强国的历史跨越。

清朝是我国最后一个封建王朝,清代历史的经验教训尤其值得重视。特别是 1840 年鸦片战争以来,西方列强竞相欺辱中国,人民惨遭屠戮,割地赔款不断,中华民族遭受了世所罕见的巨大苦难、进行了艰苦卓绝的伟大斗争。清代的遗产是厚重的、丰富的。其间发生了若干重大事件、产生了许多杰出人物,积累了不少治国理政的历史经验，也留下了很多令后人扼腕的历史教训。特别值得指出的是，在晚清中华民族到了最危险的时候，在帝国主义、官僚资本主义和封建主义三座大山的压迫下，中华民族的精神火炬反而愈益放射出惊天地、泣鬼神的灿烂光辉，经过辛亥革命、新民主主义革命，在中国共产党的领导下，终于形成燎原之势，开创了走向民族伟大复兴的历史新纪元。

历史发展到今天，中华民族受人欺辱的时代已经一去不复返了。但前事不忘，后事之师，一个郑重对待历史并善于从切身经验学习的民族，才是一个真正强大、真正有希望、真正走得远的民族。为了帮助大家了解和研究清史，我们编选了这本《读一点清史》（人民出版社 2013 年 3 月出版）。收入本书中的文章，都是在清史研究领域较有影响的专家所撰写。在篇目的选择上，我们尽可能做到涵盖面宽一些，以对清代历史上的重要人物、事件和历史发展过程提供一些线索，意在抛砖引玉，引发大家进一步的阅读和思考。

作者简介

李洪峰，国家清史纂修领导小组原副组长，中华人民共和国国史学会顾问，中国书法家协会会员，研究员。著有《伟大复兴与战略思维》《论邓小平》《论陈云》《论十七大的历史性成就》《大国崛起的文化准备》《经济学读书笔记》《政治学读书笔记》《文化学读书笔记》《历史学读书笔记》《〈中国共产党章程〉学习笔记》等，主编《毛泽东邓小平论中国国情》《毛泽东邓小平论实事求是》《老一辈革命家论党的建设》《中国廉政史鉴》等。

从"元旦开笔"看清帝治世思想的变化

邹爱莲

清朝皇帝每年都要举行各种礼仪礼俗、祈福祈愿等文化活动,这些活动无不打着政治思想的烙印。其中每年开年的第一项活动,就是大年初一举行的"元旦开笔"写吉字。虽规模不大,但寓意深刻,吉字内容颇能反映清朝皇帝治世思想的变化。

开笔仪式寓意:金瓯永固 玉烛常调

清代称春节为元旦,元旦开笔,又叫"元旦举笔""元旦动笔",本来是流行于民间的一种习俗,即元旦这天,人们在红纸笺上写两句话,第一句话写"元旦开笔",第二句话写自己当年最大的心愿,如"元旦开笔,百事大吉""元旦开笔,读书进益"等等。

清朝皇帝从雍正年间开始,仿民间习俗举行元旦开笔的仪式,但较民间增加了庄重的礼仪程序,而且在内容上赋予了更多的社会政治意义和思想内涵。

其开笔仪式具体是,皇帝大年初一起床洗漱后,须赶在子刻时分,到养心殿东暖阁临窗处,研墨开笔。东暖阁窗纸通明,故曰"明窗","取明目达聪之义"。是时,在紫檀长案上,先置一寓意大清疆土、政权永固的"金瓯（ōu，杯，'金瓯'指国土）永固杯"（见图一），盛入屠苏酒，然后点燃一支蜡烛，再用朱漆雕云龙盘盛古铜八趾吉祥炉和两个古铜香盘，将笔管先在炉上微熏，然后用这笔端曰"万年青"、笔管镌"万年枝"的专用毛笔，写下对新一年的希望、期盼和要实现的主要目标。吉字写在两种纸上，一般先用红笔在黄纸上写数句，再用墨笔在红纸上写数句，或在黄纸上，先用红笔书中行，再用墨笔书左右行。写完后，皇帝亲自把所用物件收妥，交人收贮，备来年开笔时再用。写好的吉字放入专门的黄匣内封存，不许任何人拆看。等到第二年开笔，写的吉字仍放入该匣。一直到这位皇帝去世，他所写的元旦开笔吉字均完整封存在内，甚至要求其子子孙孙都"不许开看"。

图一　清宫藏金瓯永固杯

开笔吉字内容：江山巩固　农业丰收

清朝皇帝元旦开笔的内容，不像民间那样仅仅写两句话，其开笔吉字，多者上百字，少者几十字。祈望政权巩固、国家安定和风调雨顺、农业丰收是每个皇帝开笔中最主要、最基本的两项内容。如雍正元年（1723），雍正帝在朱笺上分别写下的吉字是"春韶介祉，开笔大吉"和"宜入新年，万事如意，五谷丰登，天下太平，民安乐业，边尘永息，大吉大吉"。乾隆元年（1736），乾隆帝开笔写了三笺心愿，第一笺上写道："登基宜良，天下太平，五谷丰登，风调雨顺，日月光明，万民乐业，四海清宁，刀兵永息，长享升平，所求如愿，所愿遂成。"第二笺中行用朱笔写道："元年元旦，海宇同禧，和气致祥，丰年为瑞。"右行和左行用墨笔分别写道："愿共天下臣民永享升平""所愿必遂，所求必成，吉祥如意"（见图二）。最后在第三笺中更尽情发挥，先用朱笔写了"天清地宁，海晏河清，天下太平，万姓安生，雨旸（yáng，新日发光）时若，百谷丰登，臣民乐业，上下安宁，中外清吉，所向皆从，风调雨顺，大有年成，所求如愿，所愿皆成"，又用墨笔写道："新年大喜，四季八节十二时永永平安，吉祥如意。"

除江山社稷和农业收成外，针对上一年发生的大事难事，在清帝开笔中也有所祈求。如，由于雍正是经过一番兄弟相残的激烈争夺当上的皇帝，虽以严厉手段逐渐剪除了异己势力，但宫中并不安宁。所以在位前8年中，有6年的元旦开笔他都祈求"宜入新年……宫中清泰平安""……宫闱清吉平安""……宫中清吉和宁"等等。雍正八年，皇帝得了一场大病，经过一场生死大劫后，在九年元旦开笔中他写下"新年节令……无灾无病，此吾之愿也"，期望的是自己身体健康。

乾隆帝初掌政权时，用的是雍正帝留下的老班子。这些旧人尽管对新皇帝俯首帖耳，但乾隆帝使用起来并不得心应手。他深感缺少自己十分中意的人才，所以在乾隆二年至四年的元旦开笔

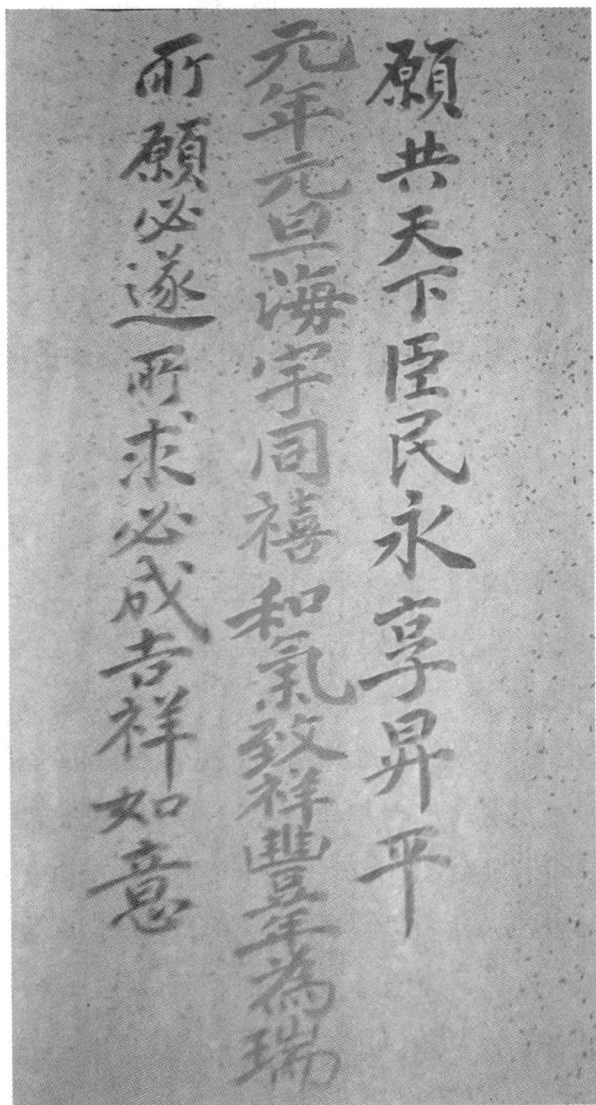

图二　乾隆元年乾隆帝元旦开笔第二笺

中，每年都有"敷政宁人……贤才挺生""贤才汇征，为邦家光"的祈望，表达了他迫切渴望多得人才的心情。

　　乾隆十二年至二十五年西南、西北战事期间，皇帝开笔中年年都有"西海早靖"的祈愿。十四年开笔中写道："早平金川，奏凯班师，大吉。"二十年写道："天下太平，远夷归化……四海宾服，九州丰乐。"二十一年写道："天下太平，捷音早报……永靖海边，化洽中外。"二十二年写道："捷音早报，永靖西海，天下太平，万民安泰。"二十三年写道："天下太平，捷音早报……边庭宁静，远近归化。"二十四年写道："平定回部，大吉大利……早开捷音，如期应愿。"

开笔吉字解读：
清帝治世思想变化和清朝兴衰转折的反映

虽然元旦开笔仅是春节文化的一种习俗，清帝每年的祈愿语也犹如说不完的套话、吉祥话。但作为一国之君，他们的祈望反映的是其执政思想和理念。解读他们的开笔吉字，不仅可以看出其本人的思想变化，甚至可以从中找到清朝社会兴盛衰亡的影子和思想根源。

康雍乾三朝是清代社会的鼎盛时期，细细品读雍正帝和乾隆帝留下的开笔吉字，除"雨旸时若""和气致祥""三阳开泰""吉祥如意"等雷同的吉祥语外，每年国家发生的重大事情在元旦开笔中都有体现，并且他们每年还都有一些新的祈求和愿望。正是在这不断的期望、不断的奋斗中，清朝社会不断发展，达到了康雍乾盛世的顶峰。从他们每年不一样的开笔祈愿中，我们解读到的是盛世统治者不懈的进取精神。

乾隆中期以后，清朝由盛转衰，从乾隆二十五年开始的元旦开笔吉字变化中，已经传递了这种信息，特别是从嘉庆以后各位皇帝的开笔吉字中，更明显地反映了这种状态。

乾隆二十五年，历时 5 年的平准、平回战争结束，乾隆帝亲至良乡城南，登坛列纛（dào，军中大旗），行郊劳礼，迎接凯旋的将士，至此，乾隆帝基本完成了康熙、雍正帝未竟的事业，统一了西北。大功告成，乾隆帝开始产生"武成功定"的骄傲自满心理。在这一年的元旦开笔中，他写道："二十五年元旦，天下太平，万民安泰……武成功定，休养生息。"这种思想一经产生，便一发不可收拾，反映在元旦开笔中，从乾隆二十七年开始，除笼统的吉祥话外，再未有任何新的目标和祈求，其每年的元旦开笔形成了固定不变的 24 个字："宜入新年，万事如意，三阳开泰，万象更新，和气致祥，丰年为瑞。"在此后他当政的 33 年和当太上皇的 4 年间，每年开笔所祈所求，内容再无一字改变。并且从这一年开始，开笔吉字由原来的 3 笺变成只有简单的 1 笺。

从每年大年初一满怀信心地写下新一年的期望和目标，到 37 年间无任何新的期望和追求，这背后传递的是最高统治者指导思想的变化，这种变化给清朝社会的发展带来的是不可挽回的影响。一个国家、一个社会不断前进、不断发展的活力之源是要不断有新的追求和目标，思想创新是人类进步的灵魂，新的目标更是鼓舞斗志、积极进取、奋发向上的动力，当思想上没有新的期望和追求、事业中没有新的奋斗目标时，也就没有了前进的动力和源泉，社会必然衰退。在极端专制的时代，皇帝的思想和意志不仅能够影响，甚至能够主导社会的发展。乾隆帝的一言一行，深深影响着当时的社会。当他志得意满、思想开始僵化、开始倦政、再也没有新的追求时，社会弊端开始快速积累，前进的步伐也就逐渐停滞。所以，虽然清朝中衰停滞的事例大多发生在乾隆四十年后，但追溯其思想的发端则在这之前，乾隆二十五年元旦一早的开笔，给他以后的治国指导思想和原则定了调。

可叹的是，到了嘉庆时期，这种状况不仅没有任何改变，甚至嘉庆帝的每个开笔吉字都是从其父那里原原本本抄录下来的，并且一抄就是 25 年。据嘉庆帝"御制元旦开笔诗"记载，他当皇帝的第一年春节子时，太上皇乾隆帝在养心殿东暖阁临窗处，将整个开笔程序示范了一遍，当年乾隆帝写下的仍是 33 年来一直写的 24 个字："宜入新年，万事如意，三阳开泰，万象更新，和气致祥，丰年为瑞。"嘉庆帝当时也就仿照这 24 个字写下了当皇帝后的第一份元旦开笔。从此，嘉庆帝年年元旦重复着这 24 个字，一直到去世。嘉庆朝 25 年，加上乾隆朝 33 年，合起来计算，这份 24 字的空话、套话，经两任皇帝共念了近 60 年。两任最高统治者 60 年祈愿没变化，一个国家 60 年无新的发展思路，思想僵化如此，要想不衰退落后，岂有可能！

再到晚清同治、光绪、宣统时期，几个小皇帝的开笔吉字大都是由大臣提前拟好后，再由小皇帝抄写的，连吉字的内容寓意，他们可能还都不十分明白，更谈不上有新的祈望和目标了。为求"金瓯永固"的皇帝元旦开笔之典，至此也就完全失去了它的政治价值和意义。

作者简介

邹爱莲，女，1956 年生，山东人。国家档案局巡视员、研究馆员，国家清史编纂委员会委员。相关学术成果有《清代金榜——通向紫禁城之路》《清代的文书档案》（合著）《御笔诏令说清史》（合著）《中葡关系档案史料汇编》《清代中国与东南亚各国关系档案史料汇编》等，发表论文 40 余篇。

皇太极的人才战略

张玉兴

皇太极继位伊始，面对的是努尔哈赤留下的内外交困的乱摊子。当时，努尔哈赤所建立的后金，虽然早已脱明独立，雄踞辽东，但由于其晚年逆势而行，举措荒谬，导致内外形势严峻，统治者面临各种错综复杂的矛盾。汉人的反抗与逃亡不断发生，满汉对立日益尖锐。后金同明朝的战争不仅毫无进展，且因宁远一败而锐气大丧。作为一国之主，皇太极痛感朝中人心不稳、人才匮乏，明智地提出了"图治以人才为本"（《清太宗实录》）。他所实施的人才战略较为成功，为清朝立国大业奠定了基础。

一、营造留住人才的氛围

为留住人才，皇太极积极调整民族政策，争取汉人支持，创造相对安定的社会环境。他不再强行让满汉合住，令广大汉人分屯别居，编为民户，并修改《离主（解除主奴关系）条例》，主张宽大处理逃人，限制杀戮，社会矛盾得到缓解。

皇太极颁令说："治国之道，莫先安民。我国中汉官汉民，从前有私欲潜逃，及令奸细往来者，事属以往，虽举首概置不论。"意在安抚稳定人心。他对努尔哈赤时期有过叛逃记录或被怀疑者，多重新加以任用，如此前被罢免的副将刘兴祚、游击李延庚等。努尔哈赤弃置不用的总兵李永芳也重现政治舞台，皇太极旋以其投诚最早，授三等昂邦章京世职。嗣后皇太极又一再颁发优养汉人之谕，严厉处置屠戮永平汉人的大贝勒阿敏。他在训诫八旗将士时说："向者我国将士于辽民多所扰害，至今诉告不息。今新附之众，一切勿得扰害。若仍前骚扰，实为乱首，违者并妻子处死，必不姑恕。"

经过努力，努尔哈赤晚年造成的满汉尖锐对立的紧张局面有所缓和，社会环境趋于安定。

二、广泛搜求人才的举措

皇太极鉴于努尔哈赤时期选拔人才没有定规、缺乏人才保证的问题，决定通过开科考试、直接提拔等方式广纳贤才。从天聪三年（1629）四月开始，后金设立文馆，但起初规模有限，人员成分单一，仅有儒臣10人，且全是满人。这对新兴政权发展的人才需求来说，远远不够。为此，皇太极决定设法广泛搜求人才。

其中，最为引人注目的是天聪三年九月的儒生考试。努尔哈赤在世时，尤其是挺进辽沈后，推行戮儒政策。天命十年（1625）十月曾下令"察出明绅衿，尽行处死，谓种种可恶，皆在此辈"，要将后金国中的汉人儒生斩尽杀绝。此举不得人心，皇太极对此也深有体会。他下令让隐匿得脱的诸生出来参加考试，此次共从300名儒生中选拔出200人，分别选送文馆等部门。被选中者可谓精英，其中如范文程、马国柱、杨方兴、王文奎等后来成了皇太极的重要谋臣，为其大业的发展起了非同小可的作用。

皇太极还以直接擢升、发动举荐、鼓励自荐等方式搜求良才。如直接从奴隶中提拔宁完我，从俘虏中提拔蒋赫德等。其中宁完我是自荐而出，被破格授予参将，他既得任用，随后又一连举荐了五人。

三、扩大人尽其才的局面

上述许多人才原来的经历十分悲惨和屈辱，如果没有皇太极的提拔、信任与使用，或许永无出头之日。在皇太极制定治国大政方针时，许多策略都为文馆文臣所献，文馆也因此成了他的"政策研究室"。皇太极在文馆建设中起了至关重要的作用，没有他对人才的极力搜求，便没有文馆的存在与发展。现存于世的《天聪朝臣工奏议》一书，如实记录了作为皇太极智囊团的文馆诸臣以及汉人文士、官员畅所欲言、人尽其才、坦诚真切地竞相设计治国方略的情形。

在当年文馆诸臣中，有两位最为突出，那就是同为奴隶出身的宁完我与范文程。宁完我提出"参汉酌金"的重要原则，即建设方针要效仿明制，但不能生搬硬套，而应有取有舍，有自己的特色。他还提出一系列改革后金政治体制的建议，如设六部、立谏臣、更馆名、置通政、辨服制等主张。范文程则是皇太极最为倚重的谋士之一，凡有机密大事必召共议。诸多重要文件皆由文程起草，皇太极初尚审阅，后便不再细看，说："汝当无谬也。"（李霨《内秘书院大学士范文肃公墓志铭》）他终成文臣领袖，辅佐皇太极创业，日后又为统一全国立下了不朽功业，是名副其实的清朝开国元勋。

四、精心储备人才的远略

皇太极的人才战略不仅有近谋，即注重现实，解决当前问题；更有远略，即着眼长久，为将来谋划。天聪五年闰十一月，他下令八旗各级官员送子弟入学读书，在八旗中进行教育普及；八年四月，首开科举，并逐渐常规化、制度化，这为日后的人才储备打下了基础。清兵入关后，这些子弟多为督抚大员，已成长为清朝政权的中坚力量。

除上述这些制度性保证外，皇太极还对在战争中掳获的一些重要人士或降而复叛者，设法争取，加以留养，以为日后之用。其中张春、祖大寿、苗君稷与洪承畴，便是他颇为用心争取之人。

张春是明朝太仆寺少卿、监军兵备道，于大凌河之战被俘。皇太极将其带回沈阳，虚心隆礼相待，盼其投降。然张春始终保持明臣气节，坚毅不屈，10年后绝食而死。虽如此，皇太极却赢得了爱惜人才的美誉。

明将祖大寿在大凌河之战中因粮尽援绝投降后金，随后复叛，逃回锦州坚守。皇太极因祖大寿是辽西祖氏家族集团势力的核心人物，一再耐心劝降争取。11年后，祖大寿计穷乞降，皇太极仍授以总兵。这充分展示了皇太极容才、爱才和争取人才的远虑与襟怀。

苗君稷是昌平人，诸生出身，崇德三年（1638）被清兵所获。皇太极欲加重用，被断然拒绝，威胁利诱皆无所动，遂同意其出家修道的要求，以慢慢软化之。虽然苗君稷矢志不移，终身为道士，但历经崇德、顺治、康熙三朝，面对社会的变化，他冷静思考，与时俱进，其诗歌反映了这一进程：由谴责清兵之暴虐，到咏叹国家的统一，并有"雄图开辟太宗多"（《焦冥集》）之句，成为清朝由野蛮到文明的历史见证人。

明朝蓟辽总督洪承畴兵败被俘，皇太极反复规劝，终使其投降。皇太极当即令置酒陈百戏庆贺。对此，满洲诸将皆不悦，皇太极反问：我等栉风沐雨者，究欲何为？众言：欲得中原耳！皇太极笑曰："譬诸行者，君等皆瞽（gǔ，瞎眼）目，今获一引路者，吾安得不乐也！"（昭梿《啸亭杂录》）众乃服。终太宗一朝，洪承畴虽一直未用，然清兵入关之后，他成为平定中原的先锋，其功甚伟。皇太极储才战略终收实效。

虽然皇太极一生用人也有不少失误和局限，如他重用的刘兴祚，后来却叛离后金，但其人才战略总体上是成功的，且开清代风气之先，其重视人才的思想，为后代统治者所继承。八旗办学及开科取士逐渐完善成为制度，为清朝后世所遵行。康熙、乾隆年间的博学鸿儒及博学鸿词科之举行，正是仿效皇太极不拘一格广揽人才做法的实例。

作者简介

张玉兴，1939 年生，辽宁铁岭人。辽宁社会科学院历史研究所研究员。著有《南明诸帝》《清通鉴·顺治朝》等，发表学术论文 80 余篇。

顺治年间一起震动"天颜"的
"黑社会"性质大案

郑永华

清初诗人吴梅村作有《偶得》一诗:

家居柳市匿亡逃,轻侠为生旧鼓刀。

一自赤车收赵李,探丸无复五陵豪。

这首诗中使用了大量典故,如柳市、轻侠、鼓刀、赤车、赵李、探丸、五陵豪等,几乎每个词汇都有特定含意,不知出处者很难索解。乾嘉时期学者赵翼指出,此诗所咏,其实"乃顺治九年(1652),世祖拿获京师大猾李应试、潘文学二人正法之事"(《瓯北诗话》)。这是清初一起震动"天颜"的"黑社会"性质大案。

利用《清实录》等史料,我们可以大致复原这起惊天大案的前因后果。本案主犯李应试、潘文学二人虽未有一官半职,但在京城却是赫赫有名的人物。李应试别名"黄膘李三",在明末即因重案被抓入大牢,后来"漏网出柙(xiá,囚笼)",名声渐起。明清易代后,李应试"豢养强盗,勾聚奸枭",将社会强梁人物招聚旗下,渐成元凶巨盗,凡事都不必亲自出面,"所喜者,即有邪党代为市恩;所憎者,即有凶徒力为倾害"。潘文学是马贩子，他"潜通贼线，挑聚膘健马骡，接济远近盗贼"，以其职业优势为非法之人提供交通便利，"群盗得骑，如虎生翼"。李、潘二人勾结后，所聚之人愈多，遂至"盘踞都下，多历年所。官民震慑，莫敢撄锋"（《清世祖实录》）。

这个犯罪团伙的巨大势力是如何形成的呢？首先是对某一区域或某一行当进行控制，攫取巨额利益，积累大量财富。李应试利用自己结纳强梁的"声望"，通过"交结官司，役使衙蠹"，大肆向手下喽啰以及商铺收取"保护费"，以致"远近盗贼，竞输重赀；南城铺行，尽纳常例"。更严重的是，李应试还盯上了崇文门的朝廷正税。清人查嗣瑮（lì）曾赋诗说："九门征课一门专，马迹车尘互接连。内使自取花担税，朝朝插鬓掠双钱。"可见崇文门税关的重要地位。李应试设法插手，于"崇文门一应税务，自立规则，擅抽课钱"，聚敛了大量钱财。至于潘文学，则垄断了其所在马市的生意，良种好马几乎都收归麾下。"每次多或一二百匹头，少或数十匹头"，或用于交结权贵要人，或用于接济手下，通过垄断，所得不菲。

其次，是以向官府渗透的方式编织保护网。李应试以其非法所得巨资，"交通官吏，打点衙门"，向各级办事人员大肆行贿，同时竭力交结要员。潘文学则向新入关的满洲权贵提供良马美畜。两人打通了从中央到地方各级衙门的关系，势倾一时。而汉官文人多认为通过李、潘可以接近满族权贵，于是竞相"交关请托"。李、潘二人借此搭档穿梭，很快与许多满汉文武官员建立了密切关系。案发后，从李应试家中抄出"缙绅名札甚多"（谈迁《北游录》），可见当日李、潘二人的座上宾客之繁，据说连内阁大学士都与之往来，还有诸王贝勒等满洲权贵涉足其中。其中卷入最深的是兵科都给事中李运长。兵科都给事中是正五品官员，虽然品秩不高，但作为皇帝的近侍职官，有"通天"之能。

李运长身居要职，却攀附李应试，"往来亲密"，尊之为"叔"，并与其侄李天凤联宗，认为兄弟。他还将李天凤之子李蓁（zhēn）冒充是自己儿子，送入官学。

第三，上下交通，干扰政事。李、潘二人聚敛大量钱财，又与朝廷要员编织了良好的关系网，便进一步将触角插入政府行政体系之中。李应试在京城建造并租赁了大量房屋，"每间修饰整齐"，"其修造房屋分照六部，或某部人至，或自外来有事于某部者，即延入某部房内"，其意在随时打听中枢六部事务，"包揽不公不法之事，任意兴灭"，以获取巨额利益。李、潘二人"把持衙门，毒害小民"，甚至到了"言出祸随""暗操生杀"的程度，由此形成了巨大的社会威慑力，"廷臣畏惮，不敢举发"。李应试的侄子杀了人，"死者之家不敢申诉"。其他非法活动，亦是明目张胆，"道路侧目，莫敢谁何"。案发后公堂会审时，"诸臣畏不敢言"，尤其大学士宁完我、陈之遴等竟"默无一语"。主持审案的郑亲王济尔哈朗加以诘问，陈之遴则以"李三巨恶，诛之则已，傥不行正法，之遴必被陷害"（《清世祖实录》）相推托。李应试竟令位极人臣的大学士畏惧忌惮到如此地步，可见其积威之重。

顺治九年底，皇帝风闻李应试等不法之事，令严加审讯。济尔哈朗查明李应试、潘文学一伙情况后，上奏请求严惩。顺治帝闻奏，大为震惊，当即决定"将李应试、潘文学并伊子侄，俱行枭斩"，其他高思敬等八名"蠹恶"（即被李、潘拉拢腐蚀的办事人员），亦"一并正法"。李运长事发后既不举首，又将李天凤之子藏匿，"希图幸免"。顺治帝亦以"法不可宥"，将李运长及李蓁诛杀。

对于这起在京城影响广泛的"黑社会"性质大案，顺治帝采取了只惩首恶的谨慎作法，即使案中被杀的最高级官员李运长，亦只及本人，不予株连，并"全给家产，以示法外之恩"。其他与李、潘有往来的汉族大臣，以及收受良马美畜的满洲权贵等，亦均"不问"（谈迁《北游录》）。顺治帝又令刑部公示京城，表明除首恶外，李、潘之"兄弟子孙亲戚皆免拿问，令改恶迁善，务为良民"（《清世祖实录》）。

但在朝廷内部，顺治帝却以此为契机，反复下谕强调官员要忠于职守。顺治九年十二月二十四日，谕令刑部从宽处理涉案人员的同时，强调"自今以后，凡大奸大盗，各衙门应缉捕者亟行缉捕，应参奏者指名参奏，勿得徇纵，以取罪戾（lì，恶）"，并警告"内外文武大小官员，除已往不究外，如再有与奸盗往来者，事发定行连坐，决不姑贷"。次日，顺治帝又特意将"职居言路"的都察院六科十四道众多官员齐集朝堂，对他们在李、潘一案中的失职行为进行斥责，痛斥其"果属不知，已为溺职，若恶迹既著，惮于举发，养奸长恶之罪，尔等何辞?!"告诫言官当以此为诫，"各宜省惕，以尽职守"。

此后，顺治帝对此案仍念念不忘，多次与大臣谈到李、潘横行京城的教训。顺治十年正月十四日，他在内翰林院查看案卷，就李应试一案询问大学士陈之遴、陈名夏："黄膘李三，一小民耳，廷臣畏惮，不敢举发，其故何也?"并指责陈之遴："身为大臣，见此巨恶，不以奏闻，乃瞻顾利害，岂忠臣耶?"正月三十日，顺治帝又询问陈名夏，李三不过"孑然小民，何以官民皆惮之?"陈名夏认为"李三虽恶，一御史足以治之"，并说"都城五方杂处，如李三者尚不乏人。今日一李三正法，明日又一李三出矣。李三与各衙门胥役结纳最广，故使人皆惮之。其要莫如拔本塞源，令人皆凛凛不敢效尤"。或许是为了解除臣下的疑虑，顺治帝又作了解释，称他"之所以屡言者，欲诸臣改心易虑，有所见闻即行陈奏耳"。二月十五日，陈之遴"上疏认罪"，他终因李、潘一案遭到贬黜，被逐出内三院，"观其自新"（《清世祖实录》）。至此，这起震动"天颜"的"黑社会"性质大案，才真正告一段落。

作者简介

郑永华，1968 年生，湖南邵阳人。北京社会科学院历史所研究员。主要从事中国秘密社会史、北京宗教史、清代史表编纂等方面的研究。著有《清代秘密教门治理》《姚广孝史事研究》等。

康熙帝缘何废长城

李治亭

长城宛如一条游龙，自西北而东向，横亘万余里，雄踞于北方广阔草原与千万亩耕田之间。虽然它早已化为历史的陈迹，却是中华民族引为自豪与骄傲的象征。自秦始皇筑长城，历代沿用，长达 2000 余年，至清康熙时，长城终被废弃。康熙帝为何废长城？此举产生了怎样的历史后果？

秦筑长城，别内外，界"中国"

当秦始皇吞并六国、大行"包举宇内"之志时，其宿敌匈奴正纵横于北方辽阔的草原上。早在战国时，匈奴铁骑不断劫掠内地，地处北方的赵、燕、秦三国深受其害，遂各筑长城防御。秦统一天下后，利用三国故长城，连为一体，西展至临洮，东延至辽东，筑成万余里的土石防御工程，其主观意图是用来防御北方游牧民族的内侵，但长城对中国历史发展的影响，已远远超出了单纯的军事用途。

长城外，从西北，经北部，到东北的西部，简称"三北"，是广袤万里的草原地带，由游牧民族占据。长城之设，反映了中国古代农耕民族同游牧民族的分隔。于是在古人的认识中，就形成了"内外"这样一个新的政治地理概念。正如《后汉书》所说："天设山河，秦筑长城……所以别内外，异殊俗也。"秦修筑的长城，同自然界的山河一样，是区分内外民族与文化的分界线。此后历代官方乃至民间所说的"内外"，概以长城为界。

长城之设，逐渐引起人们"中国"观念的重大变革。早在西周时已使用"中国"这个称谓，但它与当代以中国为国名完全不同。西周所称"中国"，是指西周王室居于众部族及诸侯的中心地域，即"天下中心之国"，后推而广之，凡遵奉周礼的诸侯国，统称为"中国"。这里既包含血缘亲族，又包含不同地域的非血缘的政治文化同一体，但其最根本的内涵，还是以文化异同来加以区分的。秦并六国，废分封，置郡县，全国统于中央，不分地域，不分文化异同，凡属郡县辖境，均在"中国"的疆域之内。长城的出现，改写了"中国"政治地理及国家疆域的旧概念，将所辖北方疆域一直推进至长城脚下，这意味着秦代"中国"已突破此前的狭小范围，其地域空前扩大，人们对"中国"的认识也逐渐放大。《汉书·西域传上》写道："秦始皇攘却戎狄，筑长城，界中国。"这段话，生动地概括了长城修筑后人们对"中国"的新认识。"界中国"，就是长城"为中国之竟（境）界也"（颜师古《汉书注》），即指华夏民族与长城外游牧、渔猎民族地区的分界线，而并非国界。

历代修长城，"大一统"受阻

秦始皇统一中国，开创了中国"大一统"的崭新局面，这是商周以来划时代的伟大变革。"大一统"指以一统为大，原为儒家的政治主张，孔子著《春秋》，意在尊崇周王，反对国家分裂，维系全国一个政权，一个统治者，这就是"大一统"的本义。秦修长城，就把"大一统"扩展到长城脚下。汉以后历代能否突破秦的局限，将"大一统"发展和扩大到长城外，关键取决于能否真正统一长城外"三北"地区的诸游牧民族。历代王朝所称"外患""边患"，几乎无例外的来自这里，二十四史中留下了难以计数的记录。

自秦至清初，上下 2000 余年间，生息在"三北"地区的游牧和渔猎民族十分活跃，例如匈奴、乌桓、鲜卑、氐、羌、回纥、高句丽、突厥、蒙古、契丹、女真、满等，都在不同历史时期，频频进攻中原，构成对中央王朝的长久威胁。因此，历代王朝承袭秦制，反复修筑长城，以其为国家安全之保障。比较各代修长城，又以明朝为最。自明太祖洪武十四年（1381）筑山海关，迄至明末，250 余年间持续修筑长城。工程之浩大，修筑之完备，长城之绵长，都创中国历史之最。

历代修长城，并没有从根本上消除"边患"，挡不住游牧民族的铁骑奔驰，却严重阻碍国家"大一统"的进一步发展。把"三北"少数民族限隔在长城外，不能真正行使国家管辖权，只满足于定期朝贡，实际上只是维持表面的统一，当中央王朝衰弱，或者某一游牧民族变得强大时，原先那种松散的政治隶属关系就会被打破，冲突或战争就不可避免。

清以前，历代没有从根本上解决"三北"的民族问题，其"大一统"一直徘徊在长城一线。

康熙帝废长城，"天下一家"

清以前历代王朝的国家"大一统"，表面上是为长城所阻，实际上是传统、狭隘的民族观念制约着人们的思想。这种由区分"内中国外夷狄"到"天下一家"的破局，是从清朝的康熙帝开始的。

康熙帝即位时，除了台湾，全国大陆重新实现了统一；当台湾归入版图后，清朝对全国的统一始告完成。清朝的"大一统"能否巩固，尤其是能否进一步发展，同历代一样，关键取决于"三北"游牧民族的动向和清朝所采取的政策，其中，如何看待长城，又是一大关键。

康熙二十八年（1689），清朝与沙俄签订《尼布楚条约》，划定中俄东段边界。"三北"之一的东北，趋于安定。二十九年，以噶尔丹为首的准噶尔割据势力，公然发动战争，侵夺内外蒙古，直接威胁京师。康熙帝毅然决策征伐，很快就阻挡住了噶尔丹的攻势。次年，康熙帝率诸王、贝勒、大臣前往多伦诺尔（今内蒙古多伦），约集内外蒙古来此"会盟"，定疆界，制法律，为漠北喀尔喀蒙古诸部编旗设佐，使其接受清朝的管辖，从而实现了北部乃至西北的空前统一。

就在这次"会盟"之后，有大臣看到长城年久失修，建议拨款修理。康熙帝继承皇太极、顺治帝提出的"满汉一家"的民族思想，进而又发展成为"中外一视""天下一家"的"大一统"思想，认为长城的存在不利于国家统一，尤其不利于与"三北"游牧民族的政治一体化，否定了修长城的建议，并说出了一段意义深远的话：

> 秦筑长城以来，汉、唐、宋亦常修理，其时岂无边患？明末，我太祖统大兵长驱直入，诸路瓦解，皆莫敢当。可见守国之道，惟在修法养民，民心悦，则邦本得，而边境自固，所谓众志成城者也。（《清圣祖实录》）

康熙帝总结历代修长城的历史教训，悟出一个治国的大道理：长城再坚固，也无法保障国家的安全，唯有"养好"百姓，才是治国之本，边境自固而无忧。这就是"众志成城"的道理。

康熙帝决策废弃长城，实际是拆除了分割内地与"三北"少数民族的一道隔离墙，不再有内外之分，从而迅速形成空前"大一统"的多民族国家。康熙帝废除土石工程长城，力主构筑一道"众志成城"的思想长城，是"大一统"理论的划时代突破，具有重大的历史意义。

作者简介

李治亭，1942 年生，山东莒南人。吉林省社会科学院历史研究所研究员，国家清史编纂委员会委员、传记组特聘专家。著有《吴三桂大传》《清康乾盛世》《中国漕运史》等，主编《清史》（上、下）等，发表论文 200 余篇。

清代前中期治理新疆的经验教训

吕文利

　　"修其教不易其俗，齐其政不易其宜"是清朝治边所遵循的重要原则。此言源出儒学经典《礼记》，强调在尊重当地风俗习惯的前提下，从有效统治的角度进行修正与改革。综观清前中期对新疆的管辖和治理，的确很好地实践了这句话。

一、政治上因俗而治

　　清廷在新疆设置不同类型的管理机构，颁布有地方特色的法律，同时积极屯田，建立台站体系，推行保甲制度和乡约制度，体现了因地制宜、实效管理、因俗而治的特点。

　　军府制　军府制是军政合一、以军统政的行政管理制度。乾隆二十七年（1762），清廷设置伊犁将军，驻惠远城（今新疆霍城县境），总统新疆南北两路事务，节制乌鲁木齐都统、总理回疆事务参赞大臣、伊犁参赞大臣、塔尔巴哈台参赞大臣，以及各地办事大臣和领队大臣。

　　伯克制　清朝抚定新疆后，对原设官职——伯克进行改革，渐成制度。相关措施有：废止世袭；任免问责，即"若各城驻防大臣保荐不肖之人为伯克，加倍治罪"；任职回避，为防止伯克利用亲族和乡土关系结党营私，规定"大伯克回避本城，小伯克回避本庄"；制定伯克品级、酌给养廉银；制定伯克朝觐制度等。

札萨克制 哈密、吐鲁番最早归附，清廷在两地实行札萨克（蒙古语，意为"执政官"）制。康熙三十七年（1698），清廷遣官赴哈密，"以旗编其所属"。吐鲁番亦照此设置。两地皆设一札萨克郡王，均视蒙古郡王例，其下设有协理台吉、管旗章京、副章京、参领、佐领等官。

州县制 清政府在北疆的巴里坤、乌鲁木齐等地实行州县制，与中原地区无异。

在新疆各地采用不同管理体制的同时，中央管理机构——理藩院亦根据当地情况调整法规，颁布了《回疆则例》。在统一天山南北后，清政府要求南疆地区纳贡及大小伯克升转一切事宜，俱由当地驻防伊犁将军或各参赞、办事、领队大臣报理藩院转奏。乾隆二十七年，因事务繁多，理藩院设立专门承办"回疆"事务之徕远司。嘉庆十六年（1811），理藩院续修《蒙古律例》，同时奏请纂修《回疆则例》。四年后编纂完毕，谕准由徕远司印制，颁发"回疆"各处遵行。作为一部地方单行法规，《回疆则例》从公法的角度规定了扎萨克王公和伯克等的权利与义务，是清政府对新疆地区立法的集大成之作。

另外，清廷还在新疆积极屯田，有兵屯、旗屯、犯屯、民屯、"回屯"五种类型。兵屯即绿营屯田，规模较大；旗屯即八旗屯田，主要在伊犁地区；犯屯即由发遣的罪犯屯田；民屯又称户屯，即由内地移民进行屯田，主要实施于巴里坤、乌鲁木齐等地；"回屯"即维吾尔人屯田，康雍时期对准噶尔用兵时，哈密、吐鲁番首领即率领部众随清军屯田，平定新疆后，清廷又从天山南路迁徙维吾尔人至伊犁屯田。屯垦不但为当地军民提供了口粮，也对保证新疆稳定、特别是边境安全发挥了重要作用。

　　加强国内交通建设是维系中央政府统治的重要手段，尤其有助于对边疆地区的实效管辖。清政府在新疆建立了较为完善的台站体系，包括当地的内部台站和沿途的入疆台站两部分。台站由中央直辖，驿递所至，即为皇权所及，其主要功能是传递文书、接待官员和运输物资。这种驿递网络的建立加强了中央集权，提高了清朝统治边疆的效率。

　　在基层组织建设上，清政府在新疆推行保甲制度和乡约制度，对村落、寺庙内部犯罪加以防范，进一步强化对伊斯兰教的管理，增强政府的控制力。雍正九年（1731），清廷决定在新疆地区严行保甲，"以十户为一牌，十牌为一甲，十甲为一保，除设立牌头、甲长、保正外，选本地殷实老成者，充为掌教。如人户多者，再选一人为副，不时稽查。所管回民，一年之内，并无匪盗等事者，令地方官酌给花红，以示鼓励"。在穆斯林聚居区实施的乡约制，与保甲制相辅相成。乡是基层组织，乡约则是兼管宗教与行政事务的负责人，分为"寺约"与"回约"两种。有清真寺的地区，一般由主持该寺的大阿訇（hōng）兼任寺约。没有清真寺的地区则选拣老成持重之人充当回约，用以约束本坊教众。

二、宗教上政教分离

　　清廷于乾隆二十四年统一新疆后，实行政教分离，禁止伊斯兰教教职人员参与政治活动，要求其不得干预行政、司法等领域。同时，清政府在南疆各城设置办事大臣、领队大臣等作为当地军政长官，这些大臣并不直接管理民政，相关事务全由伯克办理。伯克有30余种类别，分掌行政、宗教、赋役、税务、司法、工程诸事。其政治、社会地位高于伊斯兰教的阿訇，阿訇只负责对伊斯兰教经典进行讲授、解说。乾隆二十五年，一份新疆官员奏事所递呈文曾把阿訇列名伯克之前，乾隆帝大为不满，曾专门下旨说明。

嘉庆二年，清廷规定，阿訇不能补放伯克，而伯克亦不准兼任阿訇。道光八年（1828）张格尔之乱时，有"自认从逆，情甘就戮，并有至死而犹念经、口呼和卓者"，再度引起清廷警惕。次年道光帝谕令重申："当阿浑（阿訇）者，只准念习经典，不准干预公事。其阿浑子弟，有当差及充当伯克者，亦不准再兼阿浑，以昭限制。"

执掌清真寺教务的阿訇，在伊斯兰教中的地位举足轻重，清廷对此有所认识，在遴选阿訇上下了很大工夫。道光九年，道光帝告诫官员，要严格稽查内地汉人、回民出关充当阿訇。同时，清廷对阿訇传习"巫术""黑经"高度警觉，规定"禁止莫洛（伊斯兰教职，今译毛拉）回子习念黑经"，"查出即行报明审实，分别久暂，酌拟发遣、枷责，咨部核复遵办"，并要求大臣每年"申明定例，出示晓谕，严行饬禁"。

三、几点教训

一是民族隔离政策。乾隆帝统一新疆后，在北疆的伊犁、乌鲁木齐、古城和巴里坤等地均分设满城、汉城。满城安置携眷的满蒙八旗官兵，汉城由汉族官员、内地商民等居住。南疆亦仿此例。这种民族隔离政策不仅严重阻碍了各民族的交流与融合，尤其不利于新疆地区的少数民族同胞形成国家认同和文化认同。

二是民族歧视政策。对回族和维吾尔族（清代统称为"回回"或"回人"），清朝统治者怀有明显的民族歧视。在公私文书中，多见"回子""回贼""回匪""回逆"等侮蔑性用语，官方文书有时甚至还在"回"字左边加一"犭"旁。在对待伊斯兰教上，亦有一部分大臣主张实行歧视政策。雍正年间，屡有人具折密奏，称回民自为一教，异言异服，且强悍刁顽，肆为不法，请严加惩治约束。虽然雍正帝专门发上谕对其错误认识进行了纠正，但这种思潮确实造成了不良影响。

三是"固本化异"政策的两面性。清政府这一政策中的"本"指儒学，"异"指伊斯兰文化。其具体措施是在伊斯兰教众聚居区广设义学，开设义塾，习读汉文，课本主要有《三字经》《百家姓》《千字文》《四字韵语》《孝经》《小学》，以及"四书五经"等儒家经典。至光绪九年（1883），已在哈密、吐鲁番、库车、阿克苏、乌什、喀什噶尔、玛纳斯、英吉沙尔、叶尔羌、和阗、巴里坤、奇台等地开办义塾77所。此外，还施行添建非伊斯兰教系统的庙宇寺观等举措。"固本化异"政策客观上促进了各民族之间的文化交流，但由于方法简单粗暴，实施效果并不好。

作者简介

吕文利，1980年生，内蒙古赤峰人。历史学博士，中国社会科学院中国边疆史地研究中心副研究员。著有《历史书写与藩部政治——〈皇朝藩部要略〉研究》，发表论文20余篇。

因循疲玩论

——"癸酉之变"与嘉庆帝的反思

卜　键

清嘉庆十八年（癸酉，1813）九月十五日，天理教在京城聚众起事，教徒 200 余人攻袭紫禁城，与宫内护军和京营官兵厮杀两天一夜，举朝惊悚。虽说这些教徒和内应最后全被毙伤捕获，但带给嘉庆帝的震动是巨大的。深深被刺痛的他认为"变起一时，祸积有日"，在《罪己诏》中指出"因循怠玩""悠忽为政"为官场大弊，要求大小臣工"切勿尸禄保位"。这份诏书一改通常的官话套话，而是语出衷肠，直白痛切，"笔随泪洒"，有着强烈的感情色彩，也有着深切的反思和自省。

因循怠玩，在后来又被嘉庆帝修订为"因循疲玩"，实乃国家承平既久之通病，乃长期执政之痼疾。整整 200 年过去了，此四字带给政体和百姓的危害可谓罄竹难书，而在改革开放的今天，仍然有警畏戒惧之必要。

一、疏于防备的紫禁城门

血溅宫门的癸酉之变，策划组织者为天理教"天皇"林清。

此时，曾经席卷数省的白莲教虽被扑灭多年，而山东、河南、河北交界之地，其余绪演化为另一种秘密宗教即天理教，在村庄和市井快速蔓延。林清等人主要活动于京郊一带，发展徒众，培植势力，触角渐渐伸向清廷的一些重要机构。依照与滑县李文成等拟定的攻打皇宫日期，林清精选悍勇教徒，由祝现、屈五、陈爽、李五等带领，提前一天便潜入京城，在正阳门外的庆隆戏院（该戏院老板亦天理教徒）聚集，看戏饮酒，养足精神。第二天领取兵器，伪装成小商小贩，络绎相随，朝着紫禁城进发。

当时京师由外向内，分为外城（仅绕南城建成）、内城、皇城和紫禁城，警卫巡察层层布防，规制上极为周详严密：外城各门由巡捕营负责；内城设九门提督，有八旗兵分区驻防；皇城内既有满八旗步军营巡逻，又在紧要地点置重兵守卫；紫禁城外由下五旗护军沿城墙分段警卫，四座城门和内卫则属上三旗护军营。加上宽阔的护城河，朱车栅栏，可谓戒备森严。以一批武器简陋、毫无攻坚经历的蛮汉，想要打进紫禁城，应说是难上加难。

当日午间，天理教徒分为两拨，各约100人，分别攻打东华门和西华门。他们伪装成向宫内送东西的商贩挑夫，三三两两靠近城门。在东华门，教徒与运煤者因争道发生摩擦，推搡时露出藏掖的刀剑，被守门军士看见，慌忙呼喊关门，教徒除少数强行进入，余者被关在外面，只好逃散。冲入城门的十数人直奔协和门而来，负责警卫的护军副统领杨述曾还算忠勇，率身边仅有的几名护军向前截杀，双方互有死伤，教徒大部分被杀死。

西华门一路教众则非常顺利，全部进入城门，大开杀戒，守门护军非死即逃，所执兵器也被缴获。教徒初战告捷，关上城门，杀向大内。就这样，看似固若金汤的紫禁城被轻易攻破，西华门是全夥进场，东华门也杀入了一小批。所谓体制完备的都城警卫、皇城护军乃至紫禁城郎卫，几乎形同虚设。

二、太监中的内应

应该说，天理教徒不是杀入，而是混入了紫禁城。更准确地说，是装扮为送货的接近城门，这才暴起用强，斩门而入。帮助他们伪装蒙骗的是一些宫内太监，是天理教在宫中的教徒。没有这些内监的引领接应，癸酉之变也不可能发生。

参与起事、作为内应的太监（也有个别宫中小吏）多出于河间诸县。这个贫穷的地方，也是奋起抗争的一块热土，有全家入教、整村奉教者。影响所及，他们在京城和皇宫的子弟亲属也信了教，并为之提供各种信息。这次天理教的攻袭行动，虽说早有策划，但皇帝去热河围猎，众皇子和内外大臣多跟随前往，皇城和紫禁城防御懈怠，当也是内应先期告知，促使林清最后下决心的主要原因。

据事后审讯得知，共查得七八名太监参与了这次事变。唯有茶房太监杨进忠职务稍高，态度也较坚决，先期就在宣武门外铁市打造了数百把钢刀，供起事时取用。其余大都从事低等杂役，平日里难免受人欺侮，心中愤懑，也是其积极入教的原因。正是这些身着内监服色、悬挂出入宫禁腰牌的内应在城门外迎接，麻痹了守门护卫，增加了夺门的可能性。

值得清廷庆幸的，是这次攻袭行动极不慎重周密。教首林清把宝主要押在几个小太监身上，这些太监则迷信教徒有大法力。庞大的皇宫千门万户，教徒进入后难免有些发懵，一切仰仗内监引领，而几个小太监脑子里想的，首先是要报素日之仇。东华门一路由内监刘得财带领，当本来就不多的教徒攻打协和门时，他却选了两个强手一直向北，经景运门，穿过苍震门，要去杀负责宫内警卫的太监督领侍常永贵，以解往日之恨。哪知常总管身边有几位大内高手，一番血战，他们的短刀不及侍卫手中长棍，三人被打翻拿下，捆得像粽子一般。东路的进攻也就此瓦解。

西华门一路顺利进入，且杀死杀伤守门护军，初战告捷，士气正旺，接应的杨进忠却把他们引到偏在一隅的尚衣监，要将里面的人杀掉。原因在于他有一次补衣服不想付钱，遭到拒绝，一直怀恨在心。小小私仇导致了一场无情杀戮，却失去了宝贵战机，待他们一番折腾后赶到隆宗门外，大门早已关上，里面也有了预备。

三、中看不中用的大内侍卫

隆宗门之内是乾清门广场，大清军机处在焉；进入乾清门便是大内，首先是乾清宫，以及南书房和皇子读书的上书房等；而就在隆宗门北面，便是嘉庆帝常时临御的养心殿。该门设印务参赞、护军参领，有军校30余人，另有内务府值班人员，却无人敢抵抗，只是将大门紧闭。围垣不算太高，贴墙又有低矮值房可供蹬踏攀援，情况很是危急。

此时嘉庆帝尚在返回京师的途中，护军精锐多跟从随扈，大内空虚。所幸当年的"木兰秋狝"为暴雨所阻，皇次子绵宁等已先行还京，正在上书房读书。早班侍读的礼部侍郎宝兴退值出宫时，望见东华门有变，虽不敢上前指挥拦截，倒也跟跄奔回，命侍卫关上景运门，自己跑去向绵宁告急，一脸惶惧之色。时嘉庆帝长子已死，刚过而立的绵宁颇有大气象，闻变从容布置，传令四门戒严，召官兵围捕，并命侍者取来鸟枪和子弹，与刚刚18岁的皇三子绵恺、贝勒绵志赶到养心殿御敌。此时已有五六名教徒跃上西大墙，沿着墙脊两边游动，一旦大批教徒跃入，后果真不堪设想。绵宁自幼随父祖行围，见多了危险局面，泰然自若，举枪将一名执小白旗的教徒击落墙外，接着又击毙另一名踏墙飞身向北者。这位未来的道光皇帝枪法精准，吓阻了教徒的攻势，也带给身边随从极大鼓舞，他们棍打刀砍，墙上来敌赶紧退缩。嘉庆帝闻知且喜且惧："若依期行围出哨，又迟十余日，皇子等不能还京。若尚未还京，则逾垣二贼直犯宫庭，孰能击退？"

事实上的确如此，入宫教徒不敢再行翻越，由盛气强攻内宫转为骚扰宫禁，而在京几位王公提兵赶来后，教徒们便只有奔窜躲藏和消极抵抗了。绵宁既果决出手，扭转危局，又临事镇定，指挥部署对进入大内者格杀搜捕，成为敉（mǐ，安定）平变乱的核心人物。

至于本应承担守卫职责的护军和侍卫，其表现大多一塌糊涂：宫内各门守军十分懈怠，如苍震门只有一人在岗，其余的都去逍遥玩耍；至为紧要的景运门和隆宗门，兵卫无人敢挺身杀敌，只是仓皇把大门紧闭；护军所持刀剑多华而不实，有的锈迹斑斑，有的连刃都未开。皇宫中护军和侍卫远多于来犯之敌，然多数人怯懦避战。记载说明珠后裔那伦闻变赶来参战，有的竟劝他慢慢走，然后看着他被围杀于熙和门，无人上前解救。最过分的是值卫午门的统领策凌，居然率兵逃跑，令此一紧要门户无人守护，若非绵宁派人巡察时发现，要是天理教在外面伏有援军，那可就是另一番景象了。

四、有多少疑点曾被忽略

就在不久前，天理教已在山东金乡、曹县，河南滑县等多地举事，夺城劫狱，冲州撞府，声势浩大。清廷不得不多方调集兵力镇压，却没有想到京师会出事，在皇帝出猎期间更是一味松懈。

有人要进攻并夺取紫禁城，其实早有风声。闻听者怕是误传，怕担信谣传谣之责，皆隐匿不报。按说，作为秘密宗教的天理教不太注意保密，居住南郊的教首林清交结官府，呼朋引类，平日很是张扬。他们两年前就确定了行动日期，弄得不少教徒都知道。事变前一年的夏天，远在台湾淡水的一个天理教徒被抓获，竟交代出该教次年要攻打紫禁城，时间和首领名字都很准确。淡水同知急忙上报，台湾知府却认为这种话属于胡说八道，将之一刀了账，根本就没有奏报朝廷。

事变前数月，祝现的弟弟祝富庆向豫亲王裕丰举报乃兄谋反之事，裕丰开始时打算上奏，后来想到祝现为自家王府中管事庄头，经其介绍，自己去年还在林清家中住过，思来想去，只有隐匿不报。

事变前数日，早有所闻的步军统领吉伦在西山喝酒吟诗后，以前往白涧迎驾为名，率大队部伍离开京城。属下左营参将拉住马缰，诉说京师潜伏乱党，苦劝他留下来。吉伦佯装大怒，厉声说："近日太平如此，尔乃作此疯语乎？"接着将他推开，领兵浩浩荡荡而去。

事变的前一天，卢沟桥巡检已飞报顺天府尹，说祝现奉林清之命，定于次日午时攻打皇宫，现在党徒已经进入城内。府尹将他好一通训斥，警告他不得冒昧乱讲，也不作任何预备。待到真的出了事，府尹大人手足无措，没有任何应变能力。

五、因循疲玩，明朝清朝都由此衰亡

风起于青萍之末。然所有相关线索，有的被忽视，有的被惧祸闪避，有的被故意隐藏，最后酿成大变。三年后记述天理教案的《钦定平定教匪纪略》编成，嘉庆帝专为写作《因循疲玩论》，开篇便说："癸酉之变，因循疲玩酿成也。"这是他经过深刻反省后的结论，也是他在诏敕批谕中反复申说、严厉告诫的一个关键词。

"因循疲玩"四字，在此前尚未见语例，或出于嘉庆帝痛愤至极时所创用。因循者，保守、疏懒、闲散、拖延之义也。其是一个形容秕政的百搭词，在《清实录》中，就有因循敷衍、因循推诿、因循悠忽、因循怠玩、因循苟且、积习因循、玩愒因循等，多见于历代皇帝斥责臣下的谕旨。这里拈用一个"疲"字，不独指懈怠玩忽，也将社会衰败凋敝、百姓困苦穷乏的境况凸显出来。

究竟为什么引发宫变？究竟是什么使得百姓群起造反？"罪至于谋叛，刑至于凌迟，无可再加，而民不畏者"，到底是什么原因？嘉庆帝反躬自问，进而指出"百姓困穷为致变之源"，指出州县官员的悠忽度日，不加体恤，"横征暴敛"，是激变之因，要求诸臣知廉耻，有操守，"以实心行实政，以实力保国家"。客观论列，这位天子一向勤勉认真，其反省并无文过饰非，所做结论也有几分深切清醒，但实际效果有限。清王朝经康雍乾三代治理，国家强盛繁荣，至嘉庆则已是盛极而衰，乱象丛杂。癸酉之变四天后，嘉庆帝缓辔入宫，颁《遇变罪己诏》，"众王公大臣集乾清门跪听，皆不禁呜咽失声"，听到皇帝切切自责，又是"众皆呜咽痛哭，叩首请罪"。就中当也有真正愧疚之人，但大多数应属表演，是在演戏给皇上看。这不也是一种"疲玩"形态吗？此类制度性疲玩滋生百弊，也最擅长举重若轻，避重就轻。

宫变平复后，对失职官员的清算即告开始。清廷在问责上一向严苛，王公勋旧概莫能外，却也难以改变官场积习。道光帝继位，将他老爹说了几百遍的这四个字接着宣讲，作用也不大。林则徐和薛福成等富有进取心的官员，在奏折中也对疲玩积习表达了愤慨和无奈。鸦片传入中国，因循疲玩再加上吸食鸦片带来的沉迷飘忽，国事愈益不堪。再经过半个多世纪的风雨飘摇，清帝国的大厦轰然倒塌。

中晚期的大清一如前明，引用《红楼梦》中一句话形容，都是"安富尊荣者尽多，运筹谋画者无一……外面架子虽未甚倒，内囊却也尽上来了"。曹雪芹说的是一个家庭，写照的则是整个社会，是对因循疲玩的鲜活注解，也是对所有执政者的形象提示。

作者简介

卜键，1955年生，江苏徐州人。文学博士，研究员。现任国家清史纂修领导小组办公室主任、国家清史编纂委员会常务副主任。为中国艺术研究院特聘教授，享受政府特殊津贴。已出版《从祭赛到戏曲》《传奇意绪》《绛树两歌》《双舸榭重校评批金瓶梅》《明世宗传》等著作10余种，主编《元曲百科大辞典》等。

戊午科场案与柏葰之死

董 龙

咸丰八年（1858，农历戊午）九月初，刚刚主持顺天乡试完毕的军机大臣柏葰（jùn）被任命为大学士，管理兵部事务，月末又奉命掌管稽察钦奉上谕事件处，可谓深得咸丰帝信任。然而一个月后，柏葰即因戊午科场案被革职，次年二月问斩。两年后咸丰帝病故，辛酉政变发生，御史任兆坚以柏葰被人挟私迫害上奏，要求为其昭雪。自此，柏葰死于妄拟定案之说，屡见于各类著述中。那么，事实果真如此吗？

祸起"戏子"中高魁

咸丰八年九月，顺天乡试榜发，曾经登台演戏的镶白旗满洲附学生平龄中了第七名举人。因清代严禁旗人唱戏，此事一时众议纷纷。十月初七，御史孟传金上疏，弹劾平龄朱墨两卷（为防阅卷官认识笔迹作弊，规定士子以墨笔答卷，之后誊录人员以朱笔抄写，称为朱、墨卷）不符，物议沸腾，奏请特行复试。咸丰帝谕令大臣载垣、端华、全庆、陈孚恩会同查办。经查，平龄之墨卷草稿不全，且有多处错误，朱墨不符乃同考官翰林院编修邹石麟率性更改所致。

然而其中情弊并不止于此，平龄一案，又牵出罗鸿绎交通关节案。刑部主事罗鸿绎（广东肇庆人），应试前拜望同乡、兵部主事李鹤龄，向其请教场规，李鹤龄即帮他拟定字眼用以作弊。李鹤龄场前把所拟字眼交给充任同考官的同年、翰林院编修浦安，说罗鸿绎乃其同乡至好，求其照应。罗鸿绎入场后即将上述字眼用入文内，浦安便加以呈荐，将其作为中皿备卷（拟录用考卷）留了下来。其后闱官误将罗鸿绎之卷当作已中之卷交还本房，柏葰发现后便让家人靳祥把此卷撤下。浦安与靳祥认识多年，便称他的房内中皿卷只此一本，嘱托靳祥求柏葰千万别将此卷撤下。柏葰听从，即将第十房刘成忠之卷撤去，将罗鸿绎取中。揭榜时，罗鸿绎以第 238 名中举。出闱后，浦安谒见柏葰，送垫敬银 16 两。罗鸿绎亦去拜见柏葰，留下垫敬银 12 两。

在审讯浦安时，他还供出副考官程庭桂烧毁条子之事，随即又揭出其子程炳采所犯科场舞弊案。原来，兵部尚书陈孚恩之子陈景彦、工部郎中李旦华、工部候补郎中谢森墀、江苏贡生王景麟、江苏吴县附贡生熊元培、湖南候选通判潘敦俨等，于考前纷纷向程炳采递送关节条子。在程庭桂入闱后，程炳采将条子交与家人，利用运送行李之机带入场内。程庭桂发现条子后，随即烧毁。他虽然未取中请托之人，但有知情不举之罪。

听到这一连串的科场舞弊情节，咸丰帝雷霆震怒，戊午科场案由此酿成。此案前后受到处罚者多达 90 余人，其中处斩 5 人，遣戍军台 8 人（后其中 7 人准予捐输赎罪），革职解任 9 人。而主考官柏葰更成为清代唯一一位因科场案而丧命的一品大员。

清代场闱风气与戊午之狱

清代为防科场舞弊，定例极严。顺治朝规定士子入场，如有怀挟片纸只字，枷示问罪；康熙朝则要求若主考官有交通嘱托、贿卖关节者，按律从重治罪；雍正朝更是对主考士子交通关节中式（考试合格）者，处以斩立决的重刑。

然而搜禁愈严，规避之术愈巧，怀挟交结舞弊之风屡禁不绝。乾隆帝即曾哀叹："从来顺天乡试，易滋弊端……如进场之怀挟、场内之传递，皆向来人所共知。且有通晓举业之人，假充誊录，为举子改窜文艺者。其他弊端种种，难以悉数。又闻有应试士子，于场前结纳新进翰林，互相标榜，遂成奔竞钻营之恶习。"如此行径，何能选出"品行端方""为朝廷有用之材"（《清高宗实录》）？嘉道以降，清朝由盛转衰，世风日下，闱风愈形不堪。薛福成曾指出：咸丰初年，"条子之风盛行，大庭广众中不以为讳……更有无耻之徒，加识三圈、五圈于条之上者，倘或中式，则三圈者馈三百金，五圈者馈五百金，考官之尤无行者，或歆羡之，不知此风始于何时。世风日下，至斯极矣！"（《庸庵笔记》）

戊午顺天乡试，正是闱风日下的一个典型案例。按照规定，乡试卷册应于八月初六一早送入贡院，实际送达时间却迟至八月初七上午，而且点名册还有舛错之处。入闱后，又发现当差书役熟悉闱务者不过一二人，很多程序都有错误。而场中供应之物，不仅主考、房官之煤米纸烛全不敷用，就连刊刻试题的纸张也残次不堪。而士子粥饭用水均供应不足，部分场次甚至粥饭全无。覆勘试卷，竟有应讯办、查议之卷50本之多，足见阅卷诸官之匆忙草率。更有甚者，此案所涉及的交通关节，上至官场、下至应试士子，可谓公然请托，不以为讳。案发之前，知情者不少，却无一人举发。足见舞弊之风浸淫已久，业已习以为常。

此时清廷对内与太平军作战连连失利，对外又刚签订了丧权辱国的《天津条约》，有着切肤之痛的咸丰帝正有意整顿场闱，重治舞弊，以图振作。他特意挑选自己颇为器重的柏葰担任顺天乡试的主考官，原本希望借其整肃场闱，结果却发现典试诸公、应役诸员不但如此敷衍塞责，甚至公然交通舞弊，以之谋利，他心中的失望与愤怒可想而知。戊午之狱已是在所难免，"识者早虑其（场闱风气）激成大狱，而不意柏葰之适当其冲也"（薛福成《庸庵笔记》）。

猛以济宽　执法从严

咸丰帝去世后，戊午科场案的主审官载垣、监斩官肃顺等在政治斗争中失败身死。此时，御史任兆坚上疏要求为柏葰昭雪，认为柏葰之死乃载垣、肃顺等多方罗织、妄拟定案所致。时人李慈铭在《越缦堂日记补》中说，咸丰帝本欲宽处柏葰，但因肃顺"夙憾于柏葰，遂据刑律"而将其处斩。曾任广西巡抚的王之春在《椒生随笔》中亦言，柏葰"其咎只有失察，予以褫（chǐ，革除）革已觉情罪相当，著军台效力则重矣。乃肃顺等用意在修怨立威，必杀之而后快"。

然怡亲王载垣也好，时任户部尚书的肃顺也罢，果真能左右得了咸丰帝吗？事实上，咸丰一朝，皇帝始终将大权掌控在自己手中，可谓乾纲独断。在案件处理过程中，咸丰帝曾明确表示：此案"刑赏非臣下所应操"。所以坐柏葰于死罪者并非载垣、肃顺，而是咸丰帝。

　　"猛以济宽"是咸丰帝为政的基本理念。即位后，为整顿朝纲，振兴祖业，他屡谕天下臣工"上以实求，下以实应，破除积习，痛惩其弊，务使吏治蒸蒸日上"（《清文宗实录》）。太平军攻克武昌后，咸丰帝深感辜负了其父道光帝的重托，一面下诏罪己，一面训诫臣工力戒因循："自今日始，仍有不改积习，置此谕于不顾者，朕必执法从严，惩办断不姑息。"他深感"以言感人，其感甚浅"（《清文宗实录》），认为只有治以重典，才能改变因循疲沓之风。

　　戊午一案的处理，也正是咸丰帝"执法从严"理念的具体体现。案发之初，咸丰帝即谕令载垣等认真研鞫（jū，审讯），按例从严惩办。由于柏葰对于交通关节之事并不知情，对此应如何处理，律例内并无明文规定。载垣等按照咸丰帝"从严惩办"的指示，议定"比照交通嘱托贿买关节例，拟斩立决"。咸丰九年二月十三日，咸丰帝召见群臣，宣示处理结果："柏葰以一品大员，乃辜恩藐法……着照王大臣所拟，即行处斩……嗣后科场大典，秉文衡者，皆当洁己虚怀，杜绝干请。应试士子，亦各立品自爱，毋蹈夤（yín，攀附）缘覆辙。"（中国第一历史档案馆藏军机处上谕档）之后，咸丰帝又命人将惩办柏葰之谕旨誊录后存贮于谕旨匣内，以昭法则。

　　由此可见，柏葰并非死于"挟私构陷"，而是死于对科场陋习的浸淫日久和习以为常，死于咸丰帝"肃场闱而警世人"的决心。对此案从重处理的效果，《清史稿》有言：自柏葰以科场案而罗大辟，"司文衡者懔懔畏法，科场清肃，历三十年，至光绪中始渐弛，弊窦复滋，终未至如前此之甚者，实文宗用重典治之效，足以挽回风气也"。

作者简介

　　董龙，1971 年生，河北张家口人。历史学硕士，河北宣化科技职业学院副教授。发表《在传承中寻求嬗变——解读历史与文学的关系》《历史战争与历史人物的互为抒写》等论文。

晚清满汉民族政策的内在矛盾

郭卫东

有清一朝，满汉矛盾始终存在。"观满人得国几三百年，而满汉种界厘然犹在。"（章太炎《社会通铨商兑》）所以，从1895年（光绪二十年）孙中山揭橥（zhū）"驱逐鞑虏"的旗帜后，"反满"即成为社会动员最广泛的口号。为了抵御反满宣传和整顿趋于崩溃的旗人社会，调和满族与其他民族的关系，晚清政府对民族政策进行了较大调整。

民族政策的调整在官制、法制、社会改良和地方行政方面都有体现。首先，在官制上不再区分满汉，原来专为满族特设的官缺向汉族官员开放；统一满汉官员的晋升办法；满官不再自称"奴才"，与汉官一样均称"臣"；取消旗档，旗户编入民籍，将旗兵计口授田，逐步归农，等于齐民；逐步取消驻防八旗，旗、民籍共组新军。其次，在法制方面废除满人的法律特权，将满汉人民置于相同的法律之下，将"满汉罪名畸轻畸重及办法殊异之处，应删除者删除，应移改者移改，应修改者修改，应修并者修并"（朱寿朋《光绪朝东华录》），使旗人与民人在法律上趋于平等。再次，在社会改良方面允许满汉通婚；学生同校；礼俗一致；丁忧服制统一。最后在地方行政方面将"龙兴之地"东北纳入内地行省体系，正式设奉天、吉林、黑龙江三省，使中国的行省达到 22 个，改盛京将军为东三省总督，三省分设巡抚，从制度上彻底解除清初封禁局面，表明东北边疆在政治、社会、文化上与中原地区密不可分。

应该承认，晚清最后几年，清廷为消除满汉界限采取了相当积极的政策，调整幅度前所未有。但这些措施没能收到预期效果，满汉冲突不但未能平息，反而更显尖锐，这种适得其反的结果从何而来？很重要的原因就是这些着眼于社会层面的政策，被清政府政治上愈发严重的排汉政策所抵消，这集中表现在政治权力的分配上。

1906 年底进行的中央官制改革，打出满汉不分的旗号。但在所设 11 个部的 13 名大臣尚书中，满员占了 7 席，蒙员占了 1 席，汉员仅为 5 席，还不如满汉各半的旧制。无怪乎时人要诘问："预备立宪，其预备第二次新旧、满汉之大冲突乎？"（《时报》，光绪三十二年十月二十日）中下层级的官员任用也同样如此，各部司员铨补多循旧例，"自改官制以来，满汉分缺之例业已蠲除几尽，然军机处、内阁、翰林院、都察院、吏部、度支部、礼部等衙门各项官缺，满汉特异，理藩部等衙门且无汉人，殊非持平之道"（中国第一历史档案馆藏录副奏折）。

1907 年，军机大臣瞿鸿禨在官制改革问题上反对撤销军机处、设立责任内阁，与首倡其议的奕劻、袁世凯矛盾尖锐，由此引发了激烈的政治斗争，因这一年是丁未年，史称"丁未政潮"。本来，慈禧太后是想借助政潮打压当时朝中最有权势的奕劻、袁世凯等，结果却使奕劻脱出逆境，这其中很重要的一个原因是满汉矛盾的存在。军机大臣世续等即明确提出汉臣见用，"徒苦老庆（指庆亲王奕劻），于满人无利"（刘体仁《异辞录》）。政潮反使汉族政治势力遭到更沉重的打击。汉族重臣瞿鸿禨（军机大臣）、岑春煊（邮传部尚书）罢官，林绍年（军机大臣）退出军机处，张之洞（原任湖广总督）与袁世凯（原任直隶总督）内调军机处，明升暗降；而满人特别是亲贵却"联翩而长部务，汉人之势大绌"（恽毓鼎《崇陵传信录》）。不久，光绪帝、慈禧太后相继去世，载沣摄政，满族亲贵统驭局势的能力愈发弱化，政治排汉也变本加厉。

未几，张之洞病故，袁世凯被开缺。袁的去职与历来皇权嬗递初期新即位者对前朝权臣的钳制有关，与嘉庆帝继位后扳倒和珅，道光帝继位后扳倒曹振镛，咸丰帝继位后扳倒穆彰阿，同治帝继位后扳倒肃顺相类。但时人却认为是清廷又在"实行排汉也"。当时满汉矛盾十分尖锐和普遍，几乎朝中发生的每件大事，时人都有意无意与满汉问题相联系。清政权的民族化色彩愈益凸显，越来越多的汉族和其他民族之人对政权表示出越来越强烈的反感，由此恶性循环，满族亲贵愈不放心汉人，汉人的反对情绪也就愈高涨；汉人的排满意识愈强烈，清廷对汉人也就愈发疑畏，互动连环的最后是对清朝统治资格的根本否定，所谓"逆匪膻虏，非我族类，不能变法当革，能变法亦当革。不能救民当革，能救民亦当革"（章太炎《中国立宪问题》）。

1911年（宣统三年）5月"皇族内阁"的出台更使满汉离异速度空前加剧，各界人士翘首期盼的内阁，13名阁员中皇族竟占了7人，且控制了外交、财政、军事等重要部门。此等格局使各界大有受骗上当之感。"终日言不分满汉，而满人之权利独优于汉人。此为制造革命之原料……于是素持种族革命之宗旨者，遂得煽其说，以鼓动天下。"（《时报》，宣统三年八月二十五日）时论有评："今之主张中央集权者，实则防汉政策耳。夫以防汉之政策，而欲萃天下之全权，授于一二亲贵者之手。此不特与国家进化之公例违背也；即揆之天理人情，亦有所不合矣。"（《民立报》，宣统三年四月二十八日）国际方面也很不以为然，伦敦

《泰晤士报》从满汉矛盾立论，"此新内阁不过为旧日军机处之化名耳。彼辅弼摄政王者，咸注意于满汉界限，而欲使满人操政界之优权，此诚愚不可及之思想"（《申报》，宣统三年五月十二日）。"欲使满人操政界之优权"的话只说对了一半，另一半是保持皇族在政界的优势。御史胡思敬就看出："其小人无知者，疑皇上以天下为一家之私物，不信汉，并不信满，各怀一自外之私心……由是国家渐成孤立之势。"（《退庐疏稿》）这就是"皇族内阁"给人的印象："不信汉，也不信满"，只信皇室人员，而亲贵子弟的能力又是每况愈下。表面看来，最重要的权力都被皇室最可靠的家人所掌握，成为地道的爱新觉罗的家天下。实际上，权力的基础却在解体流失，"皇族内阁"造成了权力基础的最窄化，从满汉合流到集权满族，又到除了少数几个皇家子弟，其余都在排斥之列。立宪的终极目的是权力下移，在扩大政治参与的同时扩大统治基础，而清廷实行立宪的结果却是权力上收，不但排汉也疑满，不但防民也防官。

晚清政府的满汉政策还引出另种纠结，即清廷限制满族特权的社会政策涉及满人的传统既得利益，势必引起他们的不快乃至反对，造成满人对朝廷的离心。改革施行后，"颇闻各省驻防旗民，竟有痛哭流涕，群谋抵抗"（《申报》，光绪三十三年九月十一日）。广州副都统李国杰为此电奏朝廷："旗丁数百年来专事操防，鲜营生业，骤聆朝命，易致惊惶。拟恳严饬各省督抚将军等，先将朝廷德意剀切宣布，妥慎办理，不得稍事操切，以安旗人之心。"（中国第一历史档案馆藏军机处电报档）军机大臣会议时，世续也宣称："驻防旗人向来不务生业，一旦裁撤口粮，深恐从中煽惑，相约起事。"（《申报》，光绪三十三年九月初三日）清廷的目的是以限制满人特权来收揽汉族人心，但政治上的"限汉"政策却造成满汉对朝廷的同时离异。

"八旗世仆"本是清朝赖以生存和崛起的重要力量，如今也在动摇。"排满之议起，学生之旗籍者，纷纷冠以汉姓。世家之有协领之匾额者，急为卸下。他若妇女改装、男子改姓者，尤不一而足。"（《申报》，宣统三年十一月十日）清初强固团结的满族社会已不复存在，呈现出迅速解体的逃难景象。武昌起义爆发后，除了宗室以外，整个满族社会并无太大反抗，遍观驻扎各地的旗营，成都和平缴械；镇江主动投降；东北各省旗兵大多转入共和阵营；广州旗营甚至改编成接受共和政府指挥的"粤城军"。只有福州、荆州、西安等旗营稍作抵抗，也很快瓦解，"满洲世仆望风而逃，弃城守如敝履，视朝命如弁髦（biàn máo，弁，黑色布帽；髦，童子眉际垂发。比喻无用之物）"（《申报》，宣统三年九月初三日）。

不过，也应该看到，晚清政府采取的平复满汉畛域的政策虽未能挽救其覆亡的命运，但这些社会层面的民族政策之积极因素甚多，正是这些举措的推行，让满汉人民有了更大程度的民族融合，对后来的历史产生了深远影响。

作者简介

郭卫东，1955 年生，山东定陶人。北京大学历史学系教授。长期从事晚清政治史、近代中外关系史的研究，著有《中土基督》《转折——以早期中英关系和〈南京条约〉为考察中心》《不平等条约与近代中国》《倾覆与再建》《中国近代特殊教育史研究》《近代外国在华文化机构综录》（主编）等，发表论文百余篇。

清末修律中的废刑讯

李欣荣

刑讯作为一种施行肉刑的审问方式，为古代王朝律法所允许。但自19世纪初开始，由于中西交往日趋频繁，国人对于刑讯的观念逐渐改变。特别是经历了义和团运动之后，朝廷内外多数人认为西方法律制度优于中国，加之按西法修律有利于收回治外法权，于是西人强烈抨击的对象——刑讯，自然就在最先革除之列。

一、改制原因

《大清律例》规定，刑讯用具有三：大竹板、夹棍和拶（zǎn，压紧）指。此外尚准以拧耳、跪链、压膝、掌责等方式进行拷讯。刑讯制度长期存在，其原因除了利于破案之外，也与可以用嫌犯口供定案的律法规定有关。《大清律例》规定鞫（jū，审问）狱官审讯犯人"务得输服供词"，而各级问案官吏又要面临审结期限的压力，于是就会利用刑讯问案，以获得口供来定案。

鸦片战争后，来华的外国人越来越多，他们不断指责刑讯制度的野蛮残忍。例如美国传教士卫三畏在1848年（道光二十八年）出版的《中国总论》中就指出："允许审判官折磨罪犯，为野蛮暴行大开方便之门。"晚清曾经留学英国的严复已发现："吾国治狱之用刑讯，其残酷无人理，传于五洲，而为此土之大诟久矣。"（《〈法意〉按语》）

到1902年（光绪二十八年）朝廷下诏修改法律之时，舆论纷纷要求废除刑讯。如《中外日报》指出刑讯之不合理："辄以刑讯从事，三木（指刑具）之下，何求不得，民之冤抑者多矣。"特别是在审讯之时，是否有罪尚未确定，就加以刑讯，显得颇为荒唐。其实《大清律例》本来就将进入公堂的嫌犯视作待罪之身，因此赋予官员刑讯打板子的权力，当时舆论却秉持这些观念，其受西法思想的影响自不待言。

更为重要的是，朝野反思义和团事件，认为治外法权的存在是引发中西冲突的重要原因。经张之洞等人提议，1902—1904年中英、中日、中美、中葡四国商约皆规定，"一俟查悉中国律例情形及其审断办法与一切相关事宜皆臻妥善"，签约各国即放弃治外法权。因此，按照西方标准修订法律一事，随即提上工作日程。

二、决策过程

当时负责修律的机构为修订法律馆，不少成员留学于日本，章宗祥便是其中之一。他提出："现在既议改订新律，旧时沿用残酷之制必须先行废除，为人民造福。"修律大臣伍廷芳立表赞成："外人屡讥中国为野蛮，即指凌迟及刑讯而言。我辈既担此改律重任，大宜进言先废，于他日收回治外法权，必得好结果。"（章宗祥《新刑律颁布之经过》）

不料此议却遭到馆内旧派的激烈反对，他们担心刑讯一废，若犯人狡不认罪或任意翻供，将导致悬案难结。幸有深孚众望的修律大臣沈家本主持此事，称"古来名吏问案，大都搜集要证"，使犯人不能抵赖，"今之以刑逼供，本非良吏所应出此"（章宗祥《新刑律颁布之经过》），废刑讯之议终于在馆中通过。

也许是格于阻力，修订法律馆虽向朝廷提出废除刑讯、无须犯人口供就可结案的建议，但还是有所保留——死罪案犯仍可刑讯。该馆还指出，各省应认真建立警察制度，以配合限制刑讯新章的执行。

该奏呈进之后，光绪帝和慈禧太后并未按照惯常程序，批交相关衙门商议，而是当即批准施行。上谕中声明"此次奏定章程全行照准"，要求各督抚督饬各属，认真实行。此举明确表明最高当局有大改刑律的意向。但废刑讯影响到问刑衙门的审讯进度，还是引起了不少反对。刑部官员发现，不用刑的话，犯人多拒绝招供，案件难结，最后被迫将现审案件暂行停止，奏请恢复刑讯。同时，御史刘彭年和钱能训也上奏反对此事，认为当时条件不具备，必须要等到人民教养程度提高、警察制度完善和配套法制完备以后才能施行。

修订法律馆回应说，要满足这些条件，将旷日持久，会影响朝廷收回治外法权的进程。外国人对中国废刑讯赞赏有加，正瞩目于中国修律事业的进展，怎可中途退缩？的确，当时各外国公使均向外务部表示了祝贺，大赞中国有文明进步的新气象。美国公使还特意翻译了废刑讯的谕旨，并加以详细解释，汇报给其国务院。清末修律本来就是为了解决外交和富强等法律之外的问题，既然外国人赞许，朝廷最终还是维持了原议。

三、实施效果

1906年，修订法律馆提出《民事刑事诉讼法草案》，内容除了实施英美法系的陪审和律师制以及详细规定中外会审制度之外，更进一步要求全部废止刑讯。其中第十七条规定："凡审讯一切案件，概不准用杖责、掌责及他项刑具，或语言威吓，或逼令原告、被告及各证人偏袒供证，致令淆乱事实。"第七十五条规定："被告如无自认供词，而众证明白，确凿无疑，即将被告按律定拟。"据此，不但将彻底废除刑讯，语言威吓亦被禁止，无供定案的手续也得以简化。

不过，这两款条文却遭到大部分封疆大吏的反对。他们认为人民教养程度不足，废除刑讯不利于断案。如湖广总督张之洞就强烈反对："今若一概不准刑讯，则盗贼、凶犯狡供避就，永无吐实之时，重案皆不能结，如何可行？""论目前人民程度，实不能博尽废刑讯之美名，贻刑罚失中之隐患。"（《张之洞奏稿》）由于大多数省份反对，最后该法案无果而终。

实际上，废除刑讯的执行并不好，从京师到各省的各级审案官吏，暗中用刑者颇有其人。《大公报》报道过内务府和步军统领衙门审案仍有刑讯之事。而在上海，中外会审公堂也时有刑讯事件发生，更引起修律大臣上折弹劾，要求重申废刑讯的新章，严饬各地执行。即便是在最高审判机关——大理院，也未能根除刑讯。官员孙宝瑄首日到职大理院，其日记记载"观讯囚……鞭扑交作，呼声极惨"，不由感叹："人生到此，吁可哀已！"（《忘山庐日记》）

至于各省的新式审判厅，时人虽对此寄予厚望，但刑讯之事仍不能免。1910年（宣统二年），任职修订法律馆的许同莘至汉口审判厅观审，发现"办事极有条理，而刑讯终不能废"。再如东三省，其推行新式审判厅制度最早，情况似乎较好。总督徐世昌自豪地宣称："自开办各级审判厅，除命、盗案外，概不用刑讯，开庭可以观审，判词付之公布，民间称便，而结案犹较内地为多。"（《政治官报》）但据报人黄远庸的亲身所见，实际情况却并不乐观：尽管审判厅建筑巍然，法官举止也颇有威严，但其问案缺乏条理与技巧，有半年不得结案者。

由此可见，废刑讯之后，结案速度变慢，造成了讼狱积压。清廷上下也在思考解决之道。法部尚书戴鸿慈注意到口供与刑讯的内在关系，认为审案应重视证据而非犯人口供，如果证据确凿，即便没有犯人口供，也可结案。但是对于审讯官吏来说，改变办案重视口供的传统思维相当困难。如律学家吉同钧虽然主张"案以证定"，但依然觉得"供词尤关紧要"（《审判要略》）。更为关键的是，1910 年颁布的《大清现行刑律》仍然保留了死罪案犯适用刑讯的条款，致使"重证据而不重口供"的观念在法律上最终难以落实。

总之，为了改变外人的观感，借以收回治外法权，清廷急于限制刑讯。修律大臣提出此议，朝廷即匆忙批准。可是后来又迫于地方督抚的压力，未能尽废刑讯，陷入了"旧法之范围已破，而新法又不足资维持"（《清末筹备立宪档案史料》）的窘境。一方面，朝廷限制刑讯的谕旨并没有得到很好的执行；另一方面，非刑猖獗，讼狱积压，于国计民生也甚为不利。国人寄望甚深的西式审判制度虽然在清末逐步引进，但也未能清除此弊。可见新旧法律的转换本应极为审慎，其过渡也应该有一段时间，清末废刑讯之事一味冒进，结果自然不能尽如人意。

作者简介

李欣荣，1979年生，广东清远人。历史学博士，中山大学历史学系副教授。主要从事清末民初的法律史和学术史研究，已发表论文十余篇。

晚清时期的直隶总督

董丛林

　　清朝的直隶（辖区约相当于今北京市、天津市、河北省及河南、山东两省部分地区），其地域拱卫京师，政治地理作用非常重要，故为清廷所特别重视，在疆吏的心目中也被格外看重，有"直隶为各省领袖"之说。晚清时期，除了直隶和面积较大的四川是一省特设一总督，其余都是两省或三省合设一总督。

　　从晚清直隶总督的任用情况看，不算短时护理、署理而未发挥多少作用者，实际履职施政且有一定影响的大员，依次有琦善、讷尔经额、桂良、谭廷襄、庆祺、恒福、文煜、刘长佑、曾国藩、李鸿章、王文韶、荣禄、裕禄、李鸿章（再任）、袁世凯、杨士骧、陈夔龙等16人。在刘长佑以前的7人中，除谭廷襄外，都是满、蒙贵族（庆祺、恒福为蒙古族，其他四人为满族）。这绝非偶然，应该说与清廷的民族偏见和统治策略密切相关，从中可以揣摩其中的隐意：直隶的主政者如同皇家的"守门人"，从满、蒙亲贵中选择才最为可靠。不过，此事终究是不以当权者意志为转移的，客观形势的变化，特别是清朝统治阶级内部派系力量的消长，是更重要的制约因素。其中最具影响的事情，就是清末在镇压反清起义过程中，清朝阵营内部湘、淮系军政集团势力的崛起。两大军政集团的要员纷纷出任督抚，成为当时清朝政治权力再分配格局中的突出现象。

就膺任直隶总督而言，湘、淮集团中最早者是湘系要员刘长佑。他尽管不是曾国藩所部湘军的最"嫡系"将领出身，但属最早参与镇压太平军的湘系"元老级"人物之一，并是较早跻身封疆大吏者。他于咸丰十年（1860）被授职广西巡抚，比曾国藩首次出任疆吏的时间还略早些。同治初年，直隶总督文煜不能有效镇压近畿的反清起事，刘长佑从两广总督任上被移调直隶，清廷指望他能扭转局面。刘长佑在任期间，军务上虽较前有些成效，但终究也遏制不了彼伏此起的起事，于同治六年（1867）冬去职。

刘长佑之后，直隶总督由满洲贵族官文短期署理，其人说不上有什么作为，不过他与湘系集团的关系相当微妙。官文任过多年湖广总督，曾被湘系集团中另一重要人物、湖北巡抚胡林翼所笼络利用，数年间与湘系集团维持了表面的和谐。胡氏于咸丰十一年秋病逝后，官文与湘系集团的关系趋于逆转，其间明争暗斗渐多，终于在同治五年，官文为新任湖北巡抚曾国荃（曾国藩之弟）奏劾，被解除总督之职。后被召京另用，其署理直隶总督，显然是朝廷拟复加重用的信号。只因其人腐化成习、为政无能，到同治七年秋，便有了将曾国藩从两江总督任上移调直隶的朝命。刘长佑被革职后经过半年多的时间，直隶总督的职位又回归湘系。

这时曾国藩任两江总督已有七八年之久，两江既是他镇压太平天国的最终收功之地，又是他长期营造的个人势力根基深厚之域。清廷把他调开，尽管是到畿辅要区，但他还是不免陷入所谓"圣眷已差"的疑虑之中。次年春他才正式到任，而对直隶从官风、民气到自然环境全不看好，不过他还是努力操办政务，把重点放在练兵、饬吏以及治理河患方面，对文教之事亦颇用心。不料同治九年，天津发生了震惊中外的大教案，他受命前去处理，陷入难堪境地。恰此前接任两江总督的马新贻遇刺身亡，曾国藩遂被命回任两江，而接替他任直隶总督的，便是淮系领袖李鸿章。

李鸿章为安徽合肥人，其父李文安与曾国藩为同年进士，他本人早年也曾向曾国藩问学，结下师生之缘。而他能组建淮军并借以起家，也是缘于当年曾经投曾国藩帐下充当幕僚。他自同治元年即跻身疆吏之列，及此接替曾国藩任直隶总督，又获兼任北洋大臣之职，地位进一步提升。此前，设有"三口通商大臣"的专职，管理"北洋"地域三个通商口岸（直隶天津、奉天牛庄后改营口、山东登州后改烟台）的相关事务。此时这一专职裁撤，改为直隶总督的例定兼职，这样其职事就包括直隶一省政务、北洋三口通商，同时直接涉及国家外交事务。因此，有人说李鸿章"坐镇北洋，遥执朝政，凡内政外交，枢府常倚为主"（刘体智《异辞录》）。更有学者说，此时直隶总督"几有成为清政府第二朝廷的趋势"（李剑农《中国近百年政治史》）。

李鸿章在此职任上一干就是20多年（其间因母亲去世而短暂离职），以直隶和北洋为基地，在操持政务、发展"洋务"的同时，也不断强化淮系集团势力。至于外交方面，尽管他不无努力，但限于半殖民地的国家状况，终难有漂亮手笔，屈辱妥协为其主要表现。特别是中日甲午战争时，他不但在战略上存在误判，而且是丧权辱国的《马关条约》主要议定人，备遭舆论呵责。李鸿章签约后，直隶总督兼北洋大臣之职即由浙江籍大员王文韶继任。

"非淮非湘"的王文韶，处世圆滑，有"油浸枇杷核""琉璃球"之称。他对"落势"的李鸿章并未落井下石，施政上一派萧规曹随的架势，数年间政务上无大革新。及至光绪二十四年

（1898）戊戌新政，朝局诡谲，慈禧太后为牢牢控制畿辅要区，防范突发事变，又让其亲信满人荣禄任直隶总督兼北洋大臣。她发动政变之后，又将荣禄召京。继任者为另一满人裕禄，隔年在"庚子之变"中自杀身亡。此前，李鸿章已经东山再起，先任过约半年的两广总督，这时又改任直隶总督兼北洋大臣，清廷要靠他与外国"议和"签约。李鸿章最后签订了《辛丑条约》，尽管事出无奈，但无论如何也留下了空前耻辱的一笔。签约后不多时日，风烛残年的他就撒手人寰，继任者是袁世凯。

袁世凯是河南项城人，曾在淮系要员吴长庆帐下做事，与淮系关系密切，这是其起家的重要阶梯。他从甲午战争期间的"小站练兵"开始染指新军，任直隶总督兼北洋大臣后，利用在清末新政中操持练兵的机会，控制了实力可观的北洋新军，发展成为名副其实的北洋军阀巨头。同时，他在直隶和北洋主政期间，对该区工商、教育等新政事项的操持也不无成效，甚至被视为区域性"样板"。其人于光绪三十三年被内调为军机大臣、外务部尚书，表面上似乎更受重用，但实际上是清廷移其脱离北洋基地，以防尾大不掉，隔年他就被借故罢职。但因他对北洋军仍能隐然操控，东山再起的资本未泯，及至宣统三年（1911）武昌起义爆发，遂得复出并成为能左右清廷之权要，终至迫清帝退位，获取民国权柄。

接替袁世凯任直隶总督兼北洋大臣的是其亲信杨士骧。此人无大才干，但勉可维持前任旧规，在职不到三年，即于宣统元年病故。其遗职在短期内或护或署之人可略去不计，实际继任者为无明显派系归属的贵州人陈夔龙。这时清王朝更处风雨飘摇之中，所谓"新政"仍被视为救命稻草，陈氏在其辖区自然也要有所应对，但终归实效难著。清帝逊位前夕，他以病假离任，不日清朝便告寿终正寝。

纵观晚清时期直隶总督的情况，可以看出：该职自刘长佑担任后，主体上发生了以汉族大员替代以前满蒙大员的格局变化，而汉族大员中，又是以湘、淮系和袁世凯北洋集团的要员为基干。这三个集团势力在近代中国影响甚巨，以其要员为基干主政直隶乃至北洋，或可视为晚清至民初政治走势的一个缩影。

作者简介

董丛林，1952年生，河北盐山人。历史学博士，河北师范大学历史文化学院教授、博士生导师，中国义和团研究会副会长、中国太平天国史研究会常务理事。著有《龙与上帝——基督教与中国传统文化》《晚清社会传闻研究》《曾国藩传》《清季北洋势力崛起与直隶社会变动》（主持）等，发表论文百余篇。

郑观应眼中的晚清吏治

杨益茂

郑观应是晚清著名实业家和维新思想家。早年为洋行买办，后以所学"商战"经验积极倡办实业。他多次参与清王朝的军政事务，曾受醇亲王奕譞（xuān）委派在上海采办神机营军械，复奉命往南洋各地考察军情。在长期的实业、政界生涯中，他交友广泛、眼界开阔，注重了解中外形势，对比学习西方先进思想文化，忧心国家和民族命运，致力于探讨国家富强之策，写下以《盛世危言》为代表的一系列著名篇章，对晚清吏治腐败进行了揭露与抨击。

一

军队是巩固政权的支柱，也是民族得以自立的屏障。郑观应长期考察清代军队情况，不仅对八旗、绿营腐败不堪、丧失抵御外侮及护卫政权的功能有深刻的认知，而且对新建北洋海军的腐败深恶痛绝。甲午战败后，郑观应指出："丁统领（指水师提督丁汝昌）以陆军之将而奏膺（yīng，承当）水师统领之职。余尝与海军诸将领相识，亲见其意气自豪，嫖赌是务，不但海道图、海战阵法有所未习，即船中枪炮若干、机器何名，问之亦茫然也。惟于各口立私宅、包歌姬，或多娶小妻分置各海口，船一抵埠即身归私宅，酣歌恒舞，俾昼作夜已。"（《盛世危言增订新编·水师》）他引用日本在拆卸所掳北洋军舰时，发现"舰身尚坚固如常，惟机器已多锈坏"的事实，印证中方海军将领"溺职素餐"，发出感叹："噫！欲此辈效命于洪波骇浪中，视死如归，岂不难若登天哉！"（《盛世危言增订新编·水师》）

晚清时期，交通、邮政、采矿等新兴产业陆续开办，规模较大的常常采取官办或"官督商办"。"官督商办"本来是官民双赢的方式，官方可借助民力发展国家急需的工业，民间则可依靠官方支持和庇护发展资本。实行初期，也取得了一定成效。但是，随着官方势力介入的加深，官场的种种恶习开始严重阻挠产业发展，损害工商业者利益。这主要是因为企业中官有权而民无权。对此，郑观应指出："盖官督商办者，既有委员、监督，而用人之权操自督办，股东不能过问。"督办企业者多是官场中人，官气难除，本来就缺乏商务知识，"所委任者又不问其材之能否胜任，大抵瞻徇情面，非其亲戚即其私人，甚至挂名局内，干领脩金不知凡几，结党营私毫无顾忌，而局务遂日归腐败矣"。郑观应曾以开平矿务局为例，揭露其总办唐廷枢去世后，由张翼接办的情形："张系醇邸（指醇亲王奕譞）之随员，故北洋大臣不问其材具如何，遽升为督办。张持有护符，营私舞弊不一而足。闻曾将公司所购之香港栈房、码头改为私产，售予别人，攫为囊中物。办建平金矿私弊尤多。其最著者……以局款十数万起造大洋楼，备欢迎醇邸到津阅操之用。"（《盛世危言后编》）

郑氏还指出，官方所派名目繁多的督办、总办、会办"多无经历，只知假公济私，通同作弊。昔本穷汉，今成富翁，起居拟于王侯，锱铢等于泥沙，高楼雄列，大厦骈连，甚至叉麻雀（一种牌戏）、摇色宝，一掷千金，酒地花天，缠头浪费，孰非股东血汗之资？惟股东势弱，敢怒而不敢言"（《盛世危言后编》）。腐败的清廷将"官督商办"变成官方压榨、吸食股东血汗的工具，郑氏不得不发出"名为保商实剥商，官督商办势如虎"（《罗浮待鹤山人诗草》）的浩叹。

二

清代的康雍乾三朝，曾被称为"盛世"，但到晚清仍称"盛世"，已是名不符实。郑观应著书以《盛世危言》为题，"盛世"是假，"危言"是真。他对清代吏治前后的变化做了对比："雍乾时作吏者，其将赴任也，必先虑律例之不谙，词讼之不决，胥吏之未易驯伏，缉捕之未易精勤，惴惴然惧为宗党羞；今则所虑者，陋规之不丰耳，钱漕之不多耳，亲与友责望之重耳，上司同寅趋承之烦耳。"

郑进而指出："国家设官，本以为民。"在专制体制下"地方之治乱，视官吏之贤否为转移"，"未有民不聊生而国家可以称治者"。然而，在晚清社会，官吏早已成为压迫、剥削民众的虎狼之辈。官场的现状是"不肖者恣睢暴戾，如蛇蝎，如虎狼"。即使有廉能之吏想兴利除弊，却往往遭到官场同僚的排挤与倾轧："上官掎（jǐ，牵制）之，同寅笑之，众庶疑之，必溃其成而后已。故今之巧宦，莫妙于阳避处分而阴济奸贪，一事不为而无恶不作。上朘（juān，剥削）国计，下剥民生，但能博上宪之欢心，得同官之要誉，则天变不足畏，人言不足恤，君恩不足念，民怨不足忧。做官十年而家富身肥，囊橐累累然数十万金在握矣。于是而上司荐之曰干员，同僚推之曰能吏，小民之受其鱼肉者，虽痛心疾首，钳口侧目而无如何也。"（《盛世危言·吏治上》）其结果，必然是官民对立，社会动荡。

晚清的官场已是一个投机盛行、黑暗腐臭的酱缸，清廉、实干、亲民者难以立足。郑观应说："余见今之政界，奔走钻营者蒙卓声，谨守廉俭者沉散秩（闲散而无一定职守的官位）；奸巧辣手者鹊起，忠厚慈心者蠖（huò，尺蠖蛾的幼虫，行动时身体一屈一伸地前进。蠖伏：如尺蠖之屈伏，比喻人不得志）伏；标榜者，伐异党同，互相援引；务实者，独守岑寂，孤立无援。"他指出："尝见置身通显者，往往因清廉而致终身贫苦，未闻有人奖励；因贪墨而致毕生厚富，未闻有人黜罚。世上既无赏罚，既无是非，廉耻道丧，实业安得振兴乎？中国安望富强乎？"（《盛世危言后编》）清廉官员落于贫困，贪婪之人却富裕逍遥，这是晚清官场的真实写照。

三

随着清末社会矛盾的激化，晚年的郑观应眼光更为敏锐，开始把专制政体作为吏治腐败的根源进行批判，"盖专制政体，上自君主，下至臣民，上行下效，无不各为其私，无公益心，无爱国心"。他进一步反问："国不爱民，而欲民之爱国，有是理耶？"（《盛世危言后编》）

郑观应的揭露和批判，暴露了晚清官场的黑暗与腐朽，对于探讨清王朝的兴亡不无裨益。同时，他的言论也在很大程度上预示了中国社会的未来走向。武昌起义之所以一呼百应，清王朝专制政权之所以土崩瓦解，吏治腐败、官逼民反是其中十分重要的原因。

作者简介

　　杨益茂，1948 年生，天津人。中国人民大学历史学院教授，主要研究晚清史、台湾史及方志学。合著《中国近代史料学稿》《中国方志学纲要》《台湾——历史与现状》等，发表论文多篇。

康有为政治改革的策略与失误

王晓秋

康有为（1858—1927），字广厦，号长素，广东南海人，是1898年（光绪二十四年）戊戌变法中维新派的领袖。康有为推动戊戌变法政治改革，主要通过两条途径：一是大造变法舆论，通过著书立说、开学堂、设学会、办报纸等方式，倡导和鼓吹变法思潮，宣传改革主张。二是劝说皇帝变法，通过屡次上书、代草奏折、进呈书籍以至当面陈词等方式，鼓动光绪帝下诏变法，并出谋划策，设计改革蓝图，策划和推动改革的实践进程。

康有为制造变法舆论的一种策略是"托古改制"，其代表作是《新学伪经考》和《孔子改制考》。前者抨击当时占学术主流地位的儒家古文经学是刘歆（西汉末年经学家）为王莽篡汉而编造的"伪经"和"新学"，后者更论证孔子六经都是"托古改制"之作。这两部书对传统理念和法制发起了挑战和冲击，并打着孔子的旗号为维新变法提供理论依据，被梁启超称为思想界的"大飓风"和"火山大喷火"。两部著作虽然遭到封建顽固派的群起而攻之，甚至要求清政府将其焚书毁板，但同时也奠定了康有为维新变法思想领袖的地位。

1888年，康有为第一次向光绪帝上书，要求皇帝改良政治以挽救世变，并提出变成法、通下情、慎左右等三项改革建议，公开提出了维新变法的政治主张。这份上书虽然未能呈达皇帝，却被士大夫们广为传抄，使其名噪京师。1894年，中日甲午战争爆发，时势又把康有为推向政治舞台的前沿。次年4月，康有为闻知《马关条约》签订，便联合各省进京赶考的举人向皇帝上书。他起草了洋洋万言的《上清帝第二书》，要求拒和、迁都、练兵、变法。该文虽然也未能上呈光绪帝，但广泛流传，风靡一时。5月29日，他又写《上清帝第三书》，提出富国、养民、教士、练兵四策，还提出了"设议郎"、会议"内外兴革大政"的建议。这次上书由都察院转呈，光绪帝终于看到，极为嘉许。6月30日，康有为第四次上书，专谈变法之先后次第及下手之法，提出了"设议院以通下情"和下诏求言、开门集议、开府辟士等主张。1897年，当他闻知德国强占胶州湾后，又上第五书，提出变法的上中下三策，上策是"采法俄、日，以定国是"；中策是"大集群才，而谋变政"；下策是"听任疆臣各自变法"。

面对日益严重的民族危机，想要有所作为但又无实权的光绪帝，受康有为等维新派及"帝党"官员的鼓动，也希望通过变法维新实现救亡图强，并从以慈禧太后为首的"后党"手中夺取统治权。光绪帝命总理衙门先传康有为问话。1898年1月24日，康有为到总理衙门，阐述变法应该从变革法律与官制开始，并谈了自己酝酿已久的具体方案。第二天，"帝党"大臣翁同龢把康有为所言详细报告给皇帝，光绪帝听了很振奋，传令康有为条陈所见并进呈所著书。29日，康有为上呈了精心撰写的《上清帝第六书》，总结日本明治维新的经验，提出中国变法改革的基本思路：一是大誓群臣，宣布"维新更始，上下一心，尽革旧弊"。二是开制度局于宫中，"将一切政事制度重新商定"，并设12个新政局，推行改革。三是设待诏所许天下人上书，为变法献计献策。3月17日，康有为第七次上书光绪帝，并进呈《俄彼得变政记》一书，劝说光绪帝仿效俄国彼得大帝，雷厉风行实行变法。

1898 年 5、6 月间，康有为还代御史及"帝党"官员们写了一系列奏折，鼓吹变法，并强烈要求皇帝"明定国是"，确立变法方针。在以康有为为首的维新派鼓动策划下，6 月 11 日，光绪帝终于颁布《明定国是诏》，正式宣布以变法新政为基本国策。从此日起到 9 月 21 日慈禧太后发动戊戌政变止，共推行变法新政 103 天，史称"百日维新"。光绪帝于 6 月 16 日特旨召见康有为，长谈了两个多小时。康有为慷慨陈词，说明中国已到生死存亡关头，必须尽变旧法，咸与维新。光绪帝也表示"现在诚然是非变法不可"，并问他如何变法。康有为主张统筹全局，先设立制度局，另外还提出重用维新人士、废八股、翻译外国书籍、派遣留学生、派大臣出洋游历等许多建议，光绪帝连连点头表示赞同。召见后，光绪帝下旨命康有为在总理衙门章京上行走，并允其专折奏事。康有为也确认了光绪帝变法的决心和勇气，因此，他以后的精力主要放在为光绪帝出谋划策，设计改革方案，然后通过皇帝下令来进行变法实践。

康有为为光绪帝出谋划策主要是靠上条陈和进呈书籍，尤其是后者，"惟间日进书，上采案语，以为谕旨"（《康南海自编年谱》）。最重要的就是《日本变政记》等一批外国变政考。百日维新期间，变法改革付诸实践，当务之急是明确改什么、怎么改。"托古改制"已不能解决问题，只有借鉴外国，"仿洋改制"，才有指导意义。他认为中国变法最好的榜样就是日本的明治维新，幻想依靠光绪帝像明治天皇一样亲掌大权，发号施令，重用自己和维新派人士，在中国实现自上而下的变法。因此他在皇帝召见后并不去总理衙门上班，而是日夜编写《日本变政考》，分卷进呈。康有为把效法日本改制的主张和建议，有时寓意于记载日本变政的史实中，有时则直接阐发于自己所写的案语中。他把此书进呈御前，希望成为皇帝变法的教科书、维新变法的蓝图。光绪帝看到，果然如获至宝，"阅之甚喜"，"一卷刚进，又催下卷"，并将此书"日置左右，次第择而行之"，有些上谕、朱批甚至直接采用了该书内容或案语。

戊戌变法触动了以慈禧太后为首的顽固守旧势力的既得利益。他们掌握着清政府的政权、军权、财权，变法刚过百日即发动政变，慈禧太后恢复"训政"，光绪帝被软禁，谭嗣同等维新志士被杀，康有为也遭通缉，被迫流亡海外。

虽然戊戌变法失败的根本原因是新旧势力力量对比过于悬殊，但康有为在这场政治改革中也有不少失误。首先是他（也包括光绪帝）对政治改革的艰巨性、复杂性估计不足，过于盲目乐观，急于求成，没有充分考虑到改革的阻力和社会承受能力。康有为曾对光绪帝说：西方列强变法改革"讲求三百年而治"，日本明治维新"施行三十年而强"。我们"国土之大，人民之众，变法三年，可以自立，此后则蒸蒸日上，富强可驾万国"，"以皇上之圣，图自强在一反掌间耳！"这番话当然有为光绪帝打气的成分，但把中国的改革说成三年就能成功，易如反掌，也实在太乐观了！缺乏政治斗争经验的康有为通过上书、条陈、呈书，向光绪帝提出了一大堆建议，而年轻急躁的光绪帝也急急忙忙在103天里下了180多道新政改革的上谕，但在守旧官员的抵制或敷衍下，很多都成了一纸空文。如康有为政治改革策略的核心措施是在宫中开制度局，重用维新人士为皇帝立法定制，然后成立12个新政局，实行各项新政。守旧势力认为这是要尽废军机、六部与督抚，结果他们施以阳奉阴违、偷梁换柱之计，把康有为建议的"选天下通才二十人置左右议制度"，改为"选翰詹科道十二人，轮日召见备顾问"，仍由旧官僚充数，巧妙地扼杀了制度局之议。

改革措施操之过急，超过社会承受能力，还表现在裁冗署、撤绿营、许旗人自谋生计、罢礼部六堂官等改革举措上。裁冗署是康有为提出的改革官制措施的一部分，具体方案是岑春煊奏请光绪帝下令实施的，涉及面过大，一下就要裁撤詹事府、通政司、光禄寺、鸿胪寺、太仆寺、大理寺等一大批衙门，以及督抚同城的三省巡抚、河道总督和地方粮道、盐道等官员。而且光绪帝严令"限一个月办竣复奏"，以致朝野震骇，人心惶惶，有的衙门如太仆寺"堂司等官一哄而散"，一片混乱。其他改革措施包括练新军、撤绿营，引起大批绿营官兵失业恐慌。"许旗人自谋生计"一项，使一向依靠国家供养又没有劳动技能的旗人们人人自危。这些措施超过了社会的承受能力。守旧官僚、绿营官兵、八旗旗人以及因废八股而失去升官仕途的士人，都把康有为视为不共戴天之仇敌，不但坚决反对改革，而且叫嚷要"杀康梁以谢天下"！至于9月4日，光绪帝以阻挠礼部主事王照上书为由，一下子罢免了礼部尚书、侍郎六位堂官（即正、副部长），更是激化了本已很尖锐的新旧势力的矛盾冲突，促使守旧势力发动政变。

其次，康有为不顾国情，照搬外国改革模式，幻想依靠外国支持。康有为多次强调要全盘照搬日本模式，宣称"我朝变法，但采鉴于日本，一切已足"，殊不知日本与中国不仅政治、经济、文化等国情差异很大，新旧势力力量的对比也完全不同。中国的改革必须从中国国情出发，走自己的路。康有为还大力提倡联英联日，幻想依靠英国、日本支持中国变法，甚至建议聘请日本前首相伊藤博文和英国传教士李提摩太来当中国新政的顾问，指导中国改革。

第三，康有为信奉英雄史观，迷信皇帝和自己的能力，不善于团结同盟者，更不愿发动广大群众，以致陷于孤立。他把变法改革成功的全部希望寄托于光绪帝的"乾纲独断","以君权雷厉风行"来实现改革的目的。在维新运动兴起时，洋务派官僚曾表示支持，李鸿章要捐 3000 元加入强学会，却被康有为拒绝，把他推到了对立面。曾支持过维新派的张之洞，也因与康有为学术观点上的分歧而最终决裂。对人民群众，康有为更以"民智未开"加以轻视。连他最得意的门生梁启超也看到了这个弱点，发出"谓之政治家，不如谓之教育家；谓之实行者，不如谓之理想者"（《康有为传》）的感慨。

作者简介

王晓秋，1942 年生，江苏海门人。北京大学历史系教授、博士生导师，中外关系史研究所所长，第 9—11 届全国政协委员，国家清史编纂委员会委员。主要从事中国近代史和中外关系史研究。著作有《近代中国与世界》《近代中国与日本》《近代中日文化交流史》《东亚历史比较研究》《改良与革命》等 10 多部，发表论文 200 余篇。

清末 10 年的改革与革命

赵云田

改革与革命，是清朝最后 10 年的两大主题。改革（也称清末新政）是清政府自上而下发动的，目的是巩固清朝的统治；而革命则是由资产阶级革命派领导的武装起义，目的是以暴力手段推翻清朝的统治。清末 10 年的改革与革命，对中国历史的发展产生了重大影响，给了我们深刻的启示。

一、清末新政的实施及其影响

清末新政是清政府在内外交困的情况下，为自救而进行的一场改革。这场改革从光绪二十六年十二月初十日（1901 年 1 月 29 日）光绪帝发布上谕开始，直至清朝灭亡，包含四方面内容。

一是调整中央和地方官制，整顿吏治。在中央官制方面，撤销总理各国事务衙门，设外务部；裁国子监，设学部；设立商部、巡警部；后又改巡警部为民政部，户部为度支部，兵部为陆军部，刑部为法部，理藩院为理藩部，工部、商部合并为农工商部等。在地方官制方面，改盛京将军为东三省总督，设奉天、吉林、黑龙江巡抚；各省按察使改为提法使，增设巡警道、劝业道，设审判厅；裁科布多帮办大臣，设阿尔泰办事大臣；裁驻藏帮办大臣，设左右参赞等。在整顿吏治方面，嘉奖有政绩的官员，惩处贪腐，并裁革陋规。

二是振兴商务和创办实业。商部成立后，在京师设立商会，又先后制定《商律》《公司律》《商会简明章程》《奖励公司章程》《重订铁路简明章程》《重订开矿暂行章程》《农会简明章程》等，以振兴商业和发展实业。光绪三十一年四月，张謇等人创办了渔业公司，农工商部在京师设立工艺局。此后，邮传部设立了交通银行，京师兴办了自来水公司。清政府成立农业试验场、农事演说会、种树公所、植物研究所、官牧场和渔业公司等，发展农业和林牧业；设立工艺传习所，兴办工厂，成立电灯公司，发展工业；设立商务局和各种商会、矿政调查总局，发展商业和矿业；成立官轮总局，修建铁路，发展运输业；设立文报总局和分局，发展通讯业。

三是整顿军制和编练新军。光绪二十九年十月，清政府成立练兵处，各省成立督练公所，用以加强编练新军。到宣统三年（1911），共编成 14 镇、18 个混成协，又 4 标及近卫军 1 镇，约有 16 万人。在蒙古、新疆、西藏等边疆地区，也都参用西法编练了新军。与此同时，各种军事学堂在全国各地纷纷成立。

四是发展文教卫生事业，包括办学堂、废科举、选派留学生、办报纸、建图书馆和施医馆等。光绪二十八年七月，清政府颁布《钦定学堂章程》；三十一年八月，又宣布停止一切科举考试。到宣统二年，全国有学堂 42696 所，学生总数 1300739 名。（刘锦藻《清朝文献通考》）内地以及东北、蒙古、新疆都有官费或自费留学生去日、英、美、俄等国学习。不少地方创办了报纸、图书馆，连地处边陲的西藏也开办了白话报、译书局、施医馆，每天到施医馆看病的多达几十人。

清末新政吸收了西方国家政治体制中的一些先进因素，使部分行政建置更加合理。民族资本主义经济有了一定程度的发展，社会经济发展过程中出现了近代化的轨迹。近代化军队开始产生，特别是在边疆地区加强武备，一定程度上遏制了列强的侵略。资本主义民主政治思想和自然科学知识的传播，也推动了社会的进步。

二、资产阶级革命及其功绩

几乎与清末新政改革同时，中国资产阶级革命派形成。光绪三十一年七月十二日（1905 年 8 月 20 日），孙中山在日本东京建立了中国同盟会，宗旨是"驱逐鞑虏，恢复中华，创立民国，平均地权"，以武装斗争推翻清朝统治为目标。为此，孙中山等人制定了《革命方略》，以指导全国的武装起义。从光绪三十二年到宣统三年，较大规模的武装起义有十几次。

光绪三十二年十月，同盟会领导的萍浏醴起义爆发。这次起义坚持了近两个月，最后被清政府镇压。之后，同盟会又多次发动武装起义，都因敌我力量悬殊、不能打开局面而失败。其中，最有代表性的是宣统三年三月的广州起义，起义失败后 72 具烈士遗骸被葬于黄花岗，史称"黄花岗七十二烈士"。就在同盟会接连不断领导武装起义的时候，另一个革命团体光复会也在安徽、浙江等地准备发动起义，领导人是徐锡麟和秋瑾。光绪三十三年五月二十六日，徐锡麟在安庆刺杀巡抚恩铭，发动起义，不料只坚持了 6 小时即告失败。六月四日，准备响应徐锡麟的秋瑾尚未起义，就在浙江被捕，次日遇害。

"拼将十万头颅血，须将乾坤力挽回。"宣统三年八月十九日（1911 年 10 月 10 日），在革命团体文学社和共进会的领导下，武昌新军发动起义，占领武昌，成立了军政府。随后，湖南、陕西等 14 个省市也相继宣布脱离清政府，成立军政府。1912 年 1 月 1 日，中华民国成立，孙中山就任临时大总统。

资产阶级革命派多次发动武装起义，表现出不推翻清朝统治誓不罢休的革命精神。虽然辛亥革命的胜利果实后来被袁世凯篡夺，真正的资产阶级民主共和国并没有建立起来，但是，辛亥革命推翻了清朝 268 年的封建统治，结束了中国两千多年的皇帝专制制度，对中国历史发展产生了深远影响。

三、历史启示

回顾清末 10 年所发生的改革与革命，有以下几点认识。

首先，改革过程中要注意权益再分配的均衡。清末新政中权益的再分配是失败的，这主要表现在满族权贵、汉族官僚、蒙古王公、藏传佛教宗教领袖人物之间，即表现在社会的上层。清政府没有更好地顾及到满族以外其他民族上层的利益，包括成立皇族内阁，取消达赖喇嘛封号，禁止外蒙古哲布尊丹巴活佛以及某些蒙古王公、西藏地方上层人士参与当地新政的谋划和实行等，损害了他们的既得利益，遭到了他们的反对，使他们对清政府产生了离心倾向。

其次，解决民生问题应当放在社会改革的重要地位。在清末改革中，清政府不但没有改善民生，反而使人民生活更加困难，从而激起了广大民众的反对，使改革没有达到预期效果。在清末新政中，清政府对人民的榨取更加严重，各种苛捐杂税层出不穷。比如山西省，从光绪二十八年起，除钱粮附加外，还增加了货厘、斗银、畜税、牙税、盐税、盐商捐、绅富捐等，致使物价飞涨，人民苦不堪言。结果，全国农民的反抗斗争 10 年中多达 326 次，抗捐税斗争达 137 次。

再次，改革过程中应该始终加强民族团结。我国是一个多民族国家，不能人为地制造民族矛盾，影响国家的统一及民族之间的和谐。孙中山曾说："革命宗旨，不专在对满，其最终目的，尤在废除专制，创造共和。"（邹鲁《中国国民党史稿》）"有人说民族革命是要尽灭满洲民族，这话大错。"（《孙中山全集》）这些话是值得我们深思的。

最后，要时刻警惕列强侵略，特别是对我国边疆地区的侵略，以维护国家主权和领土完整。回想清末10年英国对我国西藏的侵略，沙俄对我国蒙古地区的侵略，日本对我国东北的侵略，就足以使我们保持警惕。

作者简介

赵云田，1943年生，北京人。中国社会科学院近代史所研究员，著有《清代蒙古政教制度》《中国边疆民族管理机构沿革史》等，主编《中国文化通史·清前期卷》《中国社会通史·清前期卷》等。

从清末新政的历史教训看改良与革命

李细珠

在内忧外患的历史背景下，晚清政府被迫实行新政，其变革的广度和深度均超过此前的洋务运动与戊戌变法，积累了大量中国现代化建设所必需的经验。清末新政的目的本来是为了挽救王朝垂危的命运，然而事与愿违，清王朝在新政十年后很快被辛亥革命推翻。但辛亥革命后，中国并没有走上和平发展道路，反而长期陷入军阀混战和内外战争之中。据此，有人认为，如果没有辛亥革命，中国按照清政府新政改革的方向，可以更好地和平发展，从而提出"告别革命"的论点。究竟如何看待清末新政？又如何看待辛亥革命？如何认识改良与革命的关系？通过总结清末新政五个方面的深刻教训，可以给出答案。

一、最高决策层的问题

清政府没有坚强而智慧的改革领袖及决策群体。一方面，最高决策者慈禧太后与监国摄政王载沣都无力担此重任。慈禧太后有传统政客老辣的政治经验与高超的政治手腕，但缺乏近代政治家的政治智识。载沣则生性懦弱，才具平庸，既没有政治手腕，又缺乏决断的魄力，根本无法控制朝政，更是难有作为了。久历政坛的老臣王文韶晚年禁不住对人感叹："大家皆抱怨老太太（即指慈禧太后），汝须防老太太一旦升天，则大事更不可问。"（何刚德《话梦集·春明梦录》）另一方面，慈禧太后长期专权造就一批平庸的大臣，内阁、军机处、督办政务处（1906 年后改称会议政务处）、宪政编查馆大臣集体政绩平平。满族重臣荣禄在新政初期去世，庆亲王奕劻为首席军机大臣。奕劻贪婪成性，与大臣那桐同流合污，以贪污受贿名传坊间，被叫做"庆那公司"（《晚清宫廷生活见闻》）。其他少壮亲贵如载泽、载洵、载涛、溥伦、毓朗等人，也只知争权夺利。如时人所谓："劻耄而贪，泽愚而愎，洵、涛童骏（ái，呆）喜事，伦、朗庸鄙无能，载搏（奕劻次子）乳臭小儿，不足齿数。广张羽翼，遍列要津，借中央集权之名，为网利营私之计，纪纲混浊，贿赂公行。有识痛心，咸知大祸之在眉睫矣……即无革命军，亦必有绝之者矣。"（《恽毓鼎澄斋日记》）汉族重臣李鸿章、刘坤一在新政初期去世，对新政未能有所作为。王文韶、孙家鼐、鹿传霖位高齿尊，亦相继谢世。张之洞晚年入阁拜相，却多有掣肘，抑郁而终。瞿鸿禨、岑春煊、袁世凯又因故被开缺。无论满汉大臣，要么平庸无能，要么成为权力斗争的牺牲品，均不能在新政中大有作为。

二、地方督抚的问题

地方督抚是推行新政的中坚力量，对新政的进程及其成败有着重要的影响。虽然李鸿章、刘坤一、张之洞、袁世凯、岑春煊等强势督抚可以在一定程度上参与和影响清廷的新政决策，但大部分督抚一般都只是新政政策的执行与推动者。事实上，正是依靠各省督抚的执行，新政在全国的开展取得了一些成绩；但地方督抚本身的特点，也在一定程度上制约了新政的成效。比如，地方督抚是由儒家传统孕育出来的旧式官僚群体，从整体上较少革新精神，容易安于现状。比如，清政府为控制地方，频繁调动督抚，既不利于政策稳定，又让官员疲于奔命、难有作为。更重要的是，由于各省陷入不同程度的财政经费困境，地方督抚巧妇难为无米之炊，大都有意无意地放慢了推行新政的脚步。清末新政在各省进展不一，成效并不理想，其中原因固然颇为复杂，而作为新政中坚力量的地方督抚大都推行不力，则是其中重要的因素。

三、改革的时机问题

在宏观决策方面，清政府不能掌握改革的主动权，而是处处被动，拖泥带水，终至错失时机。清末新政是在庚子事变后被迫启动的，当新政发展到预备立宪阶段而走向政治体制变革时，慈禧太后游移持重，摄政王载沣迟疑不决，处处拖延敷衍，终于失败。新政之初，多数大臣对于变法便是阳奉阴违。光绪二十九年（1903）四月，调任四川按察使的冯煦被慈禧太后与光绪帝召见。慈禧太后说："现在所行新政必须认真举办。"冯对曰：大小臣工"因循敷衍者如故，总由自私自利之心一成不变，其弊遂至于此"（《蒿庵随笔》）。预备立宪初期，官制改革之事闹得沸沸扬扬，不仅遭到地方督抚的反对，而且还引起了立宪派的不满，他们认为："政界事反动复反动，竭数月之改革，迄今仍是本来面目。"（《梁启超年谱长编》）在他们看来，清廷是在搞拖延战术，没有立宪的诚意。四川总督岑春煊在被慈禧太后召对时，也曾提出过"今日中国政治是好是坏"及"改良是真的还是假的"的疑问。在他看来，朝廷固然希望"真心改良政治"，但"奉行之人，实有欺蒙朝廷不能认真改良之据"（《乐斋漫笔》）。宣统二年

（1910）十月，资政院议员汪荣宝致书议长溥伦，力请设法提前一年召集国会，有谓："多一日预备，不过多一日敷衍。"（《汪荣宝日记》）清廷的专制皇权与近代的政治民主趋向之间是矛盾的。无论是慈禧太后还是载沣，其关注皇权统治更胜于中国的前途与命运，最终无法真正迈出政治体制改革最关键的一步，预备立宪终于未能完成政治体制结构的转型。

四、各利益群体的关系问题

清末新政改革的目标是极力加强中央集权，甚至集权于部分皇族亲贵，从而激化了皇族亲贵内部的矛盾、满汉矛盾、中央与地方的矛盾，造成各阶层均不满意。如御史胡思敬当时笔记所谓："新政之害，已情见势绌，督抚知之，政府知之，摄政王亦知之。京师官三五杂坐，莫不挼（ruó，揉搓）手叱骂。"（《国闻备乘》）胡思敬虽较为守旧，敌视诋毁新政不遗余力，然其所言并非不符事实。现代西方政治学理论认为："每一个未被吸收到政治体系中的社会阶级都具有潜在的革命性……挫败一个集团的要求并拒不给它参与政治体系的机会，有可能迫使它变成革命的集团。"（亨廷顿《变动社会的政治秩序》）事实上，是清政府把立宪派逼到了自己的对立面。如何处理各种既得利益集团与未得利益群体的矛盾，是新政改革中非常棘手而又无法回避的难题，是对改革领导者政治智慧的大考验。清政府从根本上缺乏这方面的智慧，因而不可避免地自食其恶果。

五、民生问题

清末新政改革的实施过程中，清政府高层各种政治势力争权夺利，根本无暇顾及中间社会及下层民众的民生问题，结果民变迭起，革命终于像火山大爆发一样不可避免。张謇于宣统三年五月在京被载沣召见时，提出一个"内政重要计划"，其要点就是"须注重民生，以实行宪政"。有谓："各种人民生计缺乏，即宪政无由进行。若因生计而一有乱象，则又可引起外患……若不能设法，即不亡国，也要穷死。"他进而认为："重视民生，各国方信朝廷实意立宪。又谘议局为道达民隐之地，须得各督抚重视舆论，方足宣朝廷之德意；又须朝廷体察民隐，方能得舆论之真相。但得民心不失，则内政可修，外患犹可渐弭。"（《张謇全集》）这是张謇对清政府最后的忠言。然而，民生凋敝，民心尽失，清廷已是无力回天。

以上有关清末新政五个方面的教训是惨痛的，这也是清政府终究无法解决的难题。因此，抽象地称赞或一厢情愿地假设清廷的改良是好的，是没有意义的，清末新政的历史教训足以证明革命不可避免。

改革一方面充分暴露了旧制度的种种弊端，唤起了人们的觉醒；另一方面又造就了新兴的社会力量，并引发新旧势力之间的矛盾。如果旧制度不能有效地控制这些新的社会力量，并化解各种政治势力之间的矛盾，只能加速革命的进程，促使旧制度走向崩溃。关于改革与革命的关系，清末新政与辛亥革命提供了一个典型的例证。宣统三年十二月十七日，湖南布政使郑孝胥在清帝逊位前感叹："有孝钦（慈禧太后）反对立宪于前，遂有庆王、摄政王伪饰立宪于后，乃成瓦解土崩之局。故革命党魁非他，即孝钦是也，庆、摄助而成之，亦其次耳。"（《郑孝胥日记》）正如辛亥鼎革之际，当时的报刊评论所谓："二三年来，立宪既经绝望，人人心中即有革命之意。今日武汉事起，全国和之，如铜山西崩，洛钟东应，人心所趋，有莫知其然而然者。或以瓜熟蒂落喻之，理义甚合。"（《赵凤昌藏札》）革命的爆发，真如水到渠成。事实证明，清末新政的道路没有走通，同时逼出了辛亥革命，以暴力推翻了清王朝。这不是革命有问题，而是清政府的新政出了问题。

究竟应当进行温和的改良还是激进的革命，是由具体的历史条件决定的，不以任何人的主观意志为转移。今天对改良与革命的反思，与其老是纠缠于革命出了什么问题，还不如深入探究改良的道路为什么就走向了死胡同。清末新政的目标本有消弭革命的意图，但结果却不可避免地走向了革命，这才是最值得深刻反思的问题。

作者简介

李细珠，1967 年生，湖南安仁人。历史学博士，中国社会科学院近代史研究所研究员、博士生导师。主要研究中国近代政治史、思想史。出版专著《晚清保守思想的原型——倭仁研究》《张之洞与清末新政研究》《地方督抚与清末新政——晚清权力格局再研究》，合著《中国近代通史》《超越国境的东亚近现代史》，发表论文 60 余篇。

是谁害了袁世凯

张晨怡

从万众期待到千夫所指，袁世凯本有机会成为"中国之华盛顿"，却最终成为举国唾骂的"窃国大盗"，在众叛亲离中，羞恨而死。相传袁世凯弥留之际的最后一句话是："他害了我。""他"是谁？有人说是一心想当"皇太子"的袁克定，有人说是一心想作"帝王师"的杨度，也有人说是袁世凯自己的帝王思想。

一

身为袁世凯的长子，袁克定并没有继承其父的雄才大略，反而在父亲强大的气场下显得庸碌无为。民国成立后，袁克定更是倒霉，居然在骑马时把腿摔坏，在落下终身残疾的同时还获得了"袁大瘸子"的绰号。对这样一个官宦子弟而言，如果民国就这样延续下去，那么随着袁世凯的去世，他也将堕入常人的世界。因而，对袁克定来讲，如何更好地利用其父的权力，就成为他面对的最大课题。按照中国传统思维，有子承父业一说，因此，作为袁世凯长子，袁克定也一直有当"皇太子"的强烈愿望。

在袁世凯统治逐渐稳固之后，袁克定便开始在他身边精心营造帝制氛围。袁克定知道其父很在意日美等列强的政治态度，为了给称帝舆论再加砝码，他想出了伪造《顺天时报》的主意。《顺天时报》是日本外务省1901年（光绪二十七年）起在北京出版的中文报纸，初名《燕京时报》，主要报道中国政局内幕，进行亲日宣传。由于时政性强，在华影响力和发行量不断扩大，销量曾一度达到17000多份，成为华北地区的第一大报。对于善于审时度势的袁世凯来说，阅读《顺天时报》一方面可以了解中国国情，另外一方面也可以窥测日本政界的对华态度，因此他每日必读。正是看破了父亲的心思，急于促成复辟帝制的袁克定竟然伪造了一份宫廷版的《顺天时报》，营造日本支持袁世凯称帝的政治氛围，天天刊载各方支持复辟帝制的文章，使其父误判形势。此事败露后，袁世凯才明白自己一世精明，结果却上了儿子的当。因此，当他被迫取消帝制之后，曾痛责袁克定"欺父误国"。

袁克定的帝王思想甚至比其父更为严重。即便在袁世凯死后举国唾骂之际，袁克定仍然想效仿历代帝王，将其父的坟地命名为"袁陵"，结果遭到袁世凯昔日结拜兄弟、临时主持政务的徐世昌反对，最终改名"袁林"。徐世昌对袁克定解释说，"林"与"陵"谐音，据《说文解字》，二字又可以互相借用，避陵之名，仍陵之实，可谓一举两得，这才让他作罢。

二

湘人杨度，曾跟随大儒王闿运学习帝王之术，此后一直以作"帝王师"为自己的人生目标。他曾几次东渡日本，精心研究君主立宪制度。期间虽然与蔡锷、黄兴、汪精卫、孙中山、梁启超等人来往密切，却始终坚持自己特立独行的政治见解，主张君主立宪是中国最好的政治体制。

1908 年（光绪三十四年），由于对他赞赏有加的袁世凯、张之洞联合保荐，杨度被清廷重用，出任宪政编查馆提调，成为名噪一时的"宪政专家"。而杨度也对有知遇之恩的袁世凯心存好感，认定他就是自己苦苦寻觅的"非常之人"，从而为日后充当袁世凯的"帝王师"埋下伏笔。

辛亥革命爆发后，袁世凯东山再起，他一边表示赞同君主立宪，向清廷效忠，一边与革命派进行政治谈判。最终，革命党人答应了他提出的要当总统的条件，袁世凯的政治立场迅速从支持君主立宪变成赞同民主共和。而在一心向往君主立宪政体的杨度看来，袁世凯之所以这么转向，不过是一种政治策略，一旦大权在握，还是有可能回归君主立宪的。因此杨度在南北调停期间向各省游说时就预言，即便用总统名称，袁世凯仍可以成为"拿破仑"，使共和再为君主。

1915 年 4 月，杨度向袁世凯呈送《君宪救国论》，直陈"非立宪不足以救中国，非君主不足以成立宪"的观点。随后，他与孙毓筠、刘师培、李燮和、胡瑛、严复等共同组织筹安会，为袁世凯称帝制造舆论。而袁世凯也对杨度投桃报李，亲自赐匾题字，称他为"旷代逸才"。

实际上，由杨度等人导演、袁世凯主演的这一场复辟闹剧，一出场便遭到举国唾骂。杨度的两位昔日好友梁启超、蔡锷率先倒袁。杨度组织筹安会时，曾派人到天津征求梁启超的意见，梁启超不仅没有支持，还写出《异哉所谓国体问题者》一文对其进行了驳斥。

此后，全国各地倒袁活动此起彼伏。袁世凯在四面楚歌之中，彻底成了孤家寡人，随后被迫取消帝制，并致电蔡锷等革命军将领，要求允许他继续担任中华民国大总统，并且保证永不称帝。但蔡锷却回电说："吾辈决心死共和,公亦当死帝制。"

忧心忡忡的袁世凯至此一病不起,在郁闷中死去,遗言"他害了我"。这个"他"指的是谁,至今没有定论。但也有人说,袁世凯临死前大呼的四个字不是"他害了我"而是"杨度误我"。如此,则袁世凯去世前埋怨杨度无疑。

袁世凯去世后,杨度为其写下一幅著名的挽联,挂于灵棚,明为吊唁,实表心声:"共和误民国?民国误共和?百世而后,再平是狱;君宪负明公?明公负君宪?九泉之下,三复斯言。"

无论如何,在袁世凯复辟帝制的整个过程中,以"帝王师"自居的杨度都扮演了举足轻重的角色,因此,世人往往将这两人称为一丘之貉。实际上二人对君主立宪的理解并不一致。杨度之所以固守己见,是因为他始终认为君主立宪比共和更适合中国。他在《君宪救国论》中指出,当时的中国民众还无法真正理解共和、法律、自由、平等为何物,如果贸然由专制直接进入共和,只能是富国无望、强国无望、立宪也无望。而君主立宪既可以通过君主制度防止未来为争夺元首地位而发生的动乱,又可以通过立宪实现民权。

反观老谋深算的政治家袁世凯,却利用杨度对君主立宪理论的鼓吹,欲实现君主专制政体,因此他虽然表面对杨度推崇有加,称之为"旷代逸才",其实并不想也不敢对其委以重用,仅仅授以参政院参政等闲职。因为真正的君主立宪仍然是一种现代政体,与君主专制在根本上是对立的。是以即使袁世凯大呼"杨度误我"属实,也不过是其推脱罪责的一个借口。

三

也有人说害袁世凯的,既不是袁克定,也不是杨度,而是他自己心中根深蒂固的帝王思想。如此说来，袁世凯所言的不是"他害了我"，而应该是"它害了我"。

袁世凯一生复杂多变，他平定朝鲜"壬午兵变"，小站练兵，从一个落第的秀才变成中华民国的总统，表现出卓越的政治才能。同时，他出尔反尔，四处投机，野心勃勃，不择手段，也表现出日益膨胀的政治野心。因此，无论是他宣布效忠君主立宪，抑或后来赞同民主共和，其实都是一种欺骗清廷或革命派的政治投机，其目的不过是加大自己的政治筹码。而他内心向往的，一直都是独揽大权的专制统治。所以，对于袁世凯来说，国家是什么政体并不是最重要的，自己掌控大权才是关键。这一点，初出茅庐的青年报人邵飘萍在《汉民日报》的时评中说得很清楚："帝王思想误尽袁贼一生。议和，停战，退位，迁延，皆袁贼帝王思想之作用耳。"可以说，正是有了袁世凯一意孤行的帝王思想，才为杨度的君宪救国论提供了实际操作的平台。

民国之初，中国虽然开始迈向共和，但专制思想却难以彻底肃清。在这样一个转折与巨变的年代里，甚至连革命者本身对民主共和的理解也并不成熟。清帝退位的第二天，孙中山就实现承诺，辞职并推举袁世凯为总统。针对此事，《汉民日报》刊文反对说："总统非皇帝。孙总统有辞去总统之权，无以总统让于他人之权。"

对于新旧交替的时代宠儿袁世凯来说，更是无法摆脱历史的局限。他曾经有成为一代伟人的最好机会，结果却落了个千古骂名。推翻帝制又妄图称帝，清室怨他，革命党恨他。还原历史，对这个"既为清室之罪人，复为民国之叛逆"的人仔细打量，我们惊讶地发现，在一个人身上居然可以拥有如此多的矛盾与反复。

而在袁世凯称帝失败后，又有张勋复辟，在此期间军阀混战，钩心斗角，民主共和制度长期有名无实。由此可见，帝王思想不仅害了袁世凯，也严重滞缓了民国迈向共和之路的步伐。

作者简介

张晨怡，女，1976年生，浙江绍兴人。中央民族大学历史文化学院副教授、硕士生导师。著有《罗泽南理学思想研究》《清咸同年间湖湘理学群体研究》《近代中国知识分子的民族主义思想研究》《1912：帝国的终结》，发表论文40余篇。

张勋与帝制复辟

孔祥文

辛亥革命虽然结束了我国长达数千年的帝制时代，但作为一次不彻底的资产阶级革命，并未摧毁中国社会内部根深蒂固的传统思想，各种保守主义思潮仍然大行其道，加之民国初期复杂的政治局面，为复辟集团利用矛盾开展阴谋活动创造了条件。作为前清遗老的张勋，本应随着清王朝的灭亡退出历史舞台，但他却积极活动，在1917年导演了一出为期12天的短命复辟闹剧。

张勋（1854—1923），江西奉新人。生于咸丰四年，原名张和，字少轩，曾取别名玉质、胜三，晚号松寿老人。少年不幸，14岁成为孤儿，开始自食其力。光绪五年（1879），改名张勋，在南昌入伍，九年投湖南巡抚潘鼎新，次年清政府欲对法宣战，张勋随潘鼎新驰防广西，给六品军功。中法战争中，张勋赴越抗法，观音山一战大败法军。随后积功升守备、游击至参将。光绪二十一年，他投在天津小站练新军的袁世凯旗下。随袁世凯镇压山东义和团，擢升副将，后以总兵记名。八国联军攻入北京，慈禧太后、光绪帝仓皇西逃，张勋以兵迎銮磁州，于雪夜亲自护卫，受到慈禧太后的特殊赏识，奉旨宿卫紫禁城端门。又加俸一级，赏"巴图隆阿巴图鲁"勇号。光绪三十三年，以提督记名，后补授云南提督（从一品）。宣统三年（1911），调补江南提督，统辖江苏、安徽两省军事，总统江防军，总兵力两万余人。辛亥革命爆发，张勋与新军大战雨花台，兵败，退往徐州。九月，授江苏巡抚，十月，署两江总督南洋大臣，赏二等轻车都尉世职。

张勋25岁入行伍，此后30多年步步高升，从不名一文的小人物至皇帝仰恃的朝廷重臣，他对于清廷的知遇之恩、宠渥有加感激涕零，曾在上清帝的谢恩折中写道："臣起自戎行，洊（jiàn，接连）登显秩，思尽粹以酬恩，祝殷忧以启圣。"他不仅在口头表示誓死效忠清廷，而且在行动上也躬身践行，此后不遗余力地进行了癸丑（1913年）、丙辰（1916年）和丁巳（1917年）三次复辟活动。

1912年1月1日，孙中山在南京宣誓就职，中华民国成立。不久，袁世凯窃取政权，任临时大总统，改编张勋的江防军为武卫前军（后改为定武军），任命其为镶红旗都统，驻军兖州。张勋表示不忘前清，仍自称"署理两江总督"，"仍着清朝衣冠，丝毫未改旧态"（《松寿老人自叙》），他的军队也还身穿清军服饰，全军上下均未剪辫，被称为"辫子军"，张勋则被称为"辫帅"。

清帝退位后，大批王公亲贵离开北京。其中恭亲王溥伟、肃亲王善耆、前陕甘总督升允等一部分人以"匡复清室"为己任，在青岛、大连和上海等地组织秘密团体，积极联络妄图复辟的前清遗老遗少，伺机复辟帝制。

溥伟积极与张勋联系，希望"共图大计"。他们计划由张勋在兖州首先发难，出兵袭取济南，策动济南张怀芝、扬州徐宝山以及松江、江阴、南京和苏州的部分军队响应。同时派人去天津劝冯国璋加入，但遭到冯的婉拒。

冯国璋的拒绝没有阻止溥伟、张勋等人的复辟行动，他们起草了复辟告示及檄文，在津浦路北段截留客货车辆，准备进军济南，并定于癸丑三月（1913年4月）起兵。同时共邀兖州镇守使田中玉参加。田中玉是袁世凯小站练兵时培植的心腹，在起事前数日洞悉了张勋等人的军事计划，遂密告山东都督靳云鹏等人。靳云鹏一面飞电袁世凯，一面急令布置城防备战，他们拆毁了兖州至济南的一段铁路，以阻止"辫子军"北上。同时派出许多密探侦察张勋及其军队的动向，此时张勋已知计划泄露，加之济南全城戒备，也就不敢再轻举妄动。癸丑复辟迅速流产。

1915年12月12日，袁世凯宣布恢复帝制。25日，蔡锷、唐继尧等在云南起义，发动护国讨袁战争。次年3月，袁世凯迫于压力宣布退位。就在袁世凯称帝失败混乱之时，张勋等再次策动武装复辟行动。4月，复辟分子在上海开会，商讨计划。参加者有张勋代表王宝田，冯国璋代表胡嗣瑗，还有日本人西本白川等。会谈取得一致意见——冯、张联合复辟。6月，袁世凯去世，张勋派王宝田至冯国璋处联络，经过商谈，冯国璋同意参与行动。就在冯、张二人积极策动复辟阴谋之时，在北方以溥伟、善耆、升允等满族亲贵为核心的复辟势力获得日本支持，用日本提供的100万元经费和大批军械，装备了原先日本侵略分子招募的1000多人组成"勤王军"，相约勤王军打到张家口，张勋便以防守京师为借口，率定武军入京，拥溥仪复位。但是形势急转直下，袁世凯死后，段祺瑞迅速掌握了中央政权，控制了政治局势，冯国璋见状，遂改变态度，丙辰复辟也成为泡影，宣告失败。

张勋等人并未就此罢休，他们继续筹划，等待时机，从1916年6月至1917年4月先后召开四次徐州会议，为复辟创造条件。在第四次徐州会议期间，黎元洪的总统府与段祺瑞的国务院因权力分配问题互相攻讦，爆发了"府院之争"，政局陷入动荡，争斗最后以段祺瑞离职而告终。

段祺瑞离京后，组织脱离北京政府的各省督军在天津成立"独立各省总参谋部"，扬言要以武力进入北京，推翻黎元洪。对于黎段之间的矛盾，张勋窥视形势，伺机待动。黎元洪无计可施，情急之下把张勋作为救命稻草，请他作为调停人进京，化解政治危机。张勋趁机与张镇芳、雷震春、梁敦彦、康有为等八人签订"誓复宣统密约"，佯以拥黎为名，率5000"辫子军"昂然北上。

段祺瑞为了达到驱逐黎元洪的目的，许诺张勋支持复辟。1917年6月30日，张勋等复辟分子进入清宫召开"御前会议"。7月1日凌晨，张勋等进宫"陛见"11岁的溥仪，奏请复位，改民国六年七月一日为宣统九年五月十三日，一切典章礼仪，皆复前清旧制。张勋复辟使得黎元洪措手不及，不得不任命段祺瑞当国务总理以为对策。段祺瑞看到利用张勋倒黎的目的已达到，讨伐张勋的时机成熟，遂在马厂成立讨逆军，自任总司令，发布讨逆通电和讨逆军总司令布告，对外宣称捍卫民国、再造共和。"辫子军"战败，12日，张勋逃入荷兰使馆，溥仪再次宣布退位。仅12天的丁巳复辟彻底失败。

1918年10月，徐世昌以总统名义特赦张勋，张勋从使馆迁往天津，过起了隐居生活。1923年9月，张勋在天津病故，享年69岁。

张勋为何在短短几年中三次图谋复辟？究其原因，一方面辛亥革命本来就是一场不彻底的革命，许多旧朝政客转身成为民国新人，这些人为张勋复辟提供了相当广泛的社会基础。另一方面是辛亥革命后军阀之间的不断争斗，为张勋提供了可趁之机。他复辟帝制的努力之所以失败，在于辛亥革命使民主共和的观念深入人心，复辟这种倒行逆施的行为必然引起全国人民的反对，这是根本原因。

作者简介

孔祥文，女，1969 年生，辽宁大连人。历史学博士，国家清史编纂委员会网络中心工作人员。发表《清前期地方文官考核制度述略》《洪承畴与"大功不赏"》《清初文官考满制度初探》《陈宏谋吏治思想研究》等论文。

晚清第一次股市风潮

李 玉

19 世纪 80 年代初，在上海发生了近代中国第一次股市风潮，其成因及影响发人深省。

一、上海股市渐趋火热

晚清上海股票买卖源于中国商人对洋行股票的认购。1872 年（同治十一年）轮船招商局创立，成为第一家发行股票的中国企业。四年后，开平煤矿也向社会募股。继之，上海机器织布局、平泉铜矿、荆门煤铁矿等企业陆续创立，均在上海等通商口岸募集资本，其股票也在市面交易，上海华股市场逐渐形成。1882 年（光绪八年）6 月 9 日，招商局面额 100 两的股票，市场价已上涨为 247.5 两，至 10 月 12 日更升至 267 两。开平煤矿自 1881 年出煤后，股票市价增长也很快。至 1882 年 6 月 9 日，原价 100 两的股票市价已涨为 240 两。轮船招商局、开平煤矿股票价格的不断上涨，带动了民众购买华股的积极性，各怀立地致富之心，斥资购股，趋之若鹜，凡是公司股票，莫不奇货可居。

二、股市带动创业

股市火热为洋务民用企业的融资带来了便利。成立较早的企业不仅募足了股本，而且不失时机地进行扩股。轮船招商局1872年创办之时所定招股百万两的计划，至1882年圆满完成。这年10月，该局召开股东代表会议，决定扩资100万两。开平煤矿至1882年3月在上海等地也已募集了百万资本。上海机器织布局原拟集股40万两，分作4000股，因附股者太多，公司只好加收1000股。但未过多久，扩招额度亦已超过，而希望认股者犹大有人在，该局不得不登报声明停止募股。

上海股市在1882年的兴旺，让中国企业时来运转。一时间上海"公司"林立，各类矿局尤多，包括鹤峰铜矿、施宜铜矿、承德三山银矿、顺德铜矿、徐州利国驿煤铁矿、长乐铜矿、金州煤矿、池州煤矿、荆门煤铁矿和峄县煤矿等。矿业股票也深受股民追捧，如三山银矿创办人李文耀于是年11月至上海物色帮办矿务人选，本无招股计划，没想到抵沪后，股民蜂拥而来，定欲附股。李文耀只得"勉强从众"，暂收创办银20万两。顺德铜矿尚处于勘察阶段，总经理宋吉堂路经上海时，见商界购股之风大兴，遂禀请李鸿章批准，开始集股。

因股票供不应求，各企业在上海所设股票发行点门庭若市，兴盛一时。时人回忆：当时募股者在上海租赁房屋，高竖门牌，大书"某某矿务局"字样，房屋规模宏敞，门前则轿马联翩，室内则宾朋满座，"堂上一呼，阶下百诺，意气之盛，可谓壮哉"（《论致富首在开矿》，《申报》1892年9月23日）。不过，公司表面的宏大气象同其经营成效并无联系。报界披露，这些门面华丽的矿局在何处开矿，多"事无征兆"（《中西公司异同说》，

《申报》1883 年 12 月 25 日）；所谓业务"不过买得山地几亩……无非为掩耳盗铃之计"（《论致富首在开矿》）。但购股者专心买卖股票，对此并不关注。

三、风险渐至

买卖股票的即得利润，使上海股市吸引了大量社会资金。一时间，上海市面但有些头脸者，均成公司股东；小商小贩亦不惜东挪西借，争购股票，以图厚利。由于股市积聚了大量流通资金，加上其他因素的影响，上海银根渐紧。1882 年底各钱庄提前结账，贷款炒股者受到催逼，不得不售股还款，于是各股无不跌价。1883 年初，上海金嘉记丝栈倒闭，牵连 20 余家商号，钱庄受累不轻，纷纷收缩营业。加之受法军侵占越南河内、直窥云南而清政府和战不定的影响，商民投资信心不足，胆小者将现银陆续收回。结果上海市面股票价格长跌不止。至 1883 年底，各股票中价格最高的仅为 60 余两，最低的只有 10 余两。进入 1884 年，受中法马尾海战的影响，上海市面更坏。因股价大落而引发的纠纷也大量涌现，上海县署和英、法租界公堂案牍山积。社会上谣诼纷传，市面股票有卖无买，持续落价。至年底，金州煤矿股价徘徊于 50 两左右，轮船招商局维持在 40 两附近（仅为最高价的 15%），开平煤矿大致为 30 两，鹤峰铜矿、仁和保险公司、平泉铜矿等企业股价仅为 20 两左右，池州煤矿和三山银矿股票只有几两，而长乐铜矿、荆门煤铁矿、徐州利国驿煤铁矿等股票则早已从市场上消失。至此，一度日兴月盛的上海股市冷落至极点。

四、企业受损

上海股市骤然落低，直接影响到洋务民用企业的经营运作。如上海机器织布局在所收 35.3 万两股本中，有 14.3 万两借给他人炒股，股市崩溃之后，股民破产，资金难以回笼，加上其他方面的损失，资金链骤然断裂，企业筹建不得不停顿。该局面额百两的股票，市价折减为 10 余两，"不但有股诸人不胜恨恨，即局外旁观者亦未尝不深为之扼腕也"（《书本报机器织布局各股份人公启后》，《申报》1888 年 4 月 19 日）。作为该局创办人之一的经元善觉得"愧对同胞"，从此退出实业界。徐州利国驿煤铁矿招股之时，认股之数已远远溢出原定总额，该矿创办人感到开办资金确有把握，与其把钱收集过来闲置，还得担负股息，不如随用随收，较为合算，所以决定先收三分之一的股本，以作开采准备。后来该矿需资日多，正欲催收股款以冀接济时，不料市面日非，从前的认股者为时势所累，转输维艰，使该矿一下子陷入山穷水尽的境地。

五、民心大失

这次上海股市风潮直接影响了民众对公司制度和股票市场的信任和信心。"人皆视集股为畏途"（《论商务以公司为善》，《申报》1891 年 8 月 13 日），言及公司、股票，竟"有谈虎色变之势"（《股份转机说》，《申报》1884 年 12 月 12 日）。对投资心态的打击，尤以矿务股票为甚。

商民对于公司、股份的恐惧、厌恶心态，对洋务民用企业此后的募股集资产生了很大不利影响。时人称：商民因有前车之鉴，难免因噎而废食，乃至"公司"二字，"为人所厌闻"（中国近代史资料丛刊《洋务运动》），"公司股份之法遂不复行"（《述沪上商务之获利者》，《申报》1889 年 10 月 9 日）。凡有企业招股，商民担心"以公司为虚名，以股份为骗术"（《商务论略》，《申报》1890 年 1 月 1 日），乃至有巨款厚资者也发誓不买股票。矿务企业的募股更为困难，商民"一言及集股开矿，几同于惊弓之鸟"。此后较长时间清政府民用工矿企业的创办基本上处于波谷阶段，这同上海股市风潮对民众经济能力的重创和投资心态的打击不无关系。

六、走向理性

经历股市风潮的冲击，民用企业自身存在的问题得以暴露。不少人对这类企业的机制与管理深入反思，认为公司制度洋人行之有利无弊，中国行之有弊无利；中国方面学习西方办公司，"但学其形似，而不求夫神似"（《书织布局章程后》，《申报》1887 年 7 月 30 日）。所以，不是公司制度有害，而是创办公司者不善于办理。这些针砭有助于促动这些企业的逐步变革，也激发了商民对较为完善的公司经营机制进行探索。

这场股市风潮之后，民众的投资理念也受到时人检讨：不少商民抱着暴富之念投资股票，导致股市骤然变动，无端而涨价，无端而跌价，纷纷攘攘，莫可究诘，使股市的脆弱性不断加大，抗风险能力越来越低。这种形同赌博的投资心态，不利于建立良性的股票市场。所以，在发育股票市场机制的同时，更应注意培育股民的健康投资理念。

从晚清第一次股市风潮不难看出，股票市场是一把双刃剑：运行得当则有利于资本融通，有裨创业；运行失当，则损伤民众投资信心，既不利于金融市场，更有害于企业经营。但如何使股市运作令各方面都满意，既是一个历史难题，也是一个世界难题。

作者简介

李玉，1968年生，山西山阴人。南京大学历史系教授、博士生导师，中国太平天国史研究会副秘书长。著有《长沙的近代化启动》《晚清公司制度建设研究》《北洋政府时期企业制度结构史论》等。

晚清上海"地产大王"徐润的房地产投资

唐 博

徐润（1838—1911）是近代中国著名的富商巨贾。早年他供职于洋行，从学徒做到买办，积累了巨额财富。洋务运动期间，他受到李鸿章垂青，领衔兴办实业并资助留美幼童，在中国近代航运、采矿、外贸、保险和留学等领域均有影响。19 世纪 70 年代以后，他开始涉足房地产，投资经历之丰富、经营状况之起伏，在近代中国堪称罕见。

一、投资经营情况

鸦片战争后，上海辟为通商口岸，逐渐成为近代中国东南沿海最大的外贸港口。之后，由于租界设立和周边战乱等原因，上海人口大量增加。据统计，1843 年（道光二十三年）上海开埠时仅有人口 27 万，到 1910 年（宣统二年）已逾百万，增长近 4 倍。

然而，上海地狭人密，住房供应严重短缺。1860 年（咸丰十年）前后，"华人约七万有余"，而上海租界外只有"华屋八千七百四十宅"（徐润《上海杂记》）。在住房需求激增、外贸经济发展的背景下，中外商人纷纷到此投资，上海的房地产交易量不断攀升，价格持续上涨。原每亩百余两的土地，由于争相购买，"加至四五倍不止"（徐润《徐愚斋自叙年谱》）。由于租界引入西方市政管理制度，居住环境比华界舒适，时人多以在租界购房置产为荣，这就进一步刺激了上海租界住房价格的攀升。徐润也加入了置地行列。

1852年，徐润告别广东老家，进入上海宝顺洋行学艺。就在这一年，洋行大班韦伯任满回国，临行前告诉继任者："上海市面此后必大……扬子江路至十六铺地场最妙，此外则南京、河南、福州、四川等路可以接通，新老北门直北至美租界各段地基，尔尽可有一文置一文。"这启发了在旁侍候的徐润对房地产业造富潜力的认识。

随着在洋行里职务的提升和佣金的增多，徐润有了一些积蓄，便开始投资房地产。不过由于财力单薄，此时他主要还是与别人合买。先是与他伯父徐钰亭以48000两银子合购余庆里地产。又与人"合买二摆渡地方吴宅一所，计地基十亩，价银三万一千两"。1863年，徐钰亭见太平军多次逼近上海，时局不稳，打算卖掉余庆里地产，徐润认为上海百业振兴，万商咸集，地价将日益腾贵，竭力劝阻。事后证明，徐润是很有远见的。

1868年（同治七年），徐润离开宝顺洋行，开始独立经商。19世纪后期，茶叶作为中国主要出口产品之一，深受欧美顾客欢迎。他抓住这一机遇，创办多家茶栈，其中宝源祥茶栈逐渐成为上海地区最大的茶叶出口供应商。他由此赚取了丰厚的本钱，并开始摆脱合作模式，独立进军房地产市场。至1883年（光绪九年），徐润投在房地产的资金已达200多万两。其名下拥有未建土地2900多亩，在已建房的320亩土地上，建成房屋2000余间，总市值达到350万两，较其投资之时增值57%，每年可收租金12万两，出租收益率达6%。无论从投资总额，还是物业拥有量，抑或是增值程度，徐润都算是晚清上海的"地产大王"。

二、筹资渠道及其问题

房地产业是典型的资本密集型行业。徐润的资金实力虽然丰厚，但仍不足以购进如此多的地皮和房屋。其资金筹措渠道主要有：

（一）招股融资。徐润的计划是以创办宝源祥房产公司的名义，"招股合办，每股本银十两，集四百万两之大公司，先收股本二百万"（中国史学会编《洋务运动》）。英商顾林对此计划很感兴趣，提出将自己在伦敦的房产作抵押，得银200万两，20年为期，以4.5%的年息贷款给徐润，作为创办公司的股本。徐润颇为感动，在顾林回国筹资之时，以白银万两相赠。然而，顾林回国后身患癫痫，继而音讯全无，招股融资的计划就此落空。

（二）抵押贷款。顾林的爽约，令徐润深感招股合营容易受骗。此后，他不再利用外来投资者均沾利益和共担风险的方式，转而采取个人关系和信誉运作，以自有房产作抵押，贷款开发新的房产项目，再拿这批新项目作为抵押，进行新一轮借贷。通过这种滚动式操作，他先后从22家钱庄贷款100多万两。此外，徐润在轮船招商局、茶业公所等企业均有股份。他将部分自有股票拿出来作抵押，贷银40多万两，就此将其他产业纳入宝源祥房产公司的资金链。

（三）挪款他用。为了尽可能多地吸纳资金，徐润不惜将洋行房产抵款70多万两，存户款（类似于其他行业客户的预付款）30万两也绑缚在其房地产经营的战车上。

经过多方腾挪，宝源祥房产公司筹资共250多万两。事实上，这些全是债务。不难看出，该公司的创办是粗放的，其筹资渠道有缺陷。一是没能建立股份合作模式,只能独立出资,独自承担风险。二是宁可借高利贷也不愿稀释股份,造成高达70%的负债率。这种滚雪球式的资金操作之所以收益较高,得益于徐润敏锐的市场眼光和内幕信息的获取。然而,一旦市场环境突变,他将面临资金链断裂的危险。

三、从一败涂地到东山再起

1883年,中法交恶。法国舰队封锁上海港,盘查进出船只,并扬言要炮轰江南制造总局。两江总督曾国荃则制订了沉船锁江的防御计划。双方剑拔弩张,局势异常凶险。

港口封锁,外贸停滞,直接导致银根趋紧。许多钱庄票号因收不回贷款,被迫破产;许多企业因货款不能及时结算,无力偿还贷款。人心惶惶,大量居民外逃,上海本埠的消费和投资额锐减,加之国内水旱灾害导致的购买力下降,致使百业凋敝。这一颓势很快就蔓延到了房地产业。

22家钱庄一同上门要债,令徐润难以招架。资金同样紧张的他恳请众钱庄将欠债转为宝源祥房产公司的股份。然而此时钱庄老板们最需要的不是房子,而是周转资金。金融危机导致价格虚高的上海房地产市场从热络瞬间变得冷清,宝源祥房产公司的投资价值荡然无存。无奈之下,双方只得各让一步,议定在两年之内清偿欠款。

为了还债,徐润别无选择,只有贱价出让所持有的资产。他先后低价变卖了多处房产,按时价计,亏损达八九十万两。此外,还卖掉了全部尚未建房的土地。由于当初拒绝合股经营,他成了投资风险的唯一承担者。而那些钱庄、存户,在拿到徐润归还的欠款后,几乎毫发未损。

钱庄的集体撤资，导致宝源祥房产公司的破产。此前徐润抵押轮船招商局股票贷款的事被曝光，与其素有利益纠葛的招商局监督盛宣怀借机发难。最终，盛宣怀不仅迫使徐润贱价出售房产来抵债，还趁机将徐润赶出了招商局。

1883年上海金融危机，使徐润近20年房地产投资积累的财富大幅贬值。同年，"红顶商人"胡雪岩也遭遇了同样的问题。然而与胡雪岩的一蹶不振不同，徐润没有气馁，而是改弦更张，东山再起。

卖掉了上海的大多数房产后，徐润离沪北上，全力投入开平煤矿的经营。但他仍在关注房地产市场的起伏。危机过后，沿海城市的房地产业复苏。鉴于上海投资的教训，他放弃了借贷投资的方式，而是以变卖金银首饰、古玩字画所得作为资本金，步步为营，稳健发展。他以6万两银子低价购进天津、滦州、北戴河等一千八九百亩土地，炒高后卖掉其中一部分，获利二三十万两，另一部分建房出租，利润颇丰。

1901年以后，天津城市化步伐加快，房地产价格攀升，徐润获利骤增。然而，随着身体趋于衰老，他的进取心逐渐减退，不复当年"地产大王"之勇。

房地产业是高投入、高风险的资本密集型产业。买办出身的徐润，成也地产，败也地产。徐润之败，败在摊子太大，资金链条太长，危机时缺乏应对能力。在19世纪后期中国特殊的经济社会背景下，在金融危机冲击和官僚、外商的双重挤压下，他无力抵挡，举步维艰。徐润房地产投资的教训值得反思。

作者简介

唐博，1981年生，河南郑州人，历史学博士，中共中央台办

（国务院台办）秘书局主任科员。在清代政治史、黄河水利史、甲午中日战争、民国时期的外交及房地产问题等领域有一定研究。出版专著8部，发表论文、译文及其他作品百余篇。

忠孝——明清社会的核心价值观

顾 春

核心价值观是一个国家和民族的绝大部分人所普遍认同的最基本的道德观念，是关于道德的"最大公约数"。在明清两代，以忠孝为主要内容的核心价值观对于保持国家稳定、推进我国各民族的团结和社会发展发挥了十分重要的作用。

一、明清统治者对忠孝核心价值观的认识

自先秦以降，历代统治者在文教治国方针上，曾有过数次变迁。秦尊法家，实行"以法为教，以吏为师"（《韩非子》）。在汉初，又奉黄老之学，实行无为而治，与民休息。到汉武帝始定"罢黜百家，独尊儒术"，但也只是相当于发了个中央文件，影响所及，多在京师。在唐代，统治者对儒道佛三教并尊。至宋代，随着儒学的成熟，统治者开始通过科举等方式落实尊儒政策。元初则不重儒家，至有"九儒十丐"之谣（据说元曾将人分十等，儒居其九），终元一朝，始终摇摆于儒道佛三教之间。至明清，儒家最终真正定于一尊，在社会中占据着主导地位。

忠孝是儒家的核心思想。儒家学说发轫于先秦孔子，至宋代理学走向成熟。先秦儒家讲了为人立世应该怎么办的准则和具体

规范，但没有讲为什么要这样做。理学也称道学，理和道就是道理的意思，认为这些为人立世的准则本乎天理，根植人性，遵从这些准则和规范，就会道德崇高、宗族和穆、天下太平，这就是天人合一。儒家的核心思想有三条，一是主张以德治国，这与法家形成鲜明对比。其核心思想是孔子的"道之以政，齐之以刑，民免而无耻（民众不违法，其意在免刑而无羞耻之心）；道之以德，齐之以礼，有耻且格（格是恒的意思，就是能把道德行为形成习惯，并坚持下去）"（《论语》）。二是家国一体，认为治国与治家的道理是一致的。三是由近及远、推己及人，这就是"四书"中的《大学》里所说的"格物、致知、诚意、正心、修身、齐家、治国、平天下"的个人修养顺序。修养的终极目的有三，即"明明德、亲民、止于至善"。人应该按照这个修养顺序完善自己，服务宗族和国家。

明清统治者充分利用了儒家学说，并对以忠孝为主要内容的核心价值观在理论逻辑和实施办法上作了系统发挥和落实。中华民族的实用理性，使古代中国一直没有成为神教社会，但却崇拜祖先和文字，在思想方法上则是以阴阳辩证解释万物。崇拜祖先，则孝在其中矣。崇拜文字，就形成了"国有史（二十四史等）、州县有志、家有谱"的文化传统。阴阳辩证则解释了社会关系中最核心的君臣父子这两个对子：君父为阳，臣子为阴。孝本乎人性和人情，然后移孝作忠。在家事父，竭己尽孝；在外事君，致身尽忠。这就是事君如事父的逻辑和道理。又讲爱有差等，并用由君臣父子推演而来的尊卑贵贱去规范其他社会关系，从而说明了封建等级制度的合理性，并披上亲切温暖的血缘外衣。这样，一个人首先要从孝敬父母做起，把对父母之孝推广开来，便是对君王和国家的忠。这就是明清统治者所普遍认同和大力倡导的"移孝作忠"和"忠臣求于孝子家"。由此，忠孝便成一体，并以此形成了忠孝核心价值观。

从政治上讲，核心价值观的统一与贯彻，其根本和核心就是要解决"师异道，人异论""上无以持一统，下不知所守"（《汉书》）的问题，就是要解决文化认同、民族认同和国家认同问题。这个过程，就是一个"内其国而外诸夏（诸夏就是华夏，文明的意思），内诸夏而外夷狄（野蛮的意思）"的过程，一个在政治、经济、文化、社会制度、风俗习惯等方面不断向"诸夏"学习、看齐的过程，也就是一个以华变夷的过程。这个过程完成了、实现了，本国、诸夏、夷狄也就没有分别了，天下就统一了，大同就实现了。这就是所谓的"春秋大一统者（大一统的意思就是以一统为最大的事），天地之常经，古今之通谊（义）"。总之，这个过程就是一个将以"忠孝"为核心的"三纲五常"哲学化、理论化和实践化的过程，一个将忠孝的道理讲得明明白白、贯彻得彻彻底底的过程。

二、贯彻和实施

（一）尊孔重儒

明代的开国皇帝朱元璋一登基，即于洪武元年（1368）祀孔，令孔子五十六代孙袭衍圣公爵位（古代爵位五等：公侯伯子男，以公为最，公上则封王），并免其差徭。十五年，又诏令天下祀孔。清一入关，即于顺治元年（1644）下旨"褒扬节孝"，之后顺治帝又遣官赴曲阜祭孔，还亲自到太学释奠孔子，并更定孔子谥号为至圣先师，将《孝经衍义》颁行天下。明清两朝的后世之君也皆尊孔重儒，大力提倡纲常名教。明成祖朱棣诏令编成了影响巨大的《五经大全》《四书大全》和《性理大全》，反映了他希望"家孔孟而户程朱（指北宋的程颢、程颐二兄弟和南宋朱熹，他们都是理学的最重要人物）"的急切心情。从明英宗正统元年（1436）开始，又开经筵，请大儒为皇帝讲解儒家经典，以后渐成明清两朝定制，而以康熙帝最为重视。康熙帝进一步尊孔子为"万世师表"，刊印《性理精义》《朱子全书》，并于二十三年（1684），亲赴曲阜致祭孔子，还罕见地行三跪九叩大礼。康熙帝在御纂《朱子全书》的序言中说，"朕读其书，察其理，非此不能知天人相与之奥，非此不能治万邦于衽席，非此不能仁心仁政施于天下，非此不能内外为一家"，反映了他对儒学的极端重视。按明清赠官规制，五品官以下赠一代，四品以上赠两代，二品以上赠三代。雍正帝为示尊孔，竟然给孔子的五代祖宗都追赠"王爵"。雍正二年（1724），曲阜孔庙遭雷击，雍正帝亲自指挥修缮，并调十二个府、州、县督修，历时六年完工。乾隆帝先后九次到曲阜朝拜。朝廷的这些措施，向天下表明了坚持尊孔重儒的文教政策，具有重要的引导和示范作用。

（二）科举兴学

明开国之初，即于洪武三年开科取士，每三年一考并成定制，考试内容专取四书五经。同时，科举制度与学校教育相配合，凡就举者必自学校出身，以鼓励读书。清朝一入关也即开科取士，并对明制一仍其旧。

作为我国古代的官吏、人才选拔制度，科举对明清社会的影响极为巨大。一是大大提高了读书人的地位。朝廷要求各级官员对生员要有礼貌之施、爱养之义、勉励之道，生员非有干犯名教等大错不可轻加凌辱，给士子以很高的社会地位。读书人既受人尊重，也享有某些特权。有人总结了读书人与普通百姓的不同：乡邻敬重，不敢欺凌；官府优崇，不肯辱贱；差徭皆免等。二是促进了学校教育的发展。洪武元年、八年，明太祖先后诏令在府州县各级遍设官学，在乡村广设社学。官学在明清又称儒学，儒学的宗旨是明人伦（伦指人与人的关系），而人伦的核心就是忠孝，其教育内容为儒家经典和朝廷律令。社学一般以劝农桑、识字习礼为主，其教育内容侧重日常所用的《百家姓》《千字文》、皇帝所颁的《大诰》以及民间冠婚丧祭之礼。各级学校的渐次设立，推动了教育的普及，读书人逐渐多了起来。三是选拔了大批人才。据统计，明清两朝共开科213次，取进士51500余人（缺明朝三科人数）。其中，明开科92次，取进士24600余人；清开科121次，取进士26800余人。在明清两朝，以科举做官为正途，在个别时期甚至规定非进士不得担任县级以上正职。朝廷所选拔的这些进士成为最重要的官员来源，对于贯彻忠孝核心价值观发挥了极为重要的作用。四是培养了大批乡绅。在宋代以前，地方控制力量还主要是那些世代相继的名门大族（比如唐文宗给两个女儿找亲家的时候，竟还感叹李氏皇族配不上崔卢两家士族），而到了明清，就完全被士绅阶层所替代。据研究，明末地方学校生员总数已达60万人以上，是宋代的三倍多，占总人口数的0.4%左右。到了清末，生员人数就更多，民国元年（1912）全国学生总数达到293万余人。早在先秦时期，管子就把人分为士、农、工、商四类。作为四民之首，士这个阶层一直被称为"书香门第"，在乡村社会里备受尊重。这些在乡为绅的知识分子，对乡村百姓的思想和生活产生了巨大影响。

总之，科举制度对中国古代社会特别是明清社会的影响极其深刻。明清统治者就是通过科举这一名利之具，鼓励天下人读书，习君臣之理，学治国之道，为忠孝之行。考中进士者即授官管理百姓，未考中者就在乡村教化百姓。朝廷一以贯之地鼓励民众读书应举，逐渐在民间形成了耕读传家的传统，统治阶级的主流思想得以广泛渗透于百姓生活，于是，很多老百姓尽管不认得几个字，也能说出些圣人的话，这对于忠孝观念的灌输发挥了极大作用。

（三）封爵旌表

明清统治者都把忠孝作为立身教民之本、建国治邦之基，不断利用封爵旌表等形式，广为宣传忠孝之为，彰显恩荣忠孝之举，通过褒奖忠臣、孝子、节妇，以此引导民风，为全社会树立典范和榜样。其主要做法有三：一是朝廷对为国家作出突出贡献和考核优等的官员封爵封号并恩泽其祖先和妻子。二是立坊悬匾。官府在庙宇、衙署、祠堂、路街等公共场地为忠孝节烈树立牌坊，既是崇高荣誉，也可流芳百世。其中大略有功德坊（为行善事者立）、进士坊（为考中进士者立）、名宦坊（为政绩卓著的高官立）、贞节坊（为节烈妇女立）等。同时，皇帝和各级官员还通过赐授匾额的形式鼓励读书做官、表彰宦绩政声、旌表孝子义士、褒扬节妇烈女。三是将德行善言载入史册。其中，最具典型意义的是乾隆帝。他于四十一年（1776）专门做了两件事：一是谕命编纂《胜朝（指明朝）殉节诸臣录》，表彰在明清战争中为明尽忠罹难死节者并追赠谥号，感佩他们"各为其主，义烈可嘉"，视死如归，皆无愧于疾风劲草。二是谕命国史馆将"大节有亏"的降清官员一律编入《贰臣传》，合计 120 人，并认为这些明臣"遭际时艰，不能为其主临危授命，辄复畏死幸生，觍颜降附，岂得复谓之完人"，"朕思此等大节有亏之人，不能念其建有勋绩，谅于生前，亦不因其尚有后人，原于既死"（《清高宗实录》卷一〇二二），表达了他对忠臣死士的褒扬和对不忠叛臣的痛恨。同时，在现存的《明史》《清史稿》及一万余种县志、五万余种家谱中，其《名宦》《人物》《乡贤》《列女》等志传中也记载了大量忠烈节孝之人，其目的是将其人其事载入史册，传之久远。

（四）官绅共治

在封建社会，由于物质生产水平所限，我国的中央集权统治实际是通过官员和乡绅共治的二元管理办法来实现的。朝廷不能负担更多的官员，所以就有了"官不下县"，即朝廷命官止于县一级。县以下，则通过宗族和乡绅来治理。县官手握一县的行政司法大权，直接代表政府管理百姓，所以清人说，"天下真实紧要之官只有二员，在内则宰相，在外则县令"（徐栋《牧令书》）。县官的主要职责有四：钱谷（经济事务）、刑名（司法）、教化、治安。其中的教化又有四：一是为民祈福的各种祭祀，特别是致祭历代帝王、圣贤、忠烈；二是兴学贡士；三是宣谕读法；四是对县内的"孝子贤孙，义夫节妇，孝节可称，节操显著"者，访察旌表，以励风俗。

自唐代中叶以后，中国社会发生了三大变迁，一是南方经济超过了北方经济；二是士族（即门阀贵族）门第衰落，宗族成为民间重要的组织形式；三是科举制度的实行使士绅阶层逐渐形成，并在民间和宗族中发挥重要影响。明清两代县级以下社会管理，主要靠士绅和宗族组织等非官僚的地方势力，通过族规、礼制、兴学、讲约等形式来进行。

中国古代的宗族至明清达到极盛。同姓聚族历时既长，规模自然见大，"试向沿村千里望，家家都是姓胡人"，甚至有一族所聚能达到方圆百里的，"千里犹一日之亲，百里犹一父之子"说的就是这种大族的情况。宗族通过共同的祖先（血缘）、祠堂（活动形式）和族田（利益），把同姓的百姓凝聚和团结在一起。其中的族田有学田（其收入用来供本族学子读书和应举）、祭田

（提供宗族祭祀祖先和教化活动的开支）、义田（接济族中贫困）。宗族的主要掌控者是士绅。士绅的主体是落选的举子、生监（贡监生员）等明体达用的读书人。他们大多担任掌管家族事务的族长、族正，是在乡村中实施教化的主要领导人物，是封建伦理道德的宣传者、实践者和监督者。

（五）礼仪教化

人的道德行为只有形成了习惯，才会使这一行为从自觉到自然，然后成为自然而然。因此，通过各种与百姓生活密切相关的比如婚丧祭奠礼仪来培养和形成人的道德和行为习惯，就显得十分重要。礼制就是礼的制度化，是指规范人们生产生活和为人处世的各种准则。礼制于内是修己之道，于外是治人之政。礼制既是法也是德，是国家法权与道德要求的统一，是德刑相辅统治思想的具体体现。自明初，官方即规定每年定时于民间举行乡饮酒礼。作为民间礼仪，酒礼以府州县长吏为主，以乡间致仕（退休）官绅和年高有德行者为宾。整个仪式隆重而复杂，使百姓在聚宴之时习礼仪，学圣贤，申明朝廷法纪，敦叙长幼之节。同时，对民间的婚丧嫁娶和传统节日制定了十分具体的礼仪。通过这些与百姓日常生活紧密联系的种种礼仪，让百姓接受教化，逐渐养成道德习惯。

在乡村，对百姓的教化，往往是通过宗族教育进行的。宗族教育的目的主要有三：一是知书，就是识字；二是达礼，就是懂得忠孝伦常；三是考试科举。江苏华亭《顾氏族谱》的《义庄规条》中说：子弟入塾就学"以孝弟忠信礼义廉耻培植根本，实行为重，非欲其专攻举业，求取功名"。福建连城《邹氏族谱》的《家训》中说："逸居而无教，则近于禽兽。学之一道，尽可忽乎哉？吾家人醇俗朴，半读半耕，一脉书香，绳绳相继者，其来久矣。"道光年间《义门陈氏宗谱》的家规中说:"荣耀祖宗,显扬父母,全在读书。若家有读书之人,则礼有人讲究,纲纪有人抉择,忠孝节义从此而生,公卿将相由此而出,读书二字关系如此。田地钱财有来有去,书中受用无穷无尽。"

三、作用和效果

忠孝核心价值观的贯彻是一个长期过程,是一个如何将高深的圣人之言逐渐转化为百姓自然行为的过程。这一核心价值观几百年一贯地讲下来,慢慢就有了效果。即便是片面强调忠君这样的专制色彩很浓的东西,也对社会产生了很大影响。

经过两百多年的教化,到明末,忠孝观念逐渐家弦户诵,深入人心。比如明末夏完淳在父亲抗清失败自杀后也被捕临死,他在《狱中上母书》中说,"父得为忠臣,子得为孝子。含笑归太虚,了我分内事",表现了忠贞报国、视死如归的浩然正气。据史载,在明清战争中,为明朝尽忠罹难死节者不计其数,仅上面所说的乾隆四十一年受表彰和追赠者就有 3700 多人。明亡后,还有不少老百姓为明朝殉道自杀。明末大儒刘宗周绝食而死。顾炎武的后母王氏也绝食而死。更多的人则成为藏身于残山剩水之间、苦饮国破家亡痛楚的"遗民"。清初的陈二止由于蓄发而被地方官捕获并责令剃发,于是命家人抬棺于衙门,说"吾不忍先朝,逃深山穷谷中,以全吾发,为圣世之夷、齐"(伯夷、叔齐于商亡后逃于首阳山,不食周粟,至饿而死),剃发"是不能矣,唯有一死"(刘献廷《广阳杂记》)。王夫之死前,仍自题墓碣"明遗臣王某之墓",以志对明朝的忠心。

在清代,吴三桂叛乱也是个典型例子。按照儒家的忠孝观,吴三桂在汉人眼里臭名昭著、罪大恶极。他先叛明又叛清,杀死明军数十万之众，还勒死了南明最后一个皇帝朱由榔。就是这样一个在当时的汉人看来十恶不赦的乱臣贼子，在明朝灭亡30年后，一旦举起反清复明的旗子，居然还有那么多人跟着他走，一时间，"东南西北，在在鼎沸"。三藩之乱不及三年，即波连十余省并占领长江以南大部地区，这是为清廷所十分震惊和万万没有想到的。吴三桂有着如此巨大的号召力，其根本原因除了当时满汉之间的民族矛盾外，更重要的是，经过明朝两百多年的"忠孝"教化，在当时汉人眼里满族是蛮夷而非中华，只有明朝才是正统。"夷夏之大防"，使不少汉族士大夫始终不肯承认清朝的统治。"自（明）太祖攘除胡虏，恢复中原，夷夏之防，普天同喻"，对故国怀有眷眷之情的遗民，更是无法忘却"皇祖"朱元璋在开国时发出的"中国者，中国人之中国也，胡人焉得而治理之"的讨元檄文。由于民族偏见形成的"唯有中国居内以制夷狄，未闻夷狄居中国而治"的华夷之辨，被视为天经地义。三藩反清的残酷事实使清朝统治者进一步认识到人心向背关系其统治根本，清朝所要解决的问题是，向天下说明自己是华不是夷，明亡只是亡国，而非亡天下。康熙帝正是从这场生死争斗中深受触动，他说吴三桂"散布伪札，煽惑人心，各省兵民，相率背叛，此皆德泽素未孚洽，吏治不能剔厘所致"。故此，康熙十七年正月，也即清王朝刚刚摆脱三藩之乱的危局之时，康熙帝即迅速下令开"博学鸿词科"，以笼络汉族知识分子。

表现在百姓身上，孔孟和忠孝观念影响的余绪至今还在。比如，现在我们还能听到有些地方的老百姓说："我和你有多大仇啊？把你家孩子抱井里啦？"这话就出自孟子"今人乍见孺子将入于井，皆有怵惕恻隐之心"一语。又如说"你这人不忠不孝、不仁不义"，这就正好反过来说明，在老百姓心中，忠孝就是核心价值观，其中的仁义，是从人性上对忠孝的进一步说明。再如说"伤天害理"一词，这其中的"天理"，也是宋代儒家在其高深的理论著作中的发明。

四、几点认识

（一）核心价值观与和谐社会

核心价值观的形成和巩固，是建设和谐社会的重要保证。社会和谐了，就有利于调和社会矛盾，减少执政成本。自唐至清，我国的人口增长了五倍，但国家的官僚机构及官吏人数却增长很少。按照嘉庆《大清会典》核定的内外文武官员总数，朝廷命官（包括京官和省道府县）不超过三万人。另据光绪《大清会典》载，全国 1448 个县和县级单位共有"经制吏"（指九品以下不入流的编制内书吏，即办事员）15800 余人，平均每县不到 11 人，其管理效率较高。明朝人数更少。忠孝的核心价值观在其中发挥了巨大作用。明清统治者所主张的是，除非作奸犯科，若民间有纠纷则由个人与宗族一起商量着办。不然，若老百姓健讼成风、人人告状，不仅会恶劣乡里关系，有违"和为贵"的圣人之训，也使管理成本大大增加，于是统治者就培养老百姓打官司的耻辱感，并将替人打官司的讼师称为"讼棍""讼鬼"，将其列入无赖、泼皮一列予以打击。

（二）核心价值观与综合国力

一个国家的综合国力除了 GDP 和各种经济指标之外，还有一个重要内容，就是国家动员能力。强大的国家动员能力一靠严密、有力的国家管理制度，二靠上下同心、众志成城，它是一个国家对内办大事、对外反侵略的重要保障。马克思指出，理论一经掌握群众，也会变成物质力量。一个国家的人民一旦形成了核心价值观，就有可能转化为国家动员能力，并成为综合国力的重要组成部分。我们在极为艰难困苦的建国之初，即被迫抗美援朝，敢于同强大的所谓联合国军一战，靠的就是共产党的坚强领导和万众一心所形成的强大国家动员能力。在制度上，我们没有问题，但在上下同心上，我们还有工作要做。这个上下同心，是建立在核心价值观基础上的全民族的共同坚强意志。有了这个东西，在关键时刻和遭遇重大事件时，就能够做到民心可用、同仇敌忾，我们的事业就会无往而不胜。

（三）以法治国与以德治国

如上所言，核心价值观的形成和巩固，对于道德建设、形成共同民族心理和国家认同观念具有不可替代的特殊意义。从理论上讲，在人与人的社会关系中，大量的、普遍的、经常发生的，首先是伦理和道德关系，然后才是法律关系。如果单纯强调以法治国，就会出现孔子所说的"民免而无耻"的情况，这样的社会就会变得无情而冷酷。同时，道德是内心的法律，法律是成文的道德，良好道德风尚的形成，又有利于促进以法治国。以此而言，以法治国的前提是以德治国。

在中国古代的官衙中，往往会挂着这样一块匾，上面写着"天理、国法、人情"六个字，天理为上，国法次之，人情又次之。法律从来是对以往事物的规范，不可能事事做到法条的疏而不漏，这时，官员就会依违于三者之间而折中之。在明清所留存的案件判例中，有时会看到以"念尔初犯""念尔无知"等理由，在不违背法律基本原则的基础上所做出的从轻判决。其中有些判决就体现了"天理、国法、人情"的统一，既调和了矛盾，又解决了问题。

（四）核心价值观似应具有的几个特点

一是简明。核心价值观宜简不宜繁，不简明，便不是"核心"。同时，核心价值观，是老百姓的价值观，是全体人民的价值观，而不只是精英们的价值观。所以，简明而抽象也不行，不容易让人记住、理解和贯彻。所以，坚持简明和通俗易懂同样重要，而且通俗易懂也正是我们国情的客观要求。我们的基本国情是，国土面积大，各地的政治、经济、文化发展不平衡，东西部差别很大。仅以教育为例，在1994年，党中央、国务院开始作出普及九年义务教育的重大部署，但到2000年，才在85%的人口地区基本实现了"普九"目标，剩下的42个县，到2010年才最后实现"普九"。在这种国情下，不坚持通俗易懂、少长咸宜，核心价值观就不可能真正得到落实，核心价值观建设就不可能取得实效。在这一点上，我们党有着光荣的传统。在延安，我们党要用社会主义和共产主义的高深道理、崇高理想，教育并武装我们的党员干部战士和广大人民群众，使的就是通俗易懂这个办法，一句"为人民服务"和党同人民的"鱼水关系"，就把道理讲得清清楚楚。

二是分层。分层，就是区别情况，分类对待，也就是根据不同对象，提出不同要求。在明清，对读书做官的人，就进行四书五经的教育，让其对忠孝之道不仅知其然，而且知其所以然。而对普通百姓则主要通过教化的形式来进行，教化的内容和形式也紧贴百姓生活。比如，对儿童的教育，就编印"三（字经）、百（家姓）、千（字文）、千（家诗）"等教材，使"忠孝仁义"的教育内容合辙押韵、朗朗上口。关于孝道教育，就有《二十四孝图》，把孝这个本就十分容易理解的道理编成更为通俗易懂和鲜明生动的24个故事。"二十四孝"所选孝子有老人、中青年、幼童，有至贫孝亲、危难救亲、显贵事亲，从而为各色人等树立榜样；所选事迹典型突出，情节动人，令人印象深刻。编写形式也坚持语言通俗简易，每个故事少则三五十字，多者不过百字，还编配成图，张贴宣传，做到图文并茂，雅俗共赏，从而产生了强烈的教育效果。

三是稳定。核心价值观的主要内容和提法，要在一个相对长的时期内保持一致性和相对稳定，这样才有利于为广大人民所认识、理解和熟悉。相对稳定的意思有二，一是核心价值观的主要内容和提法，要建立在对最根本、最普遍规律深刻认识和对中国国情深刻洞察的基础之上，并经过认真科学的研究后慎重提出，这样才能做到不仅稳定，而且能经得起时间和历史的检验。不然，如果提法不科学不慎重，假以时日，情随事迁，明知已不合时宜却一味强调稳定，其结果不仅会"愚远而阔于事情"，有时甚至会走到问题的反面。过去有个提法，叫做"日光之下并无新事"，这意思即是说就如同人一日三餐自然好、一顿不吃自然饿一样，世间最根本的东西从来就没有变过。"秀才不出门，便知天下事"，说的也是这个"事"，也是这个"不易之理"。抓住了事物最根本和最普遍的规律，才有可能以此不易之理驭无穷之变，而我们的一个重要任务就是要努力和善于找出建设社会主义核心价值观的这个"不易之理"。二是核心价值观的主要内容和提法要长期、稳定和一以贯之地讲下去，做到年年、月月、天天这样讲。这样不断地讲下去，就是一个"化民成俗"的过程，就有可能使核心价值观融化到人民的血液中，渗透到人民的心灵中，水银泻地般逐步转化为人民群众的真情实感和自觉行动。不然，朝令夕改，一天一个讲法，老百姓就不知道应该遵守什么和不遵守什么，就会出现"民无所措手足"的情况，就会影响核心价值观建设的成效。

在我国历史上，如果从秦始皇统一中国算起，中国的封建社会持续了2132年。在这2000多年中，王朝更迭频仍，所换帝王无数，但统治者一直坚持忠孝这一重要的道德观念。到了明清，统治者将忠孝这个旗帜更鲜明地举起并发扬光大，从而对我们的民族和国家产生了十分巨大而深远的影响，影响所及不仅表现在对民族性格和民族精神的形成上，也表现在对促进和维护民族团结和国家统一上。据统计，自秦之后，统一和分裂的时间大体是七比一，其中分裂时间最长的一次是在封建社会的前期，也就是东晋十六国及南北朝时期，有273年，大约相当于古代一个较长王朝的延续时间（比如：唐，290年；明，277年；清，268年）。这期间，中华民族之所以始终以统一为大势，忠孝核心价值观是立了大功的，而且随着忠孝的不断深入人心，越到后期所发挥的作用就越大。这个作用的最重要表现之一就是，从宋代以后，我国就再也没有出现过长时间的分裂。可以说，坚持稳定的核心价值观，是先民们留给我们的一条比较成功的治国经验。

最后需要说明的是，明清封建集权的特点，决定了统治者鼓吹忠孝的专制性，即片面强调君父的权利，使忠孝发展成愚忠、愚孝，表现出强烈的阶级和封建色彩，即使是当时的思想家也发出过"人死于法，犹有怜之者，死于理，其谁怜之"（戴震语）的沉痛谴责和愤怒控诉。直到后来的五四运动又进一步提出"打倒孔家店""打倒吃人的封建礼教"的口号。这便是另文论述的问题了。

作者简介

顾春，1965 年生，山东博兴人。北京师范大学教育学博士，文化部国家清史纂修领导小组办公室副主任。著有《来源·争论·特性》《陆九渊教育思想研究》《人之为人》等。

明清漳泉民风与地方社会治理

晏爱红　李　岚

　　明清两代，福建漳州、泉州两府的民风颇受訾议。从明代对当地海盗的关注，到清代对天地会等秘密结社的镇压，统治者对漳泉地区因民风"强悍"所引发的种种社会问题，采取了道德教化、行政管控乃至暴力镇压等各种举措，但效果不甚理想，其原因值得深思。

一

　　清代皇帝中最早开始关注漳泉民风的是雍正帝。他说："朕闻闽省漳泉地方，民俗强悍，好勇斗狠。而族大丁繁之家往往恃其人力强盛，欺压单寒，偶因小故，动辄纠党械斗，酿成大案，及至官司捕治，又复逃匿抗拒，目无国宪。两郡之劣习相同。"同时，他又说："闽省文风颇优，武途更盛，而漳泉二府人材又在他郡之上，历来为国家宣猷效力者实不乏人。独有风俗强悍一节，为天下所共知，亦为天下所共鄙。"（《清世宗实录》）这话说得平和公允，尽管批评了漳泉民风强悍，但流露出来的还有善意的惋惜。

　　乾隆帝同意其父的看法，但在接触更多的负面信息后，他说起漳泉民风往往充满厌恶，强调的重点也有明显不同。乾隆六年（1741）七月向全国公布的"明发谕旨"中，要求对殴官抗法行为必须严惩，不能姑息："前任永春州（原隶泉州府）汪廷英于乾隆元年因乡民两姓争斗，前往弹压，竟被凶殴，其后不过以枷责完结。姑息养奸，莫此为甚！"他指出，要警惕漳泉剽悍风气向广东、江西蔓延，告诫地方官应把"人心风俗"视为"要务"，严饬"闽、广及江西督抚时刻留心，化导整顿，务令循理迁善，革其非心；倘有怙过不悛，仍蹈故辙者，即分别轻重，置之于法，不少宽贷！"（《清高宗实录》）

这一谕旨发布后，御史李清芳（泉州安溪人）立即上奏响应，并指出漳泉的恶俗还有"结拜立盟，誓为密友，遇事比周党护，蜂屯蚁杂，牢不可破"。这是对漳泉强悍民风内涵的重要补充。果然，20年后在漳州云霄地方创立的天地会很快蔓延南方半壁江山，成为清廷挥之不去的梦魇。

上述谕旨颁布不到一年，闽南又发生了一件惊心动魄的大案，竟有人在光天化日之下将公堂审案的知县朱以诚割喉毙命，行刺者乃漳州府漳浦县民赖石。据官方调查，事件起因系该县兵民创建小刀、子龙二会，朱以诚正在访拿，赖石听从会首指使将其杀死，与此同时又查出诏安县有人造谣惑众、私藏军器。（《康雍乾时期城乡人民反抗斗争资料》）此事具有秘密结社背景，且有军人参与，不但戕杀命官，更有人蓄谋暴乱，这令乾隆帝深为怵惕。风起于青萍之末，在康乾盛世如日中天的时候，已经显露出日后国家全面危机的征兆。

终清之世，漳泉民风的强悍，一直令皇帝和地方官揪心。只要一遇到漳泉辖下厅、县发生罢考罢市、哄堂闹署、拒捕夺犯、劫县戕官、聚众械斗、纠党劫掠、下海为盗，特别是结会立盟、蓄谋造反之类的群体性事件，各级官吏乃至皇帝总是拿出漳泉民风说事。从雍正帝还算较为中性的"强悍"起，到"剽悍""顽悍""刁悍""犷悍""凶悍"……调门越拔越高，最后无以复加，只好以"种种不法，最为可恶"煞尾。

二

统治者对漳泉民风的特殊关注，至少从明中期嘉靖前后就开始了，主要集中在对漳泉一带"海贼"为患的看法。嘉靖年间厉行禁海，而漳泉之人与大海相依为命，衣食尽在其中，禁海断了生路，于是铤而走险，相率下海为贼。那时所谓的"海贼"大致分两类，"有劫掠而不通番者，有通番而兼行劫掠者"。所谓"通番"指的是勾通"倭夷"（指日本及葡萄牙、西班牙、荷兰的商人兼海盗）。嘉靖帝"圣谕"即称，"漳泉等府豪民通番入海，因而劫掠沿海军民，肆行残害，甚则潜从外夷，敢行作叛"。其他类似说法不胜枚举，如"泉漳风俗嗜利通番，今虽重以充军处死之条，尚犹结党成风，造舡（chuán，船）出海，私相贸易，恬无畏忌"。更为严重的是，时人普遍认为，倭寇大部分是中国人，特别是漳泉人，如嘉靖年间官员林希元说："今虽曰倭，然中国之人居三之二。"有人总结："夫海贼称乱，起于负海奸民通番互市，夷人十一，流人十二，宁绍十五，漳泉福人十九，虽概称倭夷，其实多编户之齐民也。"（《皇明经世文编》）

当时下海为贼甚至附从倭寇者多为漳泉商民，这是不争的事实。生计为海禁所断固为主因，但从历史与文化角度看，也与漳泉民风强悍有直接关系。万历年间福建巡抚许孚远点出：闽之福兴泉漳"民恬波涛而轻生死，亦其习使然，而漳为甚"。身处惊涛骇浪之险，不仅毫不畏惧，而且内心充满欢愉，故曰"恬"；"轻生死"非人之常情，但正是这种豪迈无畏的人生态度，支撑起漳泉好勇斗狠民风的底气。

三

康乾时期的学者型官员蓝鼎元（福建漳浦人）对闽南历史文化有着深刻理解。他曾说，漳州之地，大山大海，幅员雄壮，民风强悍好胜，"驭失其道"，治理不当，则"鹿铤登山，蜂腾入海"（〔同治〕《福建通志》）。漳泉强悍的民风一旦化为群体行动，势必对朝廷体制、统治秩序和官府权威构成直接挑战，对社会安定造成巨大破坏。如何消弭、驯化、遏制与打压漳泉强悍民风，始终是清代国家治理海疆福建（包括台湾）的重要内容，并在具体实践中形成了道德教化、行政管控和暴力镇压三者并行不悖的政策框架。

雍正帝似乎认为道德教化有决定性作用，自诩"朕自临御以来，屡颁谕旨，训迪内外黎庶，详明谆切，至再至三，自通都大邑至僻壤遐陬（zōu，角落），咸使之家喻户晓，而各省民风，渐能奉法循理"，连"最难化"的"苗蛮瑶僮之人"，十几年间，"亦颇知革面革心，有欣欣向化之意"。这恐怕是连他自己也不敢相信的神话。如果真的如此，为什么其训谕言犹在耳，贵州苗疆又造起反来？为什么漳泉"聚众械斗""目无国宪"的"劣习"顽梗不除？乾隆帝在夸大道德教化的功能上与其父如出一辙，训诫闽省地方官时，总不忘重复"化导整顿，务令循理迁善，革其非心""力为整顿，教之以亲上敬长，示之以改过迁善"之类陈词滥调。道德教化并非不重要，问题在于如何在综合治理的前提下，拿出一套切实有效的教化办法，且真正落到实处，而不是流于口头不着边际的空洞说教。平心而论，清代在这方面建树实在有限。

　　行政管控方面，就漳泉来说，不外借助宗族力量和整肃吏治两种思路。御史李清芳拿出过一套办法：严禁学习拳棒及纠众会聚；严禁土豪买民间祠堂公产；严禁官差百十成群下乡骚扰；狱讼宜速审速断；宜选约正、族长以专责成；宜挑选干员以充漳泉要任。他觉得最后一项尤其重要，但刑部等衙门认为已有相关规条，毋庸再议。乾隆晚期福建巡抚徐嗣曾再次提出应重视宗族的正面功能，他说："闽民多系聚族而居，漳泉尤甚，大者数千丁，小者亦百十名，各有宗祠，设立族正。"个别充当族正的绅衿土豪固然桀黠难制，多数族正则"读书明理，安分畏法"。他编制了一个颇具可操作性的章程，但乾隆帝对漳泉宗族势力怀有极深的猜忌，断言"其法于闽省断非所宜"。直到嘉庆帝亲政以后，"遴委才守兼优之员"以为漳泉要任，才引起应有的重视。嘉庆帝认为，漳泉所属之龙溪、诏安、马巷、海澄四厅县一经良有司认真整饬，"百姓皆知改除积习，是小民不难于化导，要在亲民之官，必得其人"。他甚至把"遴择贤良，俾之实心任事"（《清仁宗实录》），视为转移风俗的正本清源之道。

　　治理漳泉强悍民风，道德教化的空话与行政管控的套话乾隆帝虽也挂在嘴边，但其内心深处最信奉的则是暴力镇压。在"置之于法，不少宽贷，庶人心知所儆惧，而恶俗可以转移矣""漳泉积习刁横，尤当急示严惩"这样的强硬方针下，刑法惩创必然越来越趋向从重从快。乾隆五十五年（1790）闽浙总督伍拉纳办理拒捕杀差一案，以"福建漳泉一带民情刁悍，若照本例拟斩监候不足示惩，请旨即行正法"，乾隆帝立即批谕"所办甚是"，并指示内外问刑衙门："不得拘例办理，使凶犯稍稽显戮。"所谓"不得拘例"，就是不得拘泥于待秋审再决定是否处决的原有律例。从刑法上讲，《大清律例》就此增加了一条专门针对漳泉民风、导致更多人头落地的新条例。

但总体来看，乾隆帝以暴力镇压为主轴的治理政策效果不佳，嘉庆帝把"遴择贤良"视为正本清源之道，亦属本末倒置。治理漳泉的根本之道在于澄清吏治，改善民生，让老百姓能在极其恶劣的自然条件中活得下去，所采取的政策应顺应民意，否则只有逼得强悍的漳泉百姓"鹿铤登山，蜂腾入海"。

明代主张疏通海禁的人揭示了一个十分值得研究的现象：海禁愈严，海贼越多；开放禁海，海上反而宁晏。何以如此？因为厉行禁海势必彻底断绝漳泉商民生路。万历年间福建巡抚徐学聚的看法具有一定代表性："漳泉滨海居民鲜有可耕之地，航海商渔乃其生业，往往多至越贩诸番，以窥厚利，一行严禁，辄便勾倭内讧。"开海能让人从事合法的海外贸易而不生异心，自然没有人愿去下海做贼。

生计之外，明代有识之士还揭出逼良为盗的另一个主因——吏治腐败。如嘉靖年间刑部尚书郑晓指出："中国近年宠赂公行，官邪政乱，小民迫于贪酷，苦于役赋，困于饥寒，相率入海为盗。"（《皇明经世文编》）他们明白顺应民意的道理，从检讨海禁政策的失误着眼，设身处地替漳泉商民考虑开海的根据。在解决漳泉民风强悍问题上，他们似乎摸索出了一条正道，即必须制定惠民政策，搞好吏治。百姓一旦安居乐业，自然不再凶悍，也不会再为贼从倭了。

治理基层社会，特别是像漳泉这样号称"难治"的地方，历史昭示的经验概括起来，似可归纳为：以改善民生、澄清吏治为根本；同时，要建立道德教化、行政管控和强力打击三者并行不悖的政策体系。当然，现实中突发的群体性事件，处理起来如茧丝牛毛板结在一块，实在很难下手梳理，还需不拘则例，实事求是办理。

作者简介

晏爱红，女，1978 年生，江西余江人。历史学博士，厦门大学马克思主义学院副教授。著有《清乾隆朝陋规案研究》等。

李岚，女，1972 年生，安徽庐江人。历史学博士，国家清史纂修领导小组办公室副研究员。著有《清宫档案证史书系·光绪王朝》等。

清代黄河流域生态环境变化及其影响

朱士光

黄河是我国的第二大河，以"善淤、善决、善徙"而闻名。由于历史上长期演变、逐渐积累，清代黄河流域生态环境日益恶化，下游平原地区溢、决、徙次数超越前代。据统计，清代 268 年黄河溢、决、徙总数达 480 次，占到自夏代以来 4000 余年总次数的几近三分之一（郑肇经《中国水利史》）。更为严重的是，其灾患不仅祸及当时，还影响到现当代。

一、清代黄河流域生态环境演变的主要趋向

（一）气候趋于寒冷干旱

在气象史上，明清两代是全新世（地质年代名称，从 11700 年前开始至今）以来最为干冷的一个时期，被称为"明清小冰期"。特别是清初之 17 世纪后半叶与清后期 19 世纪后半叶两段，处于明清寒冷期的变冷时期，异常气象频发。其主要表现为：特大冰雪出现较多，常造成寒冻灾害；旱灾的发生频率有所增加，灾情有所扩大。这些灾害在黄河流域尤为严重。

（二）农业生态环境不断恶化

黄河上、中游地区有河谷平原、高原、山地、丘陵等多种类型地貌。自康熙朝起，由于政权趋于稳定与人口不断增长，清廷曾大力劝谕地方官员督导农民垦种荒地，甚至放垦内蒙古地区的草原牧场发展农业生产。在河谷平原、山前洪积与冲积扇及一部分草原区域，由于地势较平坦，又与渠灌、井灌等水利灌溉工程建设相结合，其农业生态环境得到保护与改善。有的区域遂由半干旱、干旱草原甚至荒漠生态环境，变为灌溉农业与绿洲生态环境。但在更为广大的丘陵、山地与高原地区，尽管在山西、陕西黄土丘陵沟壑区也开始在丘陵山坡上修建水平梯田，在沟谷里筑土坝淤泥造地，但数量不多；大多仍是种植坡地或旱地，不仅产量低而不稳，还易受风力与水力侵蚀，加重土地沙化与水土流失，实际上导致了生态环境的日趋恶化。

黄河下游平原地区，尽管经过精耕细作与兴修小型农田水利灌溉工程，使农业生态环境得到一定保护，但因黄河、淮河水系频繁发生洪涝灾害与改道变迁，也造成河道摆动所经地区土壤沙化与盐碱化，使当地农业生态环境恶化，而且这一趋向呈愈演愈烈之势。

（三）森林生态环境进一步恶化

经过长期垦殖与砍伐，黄河上、中游地区特别是黄土高原上，山区、丘陵的森林已大为缩减，但清初仍有一定数量的天然次生林保存下来。但到清中后期，这些森林又继续遭到砍伐破坏。

黄河下游平原作为老的农业生产区域，到清初，天然植被早已砍伐殆尽，只在山丘上保留有少量天然次生林。但到清中后期，由于人口急剧增加，以及烧炭、矿冶、建筑等对林木的大量需求，也继续遭到砍伐。至清末，大多数浅山已全无森林。

（四）河湖水生态环境恶化趋向明显

由于人为垦种，特别是清中后期滥伐滥垦愈加严重，黄河上、中游森林、草原遭到摧毁性破坏，从而大大加剧了水土流失，沟壑加深变长、密度加大，河流水生态环境更加恶化。湖泊也呈继续萎缩消失的趋势。如内蒙古鄂托克旗境内红柳河上游处，西汉之奢延泽（唐称长泽，清称通哈拉克泊），原是与红柳河相互灌注的外流淡水湖，后因河流泥沙填淤，逐渐缩小。至清代，由于红柳河河道下切，彼此不再连通，遂变成内陆咸水湖，清末又进一步缩小，分裂为几个小湖。

南宋建炎二年（1128），黄河干流在今河南滑县李固渡因人工决堤改向东南流，入泗水，又夺淮河下游河道注入黄海。之后泥沙淤垫，河床日高，多次溃决，也发生过小的改道。在清咸丰五年（1855），终于发生历史上黄河下游干流河道的第六次大改道，改变了700余年间的运行态势，在河南开封府兰阳县（今兰考）铜瓦厢改向东北行，沿大清河注入渤海。这就使得黄河、淮河以及京杭大运河等河流水系结构重组，也使它们的水生态环境发生了重大变化。如对今豫东南、皖北、苏北地区而言，除地面遗留下一条废黄河、且许多干涸的河道成为风沙源外，还对鲁西南与苏北间的南四湖（昭阳湖、微山湖、南阳湖、独山湖）与今皖北、苏北间的洪泽湖的扩缩造成很大影响。

（五）沙尘暴发生频度和沙地面积不断增加

黄河上中游之甘肃宁夏府（今宁夏北部）、西宁府（今青海西宁）与内蒙古伊克昭盟（今鄂尔多斯）等地，本就干旱多风，植被稀疏，每遇大风即形成沙尘天气甚至沙尘暴。至清代，甚至关中平原、陇东及陕北的黄土高原也常发生沙尘天气。

清代黄河上、中游沙地扩展规模也较前代增大。如伊克昭盟境内之库布齐沙地与毛乌素沙地，清初仍呈断续分布，其间河滨、湖岸与低平滩地多为草原、牧场。但自康熙三十六年（1697）放垦后，随着农田扩大，草场缩小，在粗放耕作下，沙地迅速增加。毛乌素沙地南部扩展更为明显，到清后期，陕北、宁夏一带黄河以东地区也开始沙化。此外，宁夏府黄河以西邻近腾格里沙漠的一些地区，至清后期，沙漠甚至侵入黄河，大大增加了河流粗颗粒泥沙的含量。

由于长期泛滥淤积，黄河下游干流两岸本多沙土，遇有大风，也常见"扬沙""风霾""昼晦"等沙尘天气。至铜瓦厢改道后，黄河故道更提供了丰富的沙源，河南东南部与安徽北部"废黄河"地区，也形成了一些沙荒地。

（六）海滨生态环境变化较大

在清前中期，黄河每年均挟带十多亿吨泥沙进入下游，除一部分沉积于河床外，尚有相当数量输入河口。这使苏北海岸线外伸，河口以北云台山地区（今属连云港）一些海峡淤成陆地。咸丰五年黄河改道后，废黄河河口以北海岸以侵蚀为主，海岸线内缩，而以南之海岸仍呈现继续淤长的态势。

在咸丰五年以前，山东渤海沿岸各小河夹带的泥沙量不多，海岸线变化不大。黄河注入渤海后，莱州湾一带海岸线因巨量泥沙充填而明显向外推移。到了清后期，鲁北渤海海滨地区海岸线迅速向外推展，形成大面积新淤土地，农田垦辟渐广，人口大量增加，村落城邑日益稠密。这样，时常发生的海溢与风暴潮便造成严重灾害，甚至超过了苏北黄海海滨地区。其中以莱州湾沿岸之利津、沾化、寿光、昌邑等县最为严重。不仅损伤舟船，毁坏房舍，还溺杀人畜，漂没田禾。一些地方，海潮内侵达百余里，大片农田因海水浸渍而成为盐碱地，难以耕作。

二、清代黄河流域生态环境变化对当代的影响

（一）黄河下游洪涝灾害仍经常发生，干流改道的威胁依然存在

据统计，1950 至 1990 年黄河流域洪灾历年皆有，其中 1958、1963、1981、1982、1988 年曾出现特大洪灾。更为严重的是，自咸丰五年黄河注入渤海后，又历 21 年，至光绪二年（1876）在新形成干道两岸建成大堤，使此段河道基本固定，黄河挟带的大量泥沙遂在新河道中沉积。目前下游河道堤内滩地普遍高出堤外地面 4—5 米，甚至在 10 米以上，并且还在继续淤高，形成地上悬河。长河高悬，河患堪忧，黄河改道威胁依然存在，应该亟谋良策，加以应对。

（二）黄河中上游水土流失与风沙侵袭形势依然严峻

黄土高原土质疏松，加上暴雨猛烈，原本就存在水土流失，经过历代开荒愈发严重。到近现代，黄土高原已成为世界上水土流失最为严重的地区，平均年侵蚀模数达每平方公里 1 万吨，重者更达 3 万吨；每年通过黄河干流与支流输往下游的泥沙平均达 16 亿吨之巨，最高曾达到 22 亿吨。这不仅导致了黄土高原本身多灾贫瘠，也成为黄河下游河道易淤、易溢、易徙之祸根。此外，黄河中上游地区风沙侵袭问题历时已久，清代则更为严重。我们虽长期开展治理沙漠工作，但沙漠扩大势头并未得到有效

遏止。

（三）黄河流域水资源匮乏问题日益突显

黄河中上游水源供给地，大多处在半湿润、半干旱乃至干旱地带，在我国各大河流中，年径流量本就偏小。当今黄河的流域面积虽占到全国总土地面积的8%，但其多年平均年径流总量只占全国江河径流总量的2.2%。近年来，由于全球气候变暖，黄河源头高山冰川减少，地表水资源量比20年前已减少17%。另一方面，清代黄河流域人口剧增，生态环境总体上较前代更为恶化；而现在人口继续增长，工农业与服务业生产规模不断扩大，水资源消耗量也更为增加。据调研计算，黄河流域水资源开发度已高达60%，远超国际公认的40%警戒线，水资源供需矛盾十分突出。30多年来，黄河下游河道缺水断流现象日趋严重，水资源匮乏成为制约黄河流域经济、社会发展的瓶颈。

作者简介

朱士光，1939年生，湖北武汉人。陕西师范大学西北历史环境与经济社会发展研究中心教授，著有《黄土高原地区环境变迁及其治理》等。

清代慈善活动的监督机制

刘宗志

清代慈善活动比较发达，其慈善救助涉及慈幼、养老、济困、救残、助学、助葬等方面。当时慈善机构大体可分两类：一类完全由政府开办，如养济院；另一类由民间力量主导，包括育婴堂、普济堂、综合性善堂、工商业者的会馆公所和宗族义庄等。在慈善事业发展过程中，其监督机制颇具特色。

一

随着对全国统治的确立，清政府逐步恢复和发展了明朝的养济院制度，在各州县设立养济院，收养"鳏寡孤独及笃废之人"（《大清律例》卷八）。州县地方官对养济院负全面责任，从接收孤贫、发放口粮到日常事务，均由其管理。日常口粮是养济院最主要的开支，经费全部由政府拨付。因此，养济院的慈善活动被完全纳入政府的监察体系。

对养济院救济活动的监督，由州县官的上级府、道、督抚以及户部来执行。《大清会典》规定，州县地方官需要将养济院的实在人数按顺序编号，"开列花名、辨明年貌、委系何项残疾孤苦之民，并注明原住籍贯，出具印结"（光绪《大清会典事例》

卷二六九），由知府转送上司稽查，有关裁革、病故、顶补、新收等事项，也要随时申明。每到年终，还要将发放给孤贫的口粮、布匹等造册登记。道员、知府每年遇查勘公事之时，即带原送册籍，赴养济院点验。如房屋完整、孤贫在院、并无冒滥，出具印结，年底造四柱册（旧管、新收、开除、实在）申报总督、巡抚，加印后送交户部。另外，还有专职监察人员——御史对养济院的救助活动进行监督。

对救助违规行为的惩戒规定有：如果管理不到位，"房屋坍塌，孤贫不尽在院，或年貌不符冒给者，该管官照违例支给例，降一级调用"；"若纵胥役及令为首之孤贫代领，以致侵蚀，该管官照纵役犯赃例，革职"（光绪《大清会典事例》卷二六九）；若符合条件而地方官不收养，杖六十；若应给衣粮而官吏克减，以监守自盗论。上级官员如果包庇，同样要加以惩处。由此可见，吏治状况对官方救济活动的监管具有决定作用。从乾隆中期愈演愈烈的吏治腐败直接影响到养济院的监管，相关规定也就成为一纸空文。

二

清中期以后，财政日趋匮乏，政府已很难再为慈善活动支出足额经费。慈善机构的重心逐渐由政府向民间转移。在政府的大力鼓励下，民间的各种慈善活动得到较快发展。

在民间慈善机构初创时期，由于规模较小、资金和不动产较少，主要实行管理和监督合一的轮值制，由数人分月轮值，彼此互相监督。如高邮州育婴堂设立之初，"每年十二人为会首，每月轮一人……当众交代下月会首接管"（［道光］《高邮州志》卷一）。另外工商领域的各个行业成立公所，开展善举，也是在同业人员内部推选董事，轮流对救济活动进行监管。如苏州面业公所的董事们就称因各自"经营生业，势难常驻公所"，于是决定将"一切事宜"轮流经营。

随着慈善事业的发展、善堂规模的扩大，多数慈善机构改行董事负责制。其管理者分为决策监督者和执行者两部分，前者负责决定机构的重大事项，监督慈善活动的开展，一般不领薪水；而执行者则常住在堂，支领薪水。如上海南汇县清节堂，"本堂董事，不支薪水，所倩（qìng，雇用）司事及雇工厨夫内堂工妇，均酌给辛工。董事轮流到堂稽查，如司事经理不善，雇工男夫怠忽生事，撤退另换"（［光绪］《南汇县志》卷三）。

慈善活动是捐助者的自愿行为，取得其信任尤其重要。为取信于人，慈善机构需将收支账目张榜公布，如南汇县清节堂"每届年终，将收支各数、专款逐细造册报销，列榜张示，仍俟费裕，刊录分送，用昭征信"（［光绪］《南汇县志》卷三）。以后则逐渐发展为刊刻征信录，其内容多为财务收支状况，详细列出捐款人的姓名、捐款数额和各项公费支出细目，表示经办人涓滴归公，以昭众信。主事人一般会借此机会将新旧规章条文，慈善组织创立缘起、沿革，倡办者功绩，历届负责人姓名，以及呈准注册之财产文契、立案之禀稿、官府的告示等等汇集成册，一并付印。例如光绪三年（1877）刻印的《徽宁思恭堂征信录》，即包括徽宁思恭堂序、公议堂中规条、道光三十年（1850）十月公议增订章程、历年司总司事名单、同治十三年（1874）八月起至光绪三年九月收钱总数等。天津的广仁堂规定"每月由总董将用款核结照抄一本，送督理堂务各位传观，年终汇刊征信录，由督理堂务各位核盘无误，率同总董暨经办各司事，在天津府城隍庙拈香焚化。仍将征信录分送督、藩、臬、运各宪，关道、津道、天津河间两府暨同通州县助捐善士大夫众核阅"（［光绪］《天津府志》卷七）。当时征信录对财务收支状况的记载比较简单，现在能够看到的规模较大的救助组织征信录，多数只记载每年的收支总数，但财务公开无疑是慈善管理进步的标志。

清代民办慈善机构仍然在一定程度上接受政府的监督。除了主动将征信录送交官府"核阅"外，由于一些善堂接受了官府的财物支持，政府要求"其动用官发生息银及存公银者，均每岁报部覆销"（光绪《大清会典事例》）。如果民办善堂遇到问题不能靠内部力量解决，也要借助官府之力。

晚清报刊兴起，形成舆论，也具有监督慈善活动的职能。如当时国内影响最大的报纸《申报》指出，上海的同仁、辅元等各善堂，"迩来坛夫埋葬，每每土坎不肯掘深，棺木入土未及一半，即以挖起半棺之泥浮覆棺面。日炙雨淋，几如未葬"（《申报》同治十一年六月初十）。同仁堂随后也在报上登文，进行解释。《申报》的另一篇文章对善堂管理者依靠政府谋取私利的现象进行了批评："好嬉董事，借前人之遗规，求官宪之告示……仗官宪余威，勒派于妓馆烟间，而妓馆烟间，自知所作所为，尽干例禁，不敢不遵告示书捐。既书捐数，即行催缴全清，否则不堪其扰。捐项缴齐，各董分用。取之于妓馆烟间者，依然用之于妓馆烟间矣。至贫人之求医药者，则应之曰：无资延买；求棺木者，则应之曰：无力购办；求热粥与棉衣者，则应之曰：实无银洋置备米与布也。"（《申报》同治十二年十二月二十九日）

三

清代中国仍然是一个以农业经济为主的社会，按照血缘关系成立的义庄，其监督机制即带有农业社会的特点。义庄是清代宗族内的主要慈善设施，以赡养贫困族人为宗旨，拥有义田、庄屋、墓祭地、宗祠等，多由族中富人捐出。组织机构一般以庄正为首，下设庄副一二人来经理庄务。庄正多由建庄者后裔中明达者为之，也有宗族不论出身，只任贤能，如常熟王氏怀义堂规定："经营义庄，择诚实有才者一正二副，或本族，或异姓。"

建庄者及其后裔有权对管理者进行约束与监督。如王氏怀义堂，其庄正、庄副由怀义堂建庄者后裔请定，庄正遵循义庄规条经理庄务，建庄者后裔"随时稽查"。此外，宗族内所有人均有监督之权。义庄对其款项出入有详细账册，如苏州彭氏义庄"庄田条漕、公用春秋享祭及支发钱米零星杂用，俱立册簿，分别四柱，月终核结一次，岁终复总结一年出入之数，立一总簿，并录副本，一存庄内，一悬之公所，可备族中公同看阅"。为避免纠纷，宗族中人均不得与义庄发生经济往来。上海曾氏义庄规定："本庄永不准在外赊欠货物、借贷银钱，并不得典卖抵押族人田屋。族人不得佃种庄田、借住庄屋，庄中一切器皿杂物及船只田车等类，悉数详记簿册，不准借出。"（《曾氏瑞芝义庄全案》）

总体上看，清代对民办慈善机构的监督最有特色，带有较强的近代色彩。其监督覆盖了筹集善款、经费管理、实施救助等各个环节。通过监督，充分利用各种手段取得信任，这使民间慈善活动在晚清获得了较快发展。但其不足之处也很明显，一方面，政府的介入使其容易受到当时吏治腐败的影响；另一方面，受物质条件制约，财务监督尚不是很到位。

作者简介

刘宗志，1974 年生，河南南阳人。历史学博士，郑州大学历史学院副教授。主要研究清代社会救济史，发表相关论文十余篇。

晚清的洗心局与迁善所

黄鸿山

　　我国古代的慈善组织带有浓厚的道德教化色彩,除贫困这一经济标准以外,还有只救助"好人"这一道德要求。晚清时期,洗心局、迁善所这类专门收容改造不肖子弟和地痞无赖的慈善组织首现于江浙,继而在全国推广。耐人寻味的是,在推行过程中,洗心局、迁善所的性质不断发生变化,由慈善组织逐步演变为类似于现代监狱的机构。

一

　　咸丰十一年(1861)冬,晚清思想家冯桂芬撰成《校邠(bīn)庐抗议》,对中国传统慈善事业提出改革构想。书中介绍了西方各国救助民众的制度及设施,提到荷兰设有"养贫"和"教贫"二局。"教贫局"收容少壮乞丐并强迫其工作,不服管教的不肖子弟也由教贫局收容,使其改过自新。冯桂芬提出:中国应仿此设立"严教室",收容民间不肖子弟和赌博、斗殴、盗窃的地痞无赖以及轻罪犯人,传授农耕等谋生技艺,并对收容对象严加管教,至其改邪归正后释放。

　　同治年间,冯桂芬在苏州创办洗心局,将上述构想付诸实践。该局专收 20 岁左右、不务正业的世家子弟。父兄或亲族送子弟入局，并将以往表现一一说明，以便对症下药、因材施教。局中生活简朴，不准私吃零食，亲属不得私下探视和递送钱物。

入局子弟每人独居一室，以免群聚生事。局中号舍大小不同，入局后先住小号，表现较好的可迁入大号居住，以示奖励，并提拔为"号长"，现身说法，协助管教其他子弟。平时不许外出，患重病者方准领出治疗，有鸦片烟瘾者服药戒除。每月两次集会，聆听教习宣讲圣谕。号舍不准点灯，须早睡早起，上午学习书算，下午学习谋生技艺。务工应得酬劳代为收管，待出局时照数发还。

洗心局雇有"司事"和"教习"数人，分别负责管理号舍、处理文牍、劝导和教育子弟等事。该局的创办经费由苏州布政司调拨，子弟家属也量力捐款。局中经费收支按月核算和公布，年终时汇造清册上报官府。

洗心局采取惩戒措施矫正不肖子弟的恶习，已初步具备现代劳动改造机构的功能。该局设立后，首先在苏州地区产生影响，同治年间苏州城中的兴仁局、归善局和城区附近甪（lù）直镇的迁善局，均仿洗心局而设。光绪初年，类似洗心局、迁善局的机构又在邻近的浙江省得以推行。

二

光绪五年（1879），浙江绅士应宝时等拟订章程，呈请开办杭州迁善所。该所选择临近衙门之处建设，设号舍 20 间，每间收容 2 至 4 人。收容对象是县衙和保甲局发来的小偷和地痞，收容对象到所后先登记姓名、籍贯及案由，并搜检全身，没收随身钱物，然后分别收容。

迁善所与外界隔绝，防范严密，大门设专人看守，按时启闭，夜设更夫巡查。司事工役人等不准随意外出，禁止私自带人探视和传递钱物信函。根据收容对象的日常表现决定所居号舍，不服管教者加以镣锁石墩。该所兼办戒烟，要求收容对象限期戒除鸦片烟瘾。收容对象入所后应从事手工技艺，由司事查明以往职业，为其选择习艺种类，巧者画扇面，笨者糊冥洋、织草鞋、打草绳。勤劳者先行保出，懒惰者加以惩罚。应得酬劳以三成贴补所中开支，七成代存，待出所时发还，充作日后谋生资本。

虽然早期章程中没有涉及，实际上杭州迁善所也兼收不肖子弟。光绪十五年，浙江巡抚视察后指出，将不肖子弟与小偷地痞等一同羁押有所不妥。为此，迁善所中又另设了洗心所，专收30岁以下的年轻子弟，收容时间以半年或一年为期。所中子弟每日诵读抄写《同善录》《感应篇》《阴骘（zhì）文》和《觉世经》等劝善书籍，董事随时加以劝导，以便其改过自新。不服管教者由迁善所委员酌情惩戒，情节严重者转入迁善所禁锢，为防止逃逸，可加以锁链。改过自新者由亲属保出。

应宝时是冯桂芬的老朋友，曾在苏州担任江苏按察使、布政使，仔细阅读过苏州洗心局章程。杭州迁善所、洗心所与苏州洗心局、迁善局的职能和运营办法虽然颇为相似，但杭州两所收容对象的范围大为扩充，职业培训的措施更为具体，强制性和惩戒性也更为明显，设有官派委员，可以合法动用锁链等刑具加以惩罚，劳动改造的色彩更加浓厚。

受省会杭州的影响，光绪五年后，浙江湖州、宁波、嘉善、诸暨、永嘉及乌程县南浔镇等处都曾仿设洗心所、迁善所。

三

光绪年间，《申报》数次刊登文章，对杭州迁善所的运营办法和成效大加赞扬。以此为契机，国内其他地区的官绅遂起仿行之念，迁善所在全国范围内得到推广。

光绪十三年，两广总督张之洞在广东南海、番禺两县监狱内试办迁善所，购置工具，雇佣技师，责令犯人习艺，以便其出狱后自谋生计。十五年，他又饬令广东省各府县改良监狱，并要求归善、海阳等五县仿照南海、番禺办法设立迁善所。十八年，广西临桂县也设立迁善公所，将轻罪犯人收所习艺。在调任湖广总督后，张之洞对狱政仍然非常重视，曾对江夏县监狱加以改造，其辖区也陆续设立了迁善所，其中影响最大的是戊戌变法中创设的长沙迁善所。

光绪二十四年，鉴于盗贼地痞繁多，旧有保甲局、团防局难以满足需要，湖南按察使黄遵宪在长沙创建保卫局。该局由总局、分局、小分局三级机构组成，办理缉捕盗贼、编查户口、管理街道和司法审判等事务，具有近代警察机构的性质。长沙迁善所附属于保卫局，所中分设工厂3座，共设号舍156间，每间居住2至3人。该所由官绅合办，官员和绅士各司其责，恩威并施，官员负责强迫劳动、看管督责以及鞭挞拘锁等事，绅士负责起居饮食、疾病医治等事。另设教习、兵勇及杂役等数十人。

收容对象分流民、罪犯两类，分别居住，不得混淆。入所后遍身搜检，钱物由所中保管。所中出号、用餐、做工、归号时间均有定制，以发梆为号，不得错乱。罪犯入所之初先加脚镣，循规蹈矩者一月后予以解除。每月两次宣讲《圣谕广训直解》和各种劝善书。不服教导者由委员施以锁禁、罚作苦役等惩戒措施，特别恶劣者交官府重新发落。入所后应学习手工技艺，先从打麻绳、织草鞋等粗工做起，文弱者可从事抄写、裱糊等事。地方有通沟渠、修道路、筑城池等公共工程，亦可充任。个人生产所得，流民可得七成，罪犯可得五成，均待出所时发还。安分守己、学艺有成后，禀准保卫局释放。该所经费由官府调拨，并鼓励地方绅富捐助或仿设迁善所。

与江浙类似机构比较，长沙迁善所劳动改造的色彩又要更进一步。其经费完全由官方调拨，管理人员均可领取薪酬，已属国家机构；所中设施更加完备，明确有监舍、工厂之分；管理制度也更趋周密。这些新变化，应与黄遵宪长期出使国外，对国外监狱的认真考察有关。有学者把我国当代监狱的执行办法归纳为三个方面：严格对罪犯进行监督管理、强制罪犯参加劳动改造和对罪犯进行教育改造。虽然具体内容不同，但长沙迁善所实施的收容改造措施，正是围绕这三个方面展开的。由此看来，该所已具备现代监狱的基本形态。

四

维新运动失败后，黄遵宪等维新派官员纷纷遭到清算，各项变法措施多被废除，保卫局及迁善所不久后亦难逃厄运。但在清末新政时期，迁善所又再次兴起。

光绪二十七年，两江总督刘坤一、湖广总督张之洞在《江楚会奏变法三折》中提出中国刑狱制度改革方案时，曾对各地设立迁善所的做法表示肯定，并建议进一步改进。作为清末新政实际上的纲领性文件，《江楚会奏变法三折》对迁善所的认可，意味着这种做法已得到清廷的承认和支持，因而，全国各地不断涌现新的迁善所。如新建的北京工艺局下便设有迁善所。二十九年，四川总督岑春煊在成都创建劝工局，其下同样设有迁善所，收容轻罪犯人，授以粗浅工艺。三十年，张之洞又在湖北监狱中推行迁善所和习艺所建设。

随着清末民初警察和监狱制度的进一步改革，迁善所才逐渐被习艺所、拘留所和新式监狱等更为现代的机构替代。如宁波迁善所在宣统元年（1909）改为拘留所和罪犯习艺所，温州永嘉县迁善所在宣统二年改为贫民习艺所，杭州迁善所在民国元年（1912）改为陆军监狱。在时代变迁的大潮中，迁善所最终融入现代国家体制当中。

在中国慈善事业发展史上，洗心局、迁善所具有重要意义。传统慈善组织对道德不良者不予救助，实质上意味着放任自流。而晚清慈善组织开始采取监禁、强迫教育和强制劳动等手段，以达到矫正和改造道德不良者思想的目标。如果说传统慈善侧重于生活救助，即拯救"肉体"的话，那么，晚清慈善事业已把拯救的目标指向了"灵魂"。就此而言，洗心局、迁善所的出现，反映出近代中国"教养兼施"救助思想的发展。

作者简介

黄鸿山，1977 年生，江苏兴化人。历史学博士，苏州大学社会学院副教授、硕士生导师。主要从事中国近代社会保障史、慈善事业史研究，著有《中国近代慈善事业研究》等，发表论文20 余篇。

清代山东仕宦家族及其文化

朱亚非

清代有不少连续三代以上科举入仕、在国内政治生活中及地方社会上均有影响的大家族，被称为仕宦家族或科宦家族。仕宦家族有别于历史上的门阀士族和王公贵族，他们多产生于社会中下层，靠科举起家，重视家族文化的继承和对后代的教育，恪守儒家宗法观念和为人处世、治国忠孝之道。这种家学、家风日积月累，形成了十分厚重的家族文化，成为中国传统文化的重要组成部分。

清代仕宦家族在山东有百余家，如诸城刘氏先后出了 11 位进士；日照丁氏连续三代中进士，出了 20 余位举人；无棣吴氏 5 人中进士，5 人担任封疆大吏；滨州杜氏连续八代中进士；福山王氏共出了 27 位进士，37 位举人。一些家族出现了父子同朝进士、祖孙进士，甚至父子三人均为翰林、同朝为官的佳话。和当时其他地区的仕宦家族一样，山东仕宦家族与清朝上层政治，以及基层社会和思想文化关系密切。

这些家族数代入仕为高官，祖孙几代或父子、兄弟同朝为一二品大员，官至大学士、尚书、侍郎、总督、巡抚等，对中央决策产生了重要影响。如王士祯、刘统勋、刘墉、冯博、杜受田、孙玉庭等，都是备受皇帝信任和倚重的股肱大员，对于当时朝廷政策的制定与执行、官员升降与任免都有影响。这些家族通过联姻、师生、同门等形式结合在一起，在政治上形成一支重要力量，甚至在某种程度上能够左右朝政。

这些家族在地方上也有强大影响力，对于当地社会稳定和经济文化发展作用重大。他们的代表人物长年在朝廷为官，但能心系故里，关心家乡公益事业，并且依靠财力提高家族的威望。大灾之年，多能广散家财，赈济灾民；战乱之时，又能团聚乡邻，武装自保；平时组织兴修水利，推广先进农耕技术，兴办学校及慈善机构，在广维人缘、赢得民心的同时，也为其家族的发展壮大奠定了基础。

作为科举入仕的官员，他们熟知儒学经典，重视对文化典籍的收藏、整理和传播。清代山东出现了众多在诗文上有成就的大家族，如临朐冯氏、临邑邢氏、无棣吴氏等。族中官员无论是为官任上，还是隐居乡梓，都十分重视文化。为官地方，他们通过游历考察，将各地风土人情用笔记、诗歌等方式记录下来；归隐乡野，他们协助地方官编写方志，修缮家谱族谱，并通过碑记、札记等形式弘扬文化。

清代仕宦家族重视子女教育和家学、家风传承，立有各种家规家训来鞭策晚辈，通过教育保证家族长期兴旺发达，人才辈出。山东仕宦家族传承下来的家族文化，包含了许多富有哲理的内容，主要有：

（一）为人宽厚，重原则、讲义气；为官清廉，忠君爱国、体恤百姓；经商重诚信，先义后利

如诸城刘氏家族的刘统勋尽管位高权重，但始终保持清廉本色，从不接受下级贿赂，对于贪赃枉法的高官敢于严查，并果断将其绳之以法。其子刘墉也以正直清廉著称，尽管仕途多有起伏，但不畏权势、敢于直言的本性从没改变，成为后来家喻户晓的清官。这些家族的一些代表人物在重大问题上坚持原则，敢于讲真话，不计较个人得失。又如，清初为防止反清势力在海上活动，实行海禁，给沿海居民的生活造成极大不便，日照丁氏的丁泰不计个人安危，上《开海禁疏》。他的呼吁最终打动了康熙帝，下令允许山东沿海开禁通商。无棣吴氏大族的吴自肃在地方官任上，冒着被罢官甚至杀头的危险，两次救下被诬为盗的大批无辜群众，在户部尚书任上也不惧威吓，严惩贪官，康熙帝赞扬他"山东人真好汉"。黄县丁氏多人为官，又以经商致富，特别讲究诚信待客，和气生财，家族兴旺发达，数百年长盛不衰。

（二）父慈子孝，兄友弟恭，礼让为先

如日照丁氏家族丁允元中进士后，前途看好，但因母亲年老多病，不惜辞官回乡照顾，母亲去世后，才重入仕途。其弟生活窘困，他把家中的十亩地全部让给弟弟一家，并努力救助族中贫困子弟。丁氏族规还要求族中富裕者需每年出钱米若干，专门接济族中贫寒或遇婚丧之事无力承办者。诸城刘氏家族的刘绪烓，其兄早亡，兄之二子年幼，他不仅承担起抚育侄子的责任，还将族里远亲的孤寡老人接来赡养，深得乡人好评。敬老爱幼、家庭和睦，不但带动家族和睦，同时也有利于地方上形成和谐安定的氛围。

（三）乐善好施，仗义疏财，热心公益

清代山东仕宦家族资产丰厚，其成员官至高位，衣食无忧之余，也提倡多做善事，为家族赢得好名声和更大发展空间。如无棣吴氏代表人物吴自肃及吴垣、吴坛兄弟在外为官多年，不断捐出俸禄资助当地建设学校、救助灾民，"虽积逋（bū，拖欠）累

累，而轻财好施，廉俸所入，拯济穷困，无少勒惜"（吴重熹《吴氏世德录》）。黄县丁氏家族经商致富后，念念不忘周济乡里，做了大量积德行善之事，被乡民誉为"善人之家"，咸丰年间当地政府特赠其"善行成风"匾。凡遇天灾，诸城刘氏家族均及时开仓救济灾民，还捐出部分土地建平籴仓，救济无以为生的百姓。每到灾年，莒南庄氏家族主动提供钱粮给当地官府救济灾民，对贫困乡民无偿提供粮食、医药援助，对于无法偿还的债务往往一笔勾销。民国初年，庄氏家族还荣获当时大总统徐世昌所授"乐善好施"之匾。

清代中国经历了剧烈的社会变化，一部分大家族走向没落，但也有不少仕宦家族能够顺应历史变革潮流。清末民初，无棣吴氏、日照丁氏、莒南庄氏、临朐冯氏等家族成员纷纷进入新式学堂或出洋留学，通过对近代教育、科技、法律、商业、医药、军事知识的学习，开阔了视野，有些人开始接受民主思想，积极投身于反封建的革命运动。在经济上，他们也逐渐摆脱依靠土地剥削农民的生活，开始把族中积累的资金投资于工商业中，兴办实业、开矿建厂、扩大商号、开办金融业、发展民族工商业，积极宣传实业救国。这种转型，让一些延续百年以上的大家族在进入民国后仍保持着旺盛活力。其族中一些先进人物，更是积极投身于中国共产党领导的新民主主义革命，并在各自的领域中作出贡献。

仕宦家族毕竟是旧时代的产物，其文化中有许多糟粕，其中的维护封建伦理观、等级观，强调族权，主张男尊女卑，信奉封建迷信等落后思想应予扬弃。同时，清代山东仕宦家族文化中的许多积极元素，早已超越时代的界限，依然是今日通行之价值观和行为准则，如对国家忠诚，为官清正廉洁、正直敢言、不畏权势、体恤百姓、服务社会，为人正直善良、重义轻利、勤劳节俭、乐善好施等观念，都是有进步意义的。其家族文化中倡导的父慈子孝、邻里和睦、济贫救孤、关心乡梓等，对于今天建设社会主义和谐社会也有现实意义。

作者简介

朱亚非，1955 年生，江苏宿迁人。山东师范大学历史文化与社会发展学院院长兼山东地方史研究所所长、教授、博士生导师。著有《明清史论稿》《山东通史》（明清卷）《齐鲁文化通史》（明清卷）《明清山东仕宦家族与家族文化》等，发表论文 60 余篇。

清代的朝珠

孔祥文

　　清代人着装有着严格的等级制度。这种着装制度是中国古代"垂衣裳而天下治"（《易·系辞》）传统的延续，服饰被赋予了避寒遮体之外的礼乐教化功能。"见其服而知贵贱，望其章而知其势"（贾谊《新书·服疑》），服饰成为体现人们社会关系的具体表现，也是统治者标示等级和管理社会的工具。与以往不同的是，清代服饰在外观上有别于汉服，带有鲜明的北方游牧民族特色。其中，朝珠的佩戴，更是清代服饰所独有的特色。

　　清朝皇室的祖先信奉佛教，"满洲"很可能就是梵文"曼殊"的转音；佛教徒称清帝为"曼殊师利大皇帝"，而"曼殊师利"就是文殊菩萨。佛家僧侣通常手持念珠，每串粒数有 18 颗、27 颗、54 颗、108 颗之分。串有 108 粒的念珠称为"百八牟尼珠"。《木槵（huàn，一种落叶乔木）子经》云："当贯木槵子一百八个，常自随身，志心称南无佛，南无法，南无僧，乃过一子。"在诵读佛号和经咒时，默诵一句，捻过一珠，用以计数，所以念珠又称"佛珠"或"数珠"。当时，女真人有衣上挂数珠的习惯，将一串珠子挂在衣襟的纽扣上，随身携带，诵经时手指逐个捻珠数数。努尔哈赤和皇太极经常把数珠赏赐属下，各级将领也把数珠当作礼品进贡。

清入关后，各项制度渐趋完备，其中也包括服饰制度的确立。朝珠正式作为冠服的一种佩饰确定下来，并被纳入乾隆二十八年（1763）编撰的《钦定大清会典》之中，以示郑重。从北京故宫博物院收藏的清代帝后朝服像可以看到，努尔哈赤、皇太极和顺治帝都没有佩戴朝珠，顺治帝皇后佩戴了朝珠，顺治帝的母亲孝庄文皇后的晚年朝服像也佩戴了朝珠，而康熙帝以后的帝后朝服像均有朝珠。

一、构成与象征意义

朝珠由念珠演化而来，故结构与佛珠类似。朝珠由身子、结珠、佛头、背云、纪念、大坠、坠角七部分组成。通常一盘朝珠周长大致在130至170厘米之间，"身子"由108颗珠子组成，寓意12月、24节气、72候为一年的说法，总数定为108。还有一种说法，佛教认为常人一生有84000种烦恼，将其归纳为108种，所以旧时佛寺每日朝暮各撞钟108下，称为"醒百八烦恼"。在108颗珠中，每隔27颗穿入一颗不同材质的大珠，称为"结珠"，结珠的颜色与其他珠子形成鲜明对比。4颗结珠将朝珠分成四部分，用以表示春夏秋冬四季。挂在脖子后面与结珠相连的珠子称为"佛头"。佛头有孔与"背云"相接，背云意为"一元复始"，垂于背后，背云最下端缀有葫芦形"大坠"，称为"佛嘴"。佛头两侧又有三串小珠串，通常一侧缀两串，另一侧缀一串；两串的位置，男在左，女在右。每串有10颗小珠，每5颗为一组，中间有绦相连，下坠嵌有宝石的小"坠角"。三串小珠称为"纪念"，象征一个月有30天，为上、中、下旬，每串代表一旬。

二、质地和用料

朝珠有多种质料，主要以东珠、翡翠、玛瑙、红蓝宝石、水晶、白绿玉、青金石、珊瑚、松石、琥珀、蜜蜡、菩提、碧玺、迦南香、白檀、催生石、金刚子等为主。根据地位的不同，清代达官贵人佩戴不同质料的朝珠。所有质料中，以东珠串结而成的朝珠最为珍贵。

珍珠按产地可分为南珠和北珠。南珠又称"廉珠"，是产于广东廉江和雷州沿海一带的海水珍珠。北珠又称"东珠"，是产于我国东北地区的淡水珍珠。东珠是河蚌所生，南珠则为海蚌所产。清康熙时徐兰著《塞上杂记》载："岭南珠色红，西洋珠色白，北海珠色微青者，皆不及东珠之色如淡金者其品贵……"素有"大珠""美珠"之称的东珠，微粉红色的称为"美人湖"，微青色的称为"龙眼湖"，皆为上品。

产于清王朝龙兴之地白山黑水间的东珠，以其匀圆莹润深受清朝统治者的重视与珍爱，将其定为清朝冠服制度中品级最高的珠宝，并在打牲乌拉（今吉林省吉林市西北）设总管衙门，专门为皇室采捕东珠，所采东珠全部送入清宫内务府。

三、佩戴规定

清朝统治者规定东珠朝珠只有皇帝、皇太后和皇后才能佩戴，象征至高无上的权力和地位，其他人等佩戴或拥有东珠朝珠均属僭越犯上，这也是为何存世东珠朝珠稀少珍贵的原因。

除东珠质料的朝珠外，还有其他宝石用于皇帝佩戴的朝珠。按场合不同，皇帝穿着不同颜色的衣服，佩戴不同颜色的朝珠。

清代规定皇帝在祭圜丘（天坛）时，穿蓝色朝服，佩戴青金石朝珠。祭方泽（地坛）时，穿明黄色朝服，佩戴琥珀或蜜蜡朝珠。在日坛举行朝日礼时，穿红色朝服，佩戴红珊瑚朝珠。在月坛举行夕月礼时，穿白色朝服，佩戴绿松石朝珠。四种颜色分别代表天、地、日、月。

清代对朝珠的佩戴方式有严格规定。佩戴时，须将"背云"垂于背部，紧靠后背心，背云长度大约在 65 至 70 厘米之间，与清代男子所蓄辫子长度相当。"佛头"在颈后，前胸的珠子以三个结珠作中心对称，"纪念"随朝珠垂于胸前。对于命妇，如穿着吉服参加祈谷、先蚕古礼时，只需佩挂一盘朝珠；若遇重大朝会如祭祀先帝、接受册封时，必须穿着朝服并佩挂三盘朝珠，正面一盘佩于颈间，另外两盘朝珠从左右肩斜挂交叉于胸前。而男子在任何场合只佩挂一盘朝珠。

清朝根据亲贵等级对所佩戴朝珠的颜色、数量、质料作了规定，以显示不同的地位。皇太后、皇后朝服御朝珠三盘，东珠一、珊瑚二；吉服御朝珠一盘，绦皆明黄色。皇贵妃朝服用朝珠三盘，蜜珀一、珊瑚二；吉服用朝珠一盘，绦亦明黄色。贵妃、妃朝珠绦用金黄色，余与皇贵妃同。皇子朝珠，不得用东珠，绦金黄色；亲王、郡王朝珠制同。贝勒下至文五品、武四品官、奉恩将军，县君额驸，京堂翰詹科道侍卫及礼部、国子监、太常寺、光禄寺、鸿胪寺所属官应用朝珠者，绦皆石青色。皇子福晋朝服用朝珠三盘，珊瑚一、蜜珀二；吉服用朝珠一盘，绦皆金黄色；亲王福晋、固伦公主、和硕公主，郡王福晋、郡主、县主朝珠制同；贝勒夫人下至乡君朝珠制亦同，唯绦用石青色；民公、侯、伯夫人下至五品命妇，朝珠三盘，珊瑚、青金石、绿松石、蜜珀随所用，绦皆石青色。

官员们所佩戴的朝珠，除了皇帝赏赐外，通常自己置备。置办不起的，只能用旧货或替代品。当时也确有置办不起朝珠的，只好买一挂瓷珠充数。

现今存世的东珠朝珠十分罕见，北京故宫博物院所藏东珠朝珠也为数不多。在"故宫博物院藏文物珍品大系"《宫廷珍宝》一书中，共收录了八盘朝珠，其中只有两盘是东珠朝珠。沈阳故宫博物院也珍藏了20余盘朝珠，大部分系由北京故宫调拨，也有少部分是从民间购置的。其中最珍贵的是一盘皇帝御用的东珠朝珠，这也是沈阳故宫唯一的东珠朝珠。

满族服饰具有独特的少数民族色彩，在中国服饰史上占有重要地位。朝珠是清代独有的服饰标志，随着清朝的建立步入历史舞台，也在清亡之后逐渐退出人们的视野。作为清代特有的配饰，它凝结了无数工匠的智慧和心血，也见证和承载了清王朝荣辱兴衰的历史。

清前期我国各民族间的文化交流

赵云田

清前期，本文指清初至 1840 年（道光二十年）鸦片战争以前的这段时间，是我国多民族国家进一步发展和巩固的时期。国家统一，加上交通事业的发达以及大规模的人口流动，使不少汉族人口迁移到少数民族地区，也使很多少数民族人口迁移到汉族地区。这样，国内各民族之间的文化交流得到进一步发展。

汉族和少数民族的文化交流

清前期的一些皇帝学习汉族文化达到了废寝忘食的地步，如顺治帝为了吸取历史上的治国经验，发奋阅读汉文书籍，不仅读正史，而且读小说、戏曲，深受汉文化熏陶，对于儒家"文教治天下"的道理有深刻的领悟。康熙帝更是注重对汉文化的学习，他请经筵讲官（为皇帝进讲经史之官）讲解四书五经，还背诵儒家经典，编纂汉文书籍。满洲贵族和八旗子弟也系统学习汉族文化，使满族的文化水平在总体上有了提高。在民间，许多满族人逐渐使用汉语，生活习俗和汉族越来越接近，特别是一些节日比如年节、端午节、中秋节等的习俗，越来越接近汉族人。在汉族文化的影响下，满族中涌现出不少文学家、艺术家、科学家，曹雪芹、纳兰性德、博启就是其中的杰出代表。

满族文化对汉族的影响也很大，集中表现在语言、服饰等方面。清初东北汉语方言在形成过程中大量吸收满语词汇，如"妞儿""饽饽""爸爸"等。清代汉族服饰既保留了宽衣大袖的传统形制，又吸收了满族的服装样式。例如清代男服中的袍是表里双层长衣，就是吸收了满族服装窄袖和纽扣系结特点的汉族服装。清代汉族妇女服装主要沿袭明朝，不过也受到满族服饰的影响，其表现是把结带改为纽扣，传统的交领和圆领变成高领。清代汉族男子的暖帽和凉帽，则是汉满两族头饰相结合的产物。

清朝所修《五体清文鉴》《西域同文志》等大型字典和词典，都有汉文和蒙古文的对照，反映了汉族和蒙古族之间文化交流的情况。这一时期，许多蒙古文历史著作被译成汉文，比如《额尔德尼——因托卜赤》在译成汉文和满文后，定名为《钦定蒙古源流》。《大元盛朝史》等蒙古文历史著作中，广泛使用了汉文史料。在汉族谱系学影响下，《蒙古世系谱》得以问世。许多蒙古族学者还用汉文撰写学术著作，如蒙古正蓝旗人松筠的《绥服纪略》等。《聊斋志异》《今古奇观》《水浒传》等许多汉文小说被译成蒙古文。在蒙古族的民间文学中，一些说书艺人把汉族小说作为说书的主要内容。在清政府设立的蒙古官学中，蒙古王公子弟既学习蒙古文、满文，也学习汉文及儒家经典。在农区和半农半牧区，一些蒙古贵族和富裕农牧民，还不顾清政府的禁令，聘请汉族塾师授课，有些人甚至起了汉族名字。蒙古医学在汉族医学的影响下有了很大发展，《本草纲目》《牛马经》等被译成蒙古文，丰富了蒙古医生的用药种类及治疗方法。蒙古族著名的天文学家和数学家明安图（约1692—1765），每年都把汉文本的《时宪书》译成蒙古文，由清政府颁布后在蒙古地区使用，丰富了蒙古族的天文历算知识。在蒙古地区，许多王府、寺庙都属于蒙、汉合璧式建筑。蒙古族的塑像、画像、壁画、雕刻等，既有鲜明的蒙古风格，也有汉族文化影响的痕迹。由于蒙汉人民在生产、生活中的相互依存，蒙古族的服食起居，有些已与内地汉人没有太大区别。来到蒙古地区的汉人，有的"习蒙语，行蒙俗，入蒙籍，娶蒙妇"，逐渐与蒙古族人民融合。

在汉人的影响下，东北地区有的鄂伦春人开始学习汉语并从事农业生产。一些鄂伦春、鄂温克青年被征召当兵，到全国各地作战，与汉族文化有了更广泛的接触，受到的影响也更深。一部分锡伯族士兵被调往京师和新疆，他们的住宅建设、喜庆节日，逐渐有了汉族的特点。

西北地区哈密、阿克苏、叶尔羌等地的维吾尔族人，通过汉族商人开始受到汉文化的影响。回族已经使用汉字，许多回族学者对儒家经典非常熟悉，在文艺和学术上很有造诣。土族和汉人杂居，有的和汉族联姻结社，不再讲土语而说汉语。东乡族在形成过程中，就有汉民族成分，其文化中有许多汉文化的特点。撒拉族长期和汉族杂居，许多撒拉族人会讲汉语，写汉字。

在西南地区，由于受到汉族古代哲学思想的影响，一些藏文著作中专列章节叙述汉族历史以及儒道思想。藏医用汉族医学的手法，提高了医治地方性疾病和牲畜疾病的疗效。有些汉人和彝族联姻，往来彝族村寨，其生活习俗也逐渐被彝族接受。许多府州县设立儒学，彝族子弟入学读书，有的还通过科举考试入仕为官，在他们的带动下，汉文化在彝族地区得到进一步传播。白族和汉族杂居在一起，很多白族人习汉字，说汉语。纳西、基诺、侗、布依、仡（gē）佬、水、苗、羌、佤、阿昌等族在汉族的影响下，生活习俗发生了变化，一些建筑具有汉文化的特点。

中南、东南地区的壮、仫（mù）佬、土家、黎族，有的能用汉文写作，有的在生活习俗上受到汉文化的影响。

满族和其他少数民族的文化交流

满族和蒙古族有着很深的文化渊源。满文是在蒙古文的基础上创制的。清朝建立后，由于满蒙联姻不断，蒙古王公进京朝觐，以及两族都信仰藏传佛教，满蒙之间的文化交流得到进一步发展。满文创制后又有所改进，并促进了蒙古文的改进和定型，近代蒙古文中有许多是用满文字母拼写人名和地名的。很多用蒙古文写成的历史著作，都译成了满文。蒙古族音乐成为清朝宫廷音乐的一部分。蒙古地区办的私塾，既教蒙古文，也教满文。在生活习俗方面，蒙古族服饰也受到满族很大影响。

清朝实行扶植藏传佛教的政策，雍正年间又设立驻藏大臣，这些都为满藏文化交流创造了有利条件。顺治年间五世达赖喇嘛来京，随从人员多达数千，他们与内地之间进行了广泛的经济文化交流。清政府特意在京为达赖修建了具有藏族风格的黄寺。乾隆年间，六世班禅喇嘛到北京和承德为乾隆帝祝寿，清政府在承德为班禅修建须弥福寿之庙，这座庙宇集中体现了汉藏结合的建筑风格。会见班禅时，乾隆帝用藏语与其交流。班禅向乾隆帝献的寿礼，其中多是具有藏族风格的物品。后来六世班禅因出痘在北京圆寂，清政府专门建立了具有藏族建筑特点的纪念塔。乾隆五十七年（1792）春，驻藏大臣、满族人和琳在拉萨安排为患了天花的藏族百姓治病，许多病人痊愈，这让他们知道了天花并非不治之症，为满藏文化交流作出了贡献。

其他少数民族之间的文化交流

蒙古族和藏族有着共同的宗教信仰，两族之间的文化交流非常广泛。《格萨尔王传》被公认为蒙藏文化交流的结晶。藏族的许多文学作品译成了蒙古文，为蒙古文学输入了新鲜血液。蒙古史巨著《蒙古源流》，书写了西藏佛教的内容。藏族建筑对蒙古建筑产生了影响。蒙医在发展过程中，也吸收了藏医的精华。

东北地区的鄂伦春族和满族、达斡尔族彼此通婚联姻，生活习俗相互影响。鄂温克族和鄂伦春族、蒙古族杂居，在生活习俗上有很多相近之处。

西北地区的土族和裕固族在文化上有许多共同之处。东乡、撒拉、保安等族在婚丧节日、家庭生活以及社会习俗等方面有许多相同的地方。维吾尔、哈萨克、乌孜别克、柯尔克孜等族信仰伊斯兰教，居住区域又相互毗邻，伊斯兰教文化成为这些民族文化交流的媒介。

西南地区的门巴、珞巴族也都信仰藏传佛教，与藏族文化十分接近。普米族人一部分受纳西土司管辖，从而和纳西族习俗接近；一部分受藏族影响，与藏族习俗接近。

万斯同与《明史》纂修

黄爱平

　　《明史》是历代正史中继前四史（《史记》《汉书》《后汉书》《三国志》）之后编写得较好、学界评价较高的一部史籍。自顺治二年（1645）清统治者下诏纂修明史，到康熙十八年（1679）正式开展纂修工作，再到雍正元年（1723）诏令续修、十三年完成，直至乾隆四年（1739）刊刻成书，前后历经90余年，先后有百余名学人士子参与其事，著名史学家万斯同就是其中的佼佼者。

　　万斯同，字季野，号石园，浙江鄞（yín）县人，崇祯十一年（1638）出生于明朝一个累世勋臣的家庭。其始祖万斌，曾跟随朱元璋起兵，因功授永平卫千户（五品）。子孙后代先后八世多有功名。明朝末年，宦官专权，朝政黑暗，万斯同的父亲万泰身为江南复社领袖，积极参与驱逐阉党的活动。清兵入关，又投身南明鲁王政权的抗清斗争。失败后隐居不出，以气节文章名世。万斯同从小拜著名学者黄宗羲为师，精通经学，尤长于史，不仅谙熟"两汉以来数千年之制度沿革，人物出处"，而且特别致力于明代历史的研究，据黄宗羲之子黄百家说，他"于有明十五朝实录，几能成诵，其外邸报、野史、家乘，无不遍览熟悉，随举一人一事问之，即详述其曲折始终，听若悬河之泻"（《万季野先生斯同墓志铭》)。

康熙十八年，清王朝为缓和民族矛盾，获得汉族知识分子的合作与支持，特设博学鸿儒科延揽天下人才，又重开明史馆，授予考中的 50 名博学鸿儒以翰林院官职，任命他们为《明史》纂修官，并批准监修总裁徐元文的奏请，让明末遗臣及著名学者也参与《明史》编纂。万斯同怀抱着"以任故国之史事报故国"的强烈愿望，在徐元文多次聘请之下，来到京师，馆于徐氏邸舍，不受俸禄，不领官衔，以布衣身份参与修史。

在纂修工作中，万斯同无总裁之名而行总裁之实，史馆凡"建纲领，制条例，斟酌去取，讥正得失，悉付万斯同典掌"（钱林《文献征存录》）。诚如黄宗羲所言："四方声价归明水，一代贤奸托布衣。"（《南雷诗历·送万季野北上诗》）为了修成一代信史，万斯同也心甘情愿"隐忍史局，弃妻子兄弟不顾"（刘坊《万季野先生行状》），默默无闻地为《明史》纂修尽心竭力，做了大量工作。

其一，制定凡例。万斯同十分重视史书体例，不仅协助总裁发凡起例，"俾秉笔者有典式"，而且以其深厚的史学造诣，在凡例的制定方面提出了不少精辟的见解。如他重视史表，视其为史书中必不可少的组成部分，认为"史之有表，所以通纪传之穷，有其人已入纪传而表之者，有未入纪传而牵连以表之者，表立而后纪传之文可省，故表不可废。读史而不读表，非深于史者也"（钱大昕《万先生斯同传》）。他还主张修史要注意史料的搜求和辨别，强调史官必须秉笔直书，明辨是非，做到"论其事，知其人，而具见其表里"（方苞《万季野墓表》）。这些主张，都先后被总裁徐元文、徐乾学及王鸿绪所采纳，并收录于他们拟定的《修史条议》和《史例议》中，成为纂修《明史》的重要原则。

其二，拟定传目。明代立国近 300 年，初期开国功臣，历朝卿相大夫，末年忠臣义士，以及文人、学者等等，人物众多，头绪纷繁。其间抉择去取，颇费斟酌。万斯同详考历朝实录，又参照野史、方志、文集、碑传等材料，初步拟定了列传传目。为了能比较客观准确地反映明代各类人物的活动，万斯同还多次向专家学者请教。李塨、方苞等人，都曾应万斯同之邀，审阅过列传目录。经万斯同拟定的传目，基本上反映了明代人物史事的概貌，成为此后《明史》一书依据的蓝本。

其三，修改史稿。这是万斯同用力最多的一项工作。诸纂修官分别撰写的史稿，最后都集中于总裁处，由万斯同审核修改，排纂成编。据载，"诸纂修官以稿至，皆送先生覆审。先生阅毕，谓侍者曰：取某书某卷某叶有某事当补入，取某书某卷某叶某事当参校。侍者如其言而至，无爽者"（全祖望《万贞文先生传》）。今宁波天一阁珍藏的 12 册《明史稿》，稿本、抄本各 6 册，存列传稿 300 余篇，其上或多或少，都有朱笔、墨笔以及白粉笔删改涂抹的字迹。据考证，该稿即系经万斯同修改的史稿。特别是其中的 6 册稿本，大多经两次或两次以上修改，有的大刀阔斧，整段删除；有的旁行斜上，补充润饰；有的满纸蝇头小字，密密麻麻，几乎另起炉灶，重加改写。足证万斯同为《明史》纂修所付出的心血。

在万斯同和馆内各纂修官及监修总裁的长期努力下，康熙二十九年（1690）左右，第一部纪传表志俱全的《明史稿》初步编成，凡 416 卷。这部由万斯同主持编成的《明史稿》，在体例和编排方面都有不少长处。在体例上，能够因时而异，根据明代社会的特点进行变通和创新。如前代正史《艺文志》（或《经籍志》），都著录从古到今的全部书籍。随着时间的推移，书籍越积越多，若再循前例，篇幅势必过大，所以万稿只著录明代的典籍，这样既能反映明代典籍的概况，又不致使全书各部分篇幅的差别过于悬殊。后人称其法"于义为允，唐以来弗能用，今用之也"（《四库全书总目·明史》提要）。又如各地土司，虽大都建置于元代，但其发展则在明代，明朝政府对土司的统治也"与牧民殊"，所以万稿为土司别立一传，集中反映了明代中央政权与地方少数民族的特殊关系。在编排上，万稿则注意以事系人，既记载了人物的活动，又反映了史事的概况。如同为关涉明末辽东战事的重要人物，"熊廷弼、王化贞，一主战，一主守，意见不同也，而事相涉，则化贞不另传，而并入廷弼传内；袁崇焕、毛文龙，一经略，一岛帅，官职不同也，而事相涉，则文龙不另传，而并入崇焕传内"。清人称此"编纂之得当也"（赵翼《廿二史劄记》）。万稿立传也不拘一格，往往根据各人在历史上的活动情况而决定传目的分合。如同为重臣后代，徐达、常遇春等人的子孙因其无所作为，所以都附于本传；而张玉、张辅父子，一为靖难之役的功臣，一为征战西南的名将，两人各有功业，所以都分别立传。这样，既彰明了世系，又突出了事功。

但由于明代史事繁杂，不易考校，史料又真伪并存，难定是非，再加上底稿由多人撰成，不仅互不相属，纷纭散乱，还有内容详略不同、质量高低不一的差别。尽管万斯同长年累月孜孜矻矻，考核修改，组织编排，所成初稿也不免有"缺而不全，涣而不一"之处，因此，"稿虽就而未敢以进"。此时明史馆已逾十年，当初被任命的纂修总裁升沉物故，风流云散，在馆者寥寥无几，徐元文、徐乾学也先后告归。万斯同则为总裁张玉书、陈廷敬挽留，馆于京师江南会馆，继续参与修订史稿的工作。

康熙三十三年（1694），诏令续修《明史》。万斯同又应总裁王鸿绪聘请，从江南会馆来到王氏京邸，再次承担了史稿列传部分的修改审定工作。这时，万斯同年事已高，但他为了实现自己的宿愿，仍然在他人的协助下，殚精竭虑地修改史稿，或"辨其人之忠佞"，或"定其时之后先"。有时为了考证一事、删定一传，往往"集书盈尺者四五或八九不止"。对列传传目也重加编排，"合者分之，分者合之，无者增之，有者去之"（杨椿《再上纲目馆总裁书》），进一步提高了史稿的质量，奠定了此后《明史》一书成功的基础。康熙四十一年（1702）四月，列传史稿的审定基本完成，尚未及最后订正，万斯同便因长期劳累，卒于王鸿绪府邸，可谓为《明史》纂修贡献了毕生精力。

作者简介

黄爱平，女，瑶族，1955 年生，广西桂林人。中国人民大学清史研究所教授、博士生导师。长期从事中国古代思想文化、清代学术以及历史文献学的教学与研究，著有《四库全书纂修研究》《18 世纪的中国与世界·思想文化卷》《朴学与清代社会》等，发表论文百余篇。

《聊斋志异》描绘的官场百态

李文海

郭沫若在蒲松龄故居聊斋堂上写了这样一副楹联："写鬼写妖高人一等，刺贪刺虐入骨三分。"这16个字，简明、精准地概括了《聊斋志异》这部文学巨著的思想价值和艺术成就。

蒲松龄自己称《聊斋志异》是一部"孤愤之书"（《聊斋自志》）。他通过谈狐说鬼，讲神论怪，宣泄和倾吐着自己对种种社会现实的满腔悲愤。书中涉及的社会问题林林总总，而着力最多的，还是"刺贪刺虐"，对官场黑暗的无情揭露。

下面我们来看看蒲松龄笔下描绘的官场百态是一幅什么样的图景。

"今日官宰半强寇"

蒲松龄在《聊斋志异》中曾经借一位姓徐的商人同"夜叉国"人的对话，讨论了"官"是什么的问题。"问：'何以为官？'曰：'出则舆马，入则高堂；上一呼而下百诺；见者侧目视，侧足立；此名为官。'"（卷三，《夜叉国》。以下凡引用《聊斋志异》者均只注篇名）这里对于官的描写，主要强调了他们安富尊荣，威风八面，颐指气使，睥睨群下的一面。那么，这些声名显赫、位高权重的官员们的行径和作为，又是怎样的呢？

"老龙舡户"指的是出没于南海的一群江洋大盗，他们"以舟渡为名，赚客登舟，或投蒙药，或烧闷香，致客沉迷不醒；而后剖腹纳石，以沉水底"。但历任有司，对报案者"竟置不问"，结果是"千里行人，死不见尸，数客同游，全无音信，积案累累，莫可究诘"。一直到朱徽荫"巡抚粤东"，才把那些江洋大盗缉捕归案，无数无头公案得以昭雪。对此，蒲松龄发出了这样的感慨："剖腹沉尸，惨冤已甚，而木雕之有司，绝不少关痛痒，岂特粤东之暗无天日哉！""彼巍巍然，出则刀戟横路，入则兰麝熏心，尊优虽至，究何异于老龙舡户哉！"（《老龙舡户》）这段话讲得很清楚，那些泥塑木雕一样对百姓痛痒不闻不问的官员，虽然"出则刀戟横路，入则兰麝熏心"，冠冕堂皇，炙手可热，其实同杀人越货的江洋大盗没有什么区别。可惜的是，这样暗无天日的政治，并不只是粤东一地，也就是具有相当的普遍性。

《成仙》中讲了这样一个故事：山东文登一位家道殷实的"周生"，因细故同"黄吏部"发生纠纷，黄仗势串通邑宰，将周生家的仆人"重笞"一顿。周甚感不平，"欲往寻黄"。周的一位好友"成生"力劝之，说了下面这样一段话："强梁世界，原无皂白。况今日官宰半强寇不操矛弧者耶？"把当时的官宰说成大半是不打旗号的强盗，由这些人来统治，世界当然就是非不分，黑白颠倒。可惜周生不听，非要同邑宰去争个曲直，结果惹恼了邑宰，不仅把周生抓了起来，"榜掠酷惨"，"绝其饮食"，还贿迫监狱中的"海寇"，"使捏周同党"，必欲置之死地。在严刑逼供之下，"周已诬服论辟"，最后全靠着成生多方营救，才得以"朦胧题免"。这是又一次把官员比作盗寇的例子。

在更多场合，蒲松龄把那些残民以逞的官员比作吃人的猛兽，他悲愤地说："窃叹天下之官虎而吏狼者，比比也。即官不为虎，而吏且将为狼，况有猛于虎者耶！"（《梦狼》）《三生》一文描写了一位姓刘的孝廉，前生是缙绅之家，但"行多玷"，作恶颇多。死后始罚作马，继又罚作犬，最后则罚作蛇，后来"满限复为人"。借这个故事，蒲松龄发了这样一段议论："毛角之俦（chóu，同类），乃有王公大人在其中；所以然者，王公大人之内，原未必无毛角者在其中也。"这篇文字不但暗示"王公大人"们如果作恶多端，难免变成犬马之类，而且特别指出，其实"王公大人"之中，原本就有"毛角之俦"在。这段略显隐晦的话，如果说得直白一点，无异直指某些"王公大人"不过是"人面兽心"的"衣冠禽兽"。

大家都知道，《聊斋志异》写狐，其实是在写人。书中讲了这样一位狐仙，化作一位老翁，却并不隐秘自己的身份，有人来访，"无不伛偻（yǔ lǚ，腰背弯曲）接见"，"独邑令求通，辄辞以故"。问其原因，回答说："彼前身为驴，今虽俨为民上，乃饮糙（duī，蒸饼）而醉者也。仆固异类，羞与为伍也。"（《潍水狐》）"饮糙而醉"是一个典故，原意是说，只要有钱，即使不喝酒也醉了，也就是见钱眼开的意思。驴之为物，体大气粗，表面威风凛凛，但扔给一点草料，也就"帖耳辑首"，实在同贪官的形象十分相像。所以蒲松龄评论说："以此居民上，宜其饮糙而醉也。愿临民者，以驴为戒，而求齿于狐，则德日进矣。"在这里，蒲松龄再一次把贪官污吏比作禽兽，明确提出"愿临民者，以驴为戒"，不要弄得连狐也"羞与为伍"。这可以说是对前面"王公大人"中不乏"毛角之俦"的呼应。

《黑兽》叙述的故事十分简单，讲的是一只老虎遇见一不知名的黑兽，竟觳觫（hú sù，惊恐得发抖）战栗，延颈就死的事。对此，蒲松龄发了一大通议论，说："凡物各有所制，理不可解。

如猱最畏狙；遥见之，则百十成群，罗而跪，无敢遁者。凝睛定息，听狙至，以爪遍揣其肥瘠；肥者则以片石志颠顶。猱戴石而伏，悚若木鸡，惟恐堕落。狙揣志已，乃次第按石取食，余始哄散。余尝谓贪吏似狙，亦且揣民之肥瘠而志之；而民之戢耳听食，莫敢喘息，虫虫之情，亦犹是也。可哀也夫！"猱和狙都是猴的一种。书中所说狙和猱的关系，是否合乎科学，我们不必深究，因为谈论这种动物关系不过是一个由头，要旨是从中引出官与民的关系来。上面这段话包含两层意思：一是谴责"贪吏似狙"，对无拳无勇的"民"择肥而噬，谋财害命；二是哀叹小民们面对着"贪吏"的敲骨吸髓，狼吞虎咽，只能"戢耳听食，莫敢喘息"。这既反映了对贪官污吏的强烈愤恨，也表达了对被欺压、被凌辱的底层群众的深切同情。字里行间，充溢着对那些生存在"人为刀俎，我为鱼肉"处境下的老百姓"哀其不幸、怒其不争"的悲怆与无奈。这种鲜明的爱憎情怀，在当时的历史条件下，实在是难能可贵的。

令人发指的"官贪吏虐"

《聊斋志异》通过一个个故事，将许多"官贪吏虐""官虎吏狼"的具体情景生动地展现在读者面前。

《促织》的故事直接涉及最高统治者封建帝王，所以蒲松龄不得不把时间设定在明宣德年间。由于皇帝喜欢斗蟋蟀，即所谓"宫中尚促织之戏"，便要求各地把蟋蟀作为"常供"的一种贡品。地方官吏"假此科敛丁口，每责一头，辄倾数家之产"。帝王的小小喜好，到了下边便变成按"丁口"搜刮聚敛的借口，甚至弄得一些家庭鬻妻卖子，倾家荡产。对此，蒲松龄这样说："天子偶用一物，未必不过此已忘；而奉行者即为定例。加以官贪吏虐，民日贴妇卖儿，更无休止。故天子一跬步，皆关民命，不可忽也。"上有所好，下必甚焉。在上者的言行稍一不慎，到下边就往往会形成一场灾难。

其实，贪官污吏们可以把任何事情变成压榨百姓、大发横财的机会。康熙三十四年（1695），清廷为了解决噶尔丹作乱，用兵于广大漠北地区。"其地不毛，间或无水"，军粮的供给便成为很大的问题。朝廷决定用钱购买民间骡马运粮。长山一个姓杨的县令，"性奇贪"，便"假此搜刮，地方头畜一空。周村为商贾所集，趁墟者车马辐辏。杨率健丁悉篡夺之，不下数百余头。四方估客，无处控告"（《鸮（xiāo，猫头鹰）鸟》）。这个杨县令竟然置军国大事于不顾，却热衷于借机肥私，不但将地方头畜搜刮一空，而且胆大妄为，在光天化日之下，公开派兵抢掠商贾的马匹，数量达数百之多。面对这样的暴政，受害人控诉无门，杨县令虽然遭到舆论的讥刺，却并没有受到任何的惩处。

贪官污吏们为了聚敛财富，怎样不择手段、泯灭人性，书中不乏描写。安二成的妻子臧姑因为家庭矛盾，涉讼官府。"官贪暴，索望良奢。"他一面对臧姑严刑拷打，"械十指，肉尽脱"；一面向二成大肆勒索，"二成质田贷赀，如数纳入"，最后不得已将田产悉数卖掉，才结了这场官司（《珊瑚》）。还有一位姓夏的商人，偶然从自己的院墙下挖得一个装满了千余两白银的铁瓮。此事为邻人妻窥见，出于妒忌，"潜告邑宰"。"宰最贪，拘商索金。妻欲隐其半。商曰：'非所宜得，留之贾祸。'尽献之。宰得金，恐其漏匿，又追贮器，以金实之，满焉，乃释商。"（《钱卜巫》）贪官对老百姓财富的掠夺完全是竭泽而渔的方针，不让有涓滴的"漏匿"，这位夏姓商人在贪官面前，被逼交出了在自己院墙下掘出的全部白银，才避免了一场更大的祸患。在另外一个故事里，描写了"湖南巡抚某公"，派人押解饷银60万两赴京，途中饷银被盗，"荡然无存"。巡抚多方追查，却收到了这样一封信："汝自起家守令，位极人臣。赇（qiú，贿赂）赂贪婪，不可悉数。前银六十万，业已验收在库。当自发贪囊，补充旧额。解官无罪，不得加谴责。"（《王者》）巡抚看到这封信，"面色如土"，不敢再追究，马上设法补解。几日以后，惊吓而死了。我们从"赇赂贪婪，不可悉数"几个字中，不难想见有多少家庭被弄得妻离子散，家破人亡。

《聊斋志异》对贪官鞭挞的主要矛头所向，或者是"位极人臣"的"王公大臣"，或者是开府建衙的"封疆大吏"，大都是当时政治舞台上的中高级官员。这当然不难理解，因为高官们身居要职，手握重权，一旦身涉贪贿，其恶劣影响及社会危害就特别严重。而且上行下效，一个贪渎成性的高官，往往成为一群贪官的保护伞，在破坏政治秩序和败坏社会风气方面产生巨大的影响。但是，也还有另外一种值得注意的现象，就是小官大贪，如该书所指出的："官卑者愈贪，其常情然乎？"（《梅女》）一些底层官员，甚至那些被称为"不入流"的身份低微的差役、书吏、门丁之类，只要手中握有一点权力，也往往会对小民多方刁难，百计勒索。而且因为这些人直接同百姓接触，许多具体事务都经彼等之手，"地方公事，如凡捕匪、解犯、催征、护饷之类，在在皆须其力"，是"为官之爪牙，一日不可无，一事不能少"（何耿绳《学治一得编》），这就为他们残民敛财提供了更多的机会。而且正由于他们身份低贱，连封建道德都失去了对他们的约束力，为非作歹时就更加无所顾忌，胆大妄为。因此老百姓对这样一些人就更加有着切肤之痛。《聊斋志异》在评事论理时，一般不大用不留余地的绝对化语言，但在谈到对"公役"的态度时，却讲了这样一番话："余欲上言定律，'凡杀公役者，罪减平人三等'，盖此辈无有不可杀者也。故能诛锄蠹役者，即为循良；

即稍苛之，不可谓虐。"（《汪秋月》）说"公役"无不可杀，自然有点过分，但在这种咬牙切齿的诅咒背后，反映了群众的满腔委屈和无比愤恨，却是不可忽视的现实。

封建官僚是集行政权与司法权为一身的，断狱判案是他们的主要公务之一。司法不公是社会不公最突出的表现，也是贪官们弄权纳贿的主要渠道。贪赃必定枉法，在这方面，卑劣和无耻也表现得最赤裸裸和明目张胆。对此，《聊斋志异》作了这样的描述："一人兴讼，则数农违时；一案既成，则十家荡产。""每见今之听讼者矣，一票既出，若故忘之。摄牒者入手未盈，不令消见官之票；承刑者润笔不饱，不肯悬听审之牌。蒙蔽因循，动经岁月，不及登长吏之庭，而皮骨已将尽矣！而俨然而民上也者，偃息在床，漠若无事。宁知水火狱中，有无数冤魂，伸颈延息，以望拔救耶！""官问不及，吏诘不至，其实一无所用，只足以破产倾家，饱蠹役之贪囊，鬻子典妻，泄小人之私愤而已。"（《冤狱》）这一段话，既揭露了官吏以权谋利的种种手法，又诉说了小民在冤狱面前的悲惨境遇，无异于一篇对黑暗刑狱制度的血泪控诉书。

贪官心态的深刻揭示

贪风炽盛之处，必定吏治败坏，贿赂公行，公理荡然，民怨沸腾。《聊斋志异》中涉及官府事务时，通过贿赂以枉法谋私的情节随处可见，俯拾皆是。例如，"以具（巨）金贿上下"，本拟死罪者"得不死"（《姚安》）；大盗落网，可"以重贿脱之"（《刘夫人》）；官吏治狱不公，遭上司追究，"纳数千金"，即可"营脱"（《成仙》）；官员获罪，"罚赎万金"，即可免刑（《青梅》）；一人涉嫌"讼诬"，拟严办，"啖以重贿，始得免"（《陈锡九》）；一"狂生"因与某刺史为酒友，"凡有小讼求直者，辄受薄贿，为之缓颊，刺史每可其请"（《狂生》）；官员欲谋"迁擢"，需"赍银如干数赴都"钻营打点（《遵化署狐》）；夺人妻女，以"货产行赇"，官府反将本夫"拘质"（《霍女》）；有的本属冤枉，为免遭凌虐，也需要"醵（jù，凑钱）钱贿役"，以免受苦（《陈锡九》）；如此种种，不一而足。也有的通过贿赂，祸及良善，以莫须有的罪名置人于死地（《云梦公主》《陈锡九》）。几乎整个社会风气，形成了"生死曲直，不断之以法，而断之以贿"的怪现象。将以上种种联系到一起，就使读者有充分理由相信，在那样一种政治生态下，公正敛迹，正义不伸，法律已经沦为权力和金钱的奴仆。

贪赃枉法需要冒巨大的风险，上则国法难容，官德不齿；下则千夫所指，万人唾骂。一旦事情败露，难免声名扫地、身败名裂。为什么许多官员还是如蛾扑火，甘冒不韪呢？他们究竟抱着一种什么样的心态呢？我们来看看蒲松龄对这个问题的思考。

《续黄粱》描写了一个醉心功名利禄、渴求高居人上的青年士子，在梦中经历了"一言之合，荣膺圣眷"，在天子的恩宠下，大富大贵，权势煊赫，由于擅作威福、百计聚敛、纵情声色、作恶多端，最终一朝失势，沦为狱囚，甚至难逃天谴，坠入"九幽十八狱"的故事。虽然鲁迅认为此篇事迹，"颇有从唐人传奇转化而出者"（《中国小说史略》），但不论从内容的丰富，还是以文采的华美，都绝不是《枕中记》或《邯郸梦》的简单复制和演绎，而是真正的艺术再创作，对当时的社会生活有着很强的现实针对性。在主人公的短短一梦中，浓缩了当时宦海凶险、仕途龌龊的众生相。当主人公高居于权力巅峰时，"捻髭微呼，则应诺雷动"，"公卿赠海物，伛偻足恭者，叠出其门"，"公卿将士，尽奔走于门下，估计夤缘，俨如负贩，仰息望尘，不可算数"。

甚至"奴仆一到，则守、令承颜；书函一投，则司、院枉法"。如果"有杰士贤臣，不肯阿附，轻则置之闲散，重则褫以编氓。甚且一臂不袒，辄连鹿马之奸；片语方干，远窜豺狼之地"，真可以说是"顺我者昌，逆我者亡"。但一旦失宠，从权力的顶峰跌落下来，则"科道九卿，交章劾奏；即昔之拜门墙、称假父者，亦反颜相向"，终于众叛亲离，成为影单形只的孤家寡人。

这位黄粱一梦的主人公，在手握重权、身居高位之际，叱咤风云，颐指气使，却又毫无奉公尽职、为国为民的观念，"不思捐躯摩顶，以报万一"，"国计民生，罔存念虑"，当然就经不起金钱美女的种种诱惑，利用权势，大肆搜刮，"平民膏腴，任肆蚕食；良家女子，强委禽妆"，不是"仗势凌人"，卖官鬻爵，就是"声色狗马，昼夜荒淫"。"接第连阡者，皆畏势献沃产，自此富可埒国。"

他们难道不怕人们的抗拒、愤怒和揭露吗？对此，贪官们自有一套奇特的逻辑。《梦狼》中弟兄俩的一段对话，极为典型地吐露了大多数贪官的心声，具有很强的代表性。事情的缘起要从直隶一位姓白的老人说起。老人有两个儿子，长子在南方做官。一日，老人做了一个奇怪的梦，梦见到了儿子的衙署，看到堂上、堂下都是恶狼，台阶上则白骨如山。儿子竟然用巨狼衔来的死人"聊充庖厨"。老人正惊疑间，忽见两个"金甲猛士"将其子锁住，其子"扑地化为虎"，"虎大吼，声振山岳。翁大惧，忽醒，乃知其梦"。这个梦让老人很不放心，便派次子往探究竟。"弟居数日，见其蠹役满堂，纳贿关说者，中夜不绝，流涕谏止之。甲曰：'弟日居衡茅，故不知仕途之关窍耳。黜陟之权，在上台不在百姓。上台喜，便是好官；爱百姓，何术能令上台喜也？'弟知不可劝止，遂归。"为什么对待百姓可以如狼似虎，作威作福呢？因为"黜陟之权"，"不在百姓"。所以，人民群众的生死存亡、哀痛疾苦，自然是不必放在心上的，只要把"上台"伺候好了，"便是好官"。能够得到上司的喜好与信任，不管贪赃枉法也好，草菅人命也好，都可以在仕途一帆风顺，飞黄腾达。在那个时候，没有群众监督，没有舆论监督，也没有健全的制度监督，上面这样的思想自然更是为许多无耻之徒奉为圭臬，使自己的贪渎行为有恃而无恐了。

我们把《聊斋志异》关于贪官心态的揭示作一个简单的概括，就可以看出，主要是他们无力抵御和抗拒权力诱惑和金钱诱惑。在掌握生杀予夺的大权而又缺乏有效监督的时候，他们不能自制，恣情妄为，以权谋私，巧取豪夺，擅权枉法。在雕梁画栋、锦衣玉食的巨大物质利益面前，他们目眩神迷，穷奢极欲，声色犬马，骄奢淫逸，纸醉金迷。这双重诱惑，使得他们不惜以身试法，铤而走险。这样，官吏贪贿的现象就成为社会的毒瘤，不但长久存在，而且不断蔓延扩散，以至于在那个时代，"求一真正清廉之吏，几等于麟角凤毛"了。

蒲松龄生活的时代，主要是清初顺治、康熙年间。到他的晚年，开始进入"康乾盛世"。总的来说，这时清朝统治渐趋稳定，国家的统一得以实现，版图有所扩大，社会经济得到恢复和发展，文化走向繁荣，人口有了迅速的增加。但是即使在这种情况下，封建统治的黑暗和残暴，依然像一座大山一样压在老百姓的头上，人民照样遭受着各种各样难以挣脱的苦难。这就清楚地告诉我们，所谓的"盛世"，绝不是老百姓的极乐世界和幸福天堂，人民不过是像鲁迅所说，生活在一个"暂时做稳了奴隶的时代"（《坟·灯下漫笔》）而已。就这个意义而言，我们可以把《聊斋志异》看作是一曲"盛世悲歌"。毛泽东同志把《聊斋志异》同《红楼梦》《金瓶梅》相并列，称这是中国小说中写社会历史的难得的三部书（1961年12月20日在中共中央政治局常委和中央局第一书记会议上的讲话）。读《聊斋志异》对官场百态的描写，必将有助于我们对清初社会历史的进一步了解。

作者简介

李文海（1932—2013），江苏无锡人。中国人民大学原校长，中国人民大学清史研究所教授，国家清史编纂委员会委员。长期从事中国近代史的教学与研究工作，出版有《世纪之交的晚清社会》《历史并不遥远》《近代中国灾荒纪年》等专著。

原编后记

本文是李文海先生的遗作。2013 年 6 月 7 日，著名历史学家、教育家李文海先生因病逝世，享年 81 岁。文海先生是《清史参考》的顾问，一直非常支持我们的工作，七年来陆续在本刊发表了《"振兴中华"口号的由来》《顺治帝论为官四戒》《康熙帝八拒尊号》《周恩来论清代历史及清史研究》《为政以爱民为本》等 23 篇文章。

文海先生走得非常突然。去年他心脏病加重以后，有一段时间不能写作。今年 5 月 22 日，我们收到了他投稿的电子邮件，随即开始排版送审流程。因本文篇幅较长，且内容难以分开，我们决定用两期合刊的形式刊印。6 月 4 日，文海先生最终校订了清样，修改了一处标点。本文原拟下月初刊发，谁知三天之后噩耗传来，文海先生已经永远离开了我们。斯人虽逝，壮文犹在，这或许是对文海先生的最好纪念。

《儒林外史》反映的学术不端和腐败问题

张　箭

吴敬梓（1701—1754）是清代小说家和思想家。他的代表作《儒林外史》是我国著名古典长篇小说，攀上了中国古典文学讽刺艺术的最高峰。全书以整个封建社会为批判对象，以不同类型的知识分子为中心，通过对他们生活和心灵的描绘与剖析，勾画了形形色色的"儒林"众生相。同时，书中还描写了明清学界的学术不端及腐败行为，今日观之，仍然有资借鉴。

一、故事、人物所在的时代

吴敬梓是清中叶安徽全椒人，《儒林外史》自称讲述的是明朝中后期的故事，实际上主要描写明朝和吴敬梓所处清朝的事情，特别是他生活的康雍乾时期。小说主要反映科举制度下读书人的功名和生活，所述多是他本人所见所闻甚至经历之事，再加编排创作而成。胡适在其《吴敬梓传》中说："只可惜（吴敬梓的）那些著作都不传了，我们只能用《儒林外史》来作他的传的材料。"即认为《儒林外史》有作者自传和亲身经历之事的成分。吴敬梓之所以假托明代，应是畏惧文字狱，怕得罪官府和世人，想以此避祸。

《儒林外史》是一部讽刺小说，书中所披露的学术不端和腐败问题，明清两代都存在。第二十回匡超人说他的"学生都是荫袭的三品以上的大人，出来就是督、抚、提、镇"。这里所说的督、抚、提、镇，便指清代从二品以上的高级文武官员。第四十回中，萧云仙派木耐携带文书去见少保，少保问他些情节，赏他一个外委把总做去。这里所说的外委把总，便是清代武官名。最初是定额以外委派的把总，后来成为定制，官阶比把总（正七品）低。可见，《儒林外史》许多时候是在写清朝的事。

二、学术腐败丑行

（一）阴署己名，假冒编者

《儒林外史》第八回写道，宁王朱宸濠于明正德十四年（1519）叛乱，道台王惠被俘后投降并参与了叛乱。后宁王兵败被执正法，王惠出逃。路遇熟人太守蘧（qú）佑及其孙蘧公孙。蘧公孙资助了王惠200两银子，王惠送给他残书几本，然后削发出家当了和尚。这些残书都是抄本，内有一本《高青邱集诗话》。这高青邱即高青丘（雍正朝后避孔子讳"丘"改写为"邱"），元末明初诗人，姓高名启，字季迪，自号青丘子，长洲（今属苏州）人。洪武年间因他人案件牵连被杀，文集曾遭禁毁。第三十五回也提到，"国初（指明初）四大家只有高青邱是被了祸的"。该诗话有100多页，都是高青邱亲笔缮写。蘧太守见了对其孙说："天下并无第二本，你今无心得了此书，真乃天幸。"说者无心听者有意。蘧公孙心想："此书既是天下没有第二本，何不竟将它缮写成帙，添了我的名字，刊刻起来，做这一番大名。"于是便出资刻印此书，把高季迪的名字写在前面，自己作为补辑者列名于后。刻毕印刷了几百部，遍送亲戚朋友。自此，浙西各郡都仰慕当时年仅 17 岁的蘧公孙是个少年名士。蘧太守知道后，见此事已成便不吭声，只从此常教其孙做些诗词，写点字画，同诸名士赠答。

这则故事反映出的学术腐败何在呢？就在"补辑"二字。"补"是增补、补充之意，"辑"是辑佚、编辑之意。蘧公孙只是出资刻书，却把这本《诗话》说成自己补辑的，以猎取声名。他爷爷知道后也不纠正，为了不致露馅，只是教孙子吟诗作赋，这亦属姑息、遮丑、护短、包庇。不过，蘧公孙毕竟不敢把真正的作者抹去，把自己说成作者，也没有八方兜售，似乎还有一点廉耻或畏惧。后来他作为少年名士被翰林鲁编修招为女婿，娶了才貌双全的鲁小姐。鲁才女和其父多次想和蘧公孙切磋学问，均被他或借故推托，或作得不成样子，令鲁氏父女很失望（《儒林外史》第十一回，以下仅注第几回）。

（二）重金聘枪手，替身去代考

《儒林外史》第十九回揭露了一起科场丑闻。有个做过几年官的金东崖，欲出 500 两银子聘一个枪手，为不学无术的儿子金跃当替身，参加科举考试，获取功名。他们托人辗转找到了 20 多岁的才子匡超人。匡竟毫不推托，一口答应下来，只是问了问"是在外面做了文章传递，还是竟进去替他考"。快到考期了，牵线人之一潘三同匡超人从杭州赶到考场所在的绍兴府，找旅店住下，与金跃见了一面。金跃所在会稽县的考生上场考试那天，半夜三更时分，潘三带着匡超人来到学道衙门衙役们当班的班房，让他换上衙役穿戴。敲过五更，学道升堂。匡超人手持上黑下红的水火棍，跟着一班军牢衙役吆喝着进去，排班站在二门口。学道出来点名，金跃应答后，按事先约好的，不归号（考位）入考棚，而躲在人背后。匡超人迅速退几步来到金跃身边，与他互换衣帽。周围的人都打点过了，没人揭发。那金跃便成了衙役，手持水火棍站在那里。匡超人则变成考生捧卷归号入考棚。匡写好文章，又等了等才交卷出去。到发榜时候，金跃便高中了。

潘三同匡超人回到杭州，潘给了匡200两银子作为笔资。匡也心安理得地收下了。剩下300两银子潘三得了一部分，还有一部分用于打点上下左右的人了。科举找人替考本是严重犯罪，但《儒林外史》描写的这一科闹案始末，各当事人均无什么羞耻心，可见当时世风日下，人心不古，学术腐败几成常态。不过不久之后，潘三因种种罪行败露而银铛入狱，其中就有勾串提学衙门、买嘱枪手、代考等案子，但书中没有交代金跃是否被撤销功名。

（三）偷得别人遗稿，署为自己作品

《儒林外史》第二十至二十一回刻画了一个学术盗贼。吴敬梓写道，明嘉靖九年（1530），浙江绍兴诗人牛布衣来到芜湖，寓居甘露庵。诗人后来病倒了，得到一位老和尚的照顾。临终前，他交代后事，拿出两本书递与老和尚说："这两本是我生平所作的诗，虽没有甚么好，却是一生相与的人都在上面，我舍不得湮没了。也交与老师父。又（有）幸遇着后来的才人替我流传了，我死也瞑目。"

牛布衣去世后不久，一个十七八岁的贫苦小青年牛浦郎常来甘露庵借韦驮塑像前的琉璃灯光看书，因此与老和尚相识。有一次闲聊，得知牛浦郎喜欢诗，老和尚便说："你既然欢喜，再念几时我把两本诗与你看，包你更欢喜哩。"（第二十回）又过了些时日，老和尚要出去几天，便托牛浦郎照看佛殿。牛浦郎思忖，不知有什么诗却不肯现在给他看，便决定"三讨不如一偷"。他趁老和尚不在家，把房门弄开，进屋后找到一个由铜锁锁着的

枕箱。牛浦郎开了锁，发现两本《牛布衣诗稿》，便把诗稿偷走了。

牛浦郎回家后翻看诗稿，见各诗的题目大多为呈、怀、与人话别、寄某某大人等，心想："这相国、督学、太史、通政以及太守、司马、明府，都是而今的现任老爷的称呼。可见只要会作两句诗……就可以同这些老爷往来，何等荣耀。"又想，他姓牛，我也姓牛。他诗上只写了牛布衣，并不曾有个名字。何不把我的名字合着他的号，刻起两方图章来印在上面，这两本诗可不就算我的了？我从今就号作牛布衣！次日，牛浦郎就到一个刻图章的郭铁笔店里，刻了两方印，"一方阴文图书（章），刻'牛浦之印'；一方阳文，刻'布衣'二字"。并对郭铁笔说："布衣是贱字。"（第二十一回）又次日，牛浦郎讨了印章，盖在所偷的书稿上面。

后来，老和尚应邀进京到报国寺作方丈，便把那两本诗稿给了牛浦郎。因走得急，就让他自己去拿枕箱，诗稿被盗之事才没被发觉。牛浦郎心想，老和尚已走，无人对证。便在从前牛布衣在寺内居住的房屋前，用白纸写下"牛布衣寓内"五个大字。从此，不学无术的小青年牛浦郎便以小有名气的浙江诗人牛布衣自居，在社会上招摇撞骗，混迹于学界官场，到处坑蒙拐骗，还厚着脸皮与人"代写诗文"挣钱。

牛浦郎偷盗文稿，冒充作者，移花接木，剽窃别人作品，这种恶劣行为属于严重的学术腐败。不过，他还不敢把这两本诗稿刊印赚钱和赠送熟人，可能还有一些畏惧之心，怕事情败露。牛浦郎后来遇到无赖石老鼠敲诈，说他重婚、冒名顶替牛布衣，被他搪塞遮掩过去。再后来牛布衣的遗孀牛奶奶找上门来，指控牛浦郎冒名顶替害死夫君，告上衙门。但牛浦郎死不认账，又无有力证据。知县便把牛奶奶解回绍兴去了（第二十四回）。牛浦郎移花接木之窃术一直没被揭穿。

（四）纵容作弊，姑息养奸

第二十六回写道，有一次，各县送童生来府考，安庆知府请他的朋友、梨园掌班鲍文卿及其过继的儿子鲍庭玺负责监考。安庆府学和所属六县县学共考三场。考场上"只见那些童生，也有代笔的，也有传递的，大家丢纸团，掠砖头，挤眉弄眼，无所不为"。鲍氏父子及其手下也不怎么管。更有甚者，有一个童生，借口解便，走到用做考场的察院的土墙跟前，把土墙快速挖个洞，伸手要到外头去接文章，被鲍庭玺看见，要抓他到官府，却被鲍文卿拦下了。鲍文卿只责备那个考生道："相公，你一个正经读书人，快归号里去做文章。倘若太爷看见了，就不便了。"然后他拾些土来把那个洞补好，把这个童生送进号里，仅此而已。鲍文卿监考不力，惩罚不严，可能是他比较懦怯，不想得罪人。

《儒林外史》披露的考试作弊故事有好几例，方式方法也多种多样。第三十七回里有个叫武书的说了一件奇事："这一回朝廷奉旨要甄别在监读书的人，所以六堂（指国子监生员的六个班级）合考。那日上头吩咐下来，解怀脱脚，认真搜检……有个习《春秋》的朋友竟带了一篇刻的经文进去。他带了也罢，上去告出恭，就把这经文夹在卷子里，送上堂去。天幸遇着虞老师（指虞博士）值场……虞老师揭卷子，看见这文章，忙拿了藏在靴桶（筒）里……等那人出恭回来，悄悄递与他（说）：'你拿去写，但是你方才上堂，不该夹在卷子里拿上来。幸得是我看见。若是别人看见，怎了？'那人吓了个臭死。"后来发榜，那人考在二等，来谢虞博士。虞博士推不认得。武书那日恰好在那里监考，亲眼所见。待那人去了，便问虞博士："这事老师怎的不肯认？"

虞博士答："读书人全要养其廉耻，他没奈何来谢我。我若再认了这话，他就无容身之地了。"

夹带是考场常见的作弊手段。那人竟把夹带的资料连同试卷交上去由考官暂时代管，真是愚不可及，令人啼笑皆非。虞博士放他一马，似乎与人为善，其实是玩忽职守，姑息养奸，实不可取。

（五）钱学交易，鬻买功名

第三十二回说，有一次，名士杜少卿的朋友臧蓼斋向杜恳求道："目今宗师考庐州，下一棚就是我们。我前日替人管着买了一个秀才，宗师有人在这里揽这个事，我已把三百两银子兑与了他，后来他又说出来：'上面严紧，秀才不敢卖，到（倒）是把考等第的开个名字来补了廪罢。'我就把我的名字开了去。今年这廪是我补。但是这买秀才的人家要来退这三百两银子，我若没有还他，这件事就要破！身家性命关系。"

臧蓼斋因此请求杜少卿借给他 300 两银子还债。杜少卿慨然应允，顺便问臧氏，你定要这廪生做什么。臧答道："廪生，一来中的多，中了就做官。就是不中，十几年贡了，朝廷试过，就是去做知县、推官（副官），穿螺蛳结底的靴。坐堂，洒签，打人……"

廪生指科举制度下明清两代由府、州、县学按时发给银子和粮食补助生活的生员。清代则须经岁科两试一等前列的，方能取得廪生名义，成为资历较深的生员。《儒林外史》这里揭批的学术腐败在于臧蓼斋本想帮人托关系走后门买个秀才，但上面卡得紧，他便挪用此钱，为自己买了个廪生。可是，须经岁科两试一等前列的，才有资格补廪。臧蓼斋不够资格补廪，又挪用了别人的钱，属严重的学术腐败和违法乱纪，一旦被揭穿就有"身家性命"之虞。所以他恳求杜少卿借钱还债息事。而他之所以要违法买廪生，还是为了以后便于捞取各种好处。

三、学术不端秘闻

（一）利益交换，冒籍考试

《儒林外史》第三十二回描写了一件冒籍考试的学术不端之事。一个叫张俊民的邻居向杜少卿的管家王胡子请求："而今宗师将到，我家小儿要出来应考，怕学里人说是我冒籍（指外地人假冒本地人应考），托你家少爷（指杜少卿）向学里相公们讲讲。"王胡子给张出主意道："凤阳府的考棚是我家先太老爷出钱盖的，少爷要送一个人去考，谁敢不依？这样激着他，他就替你用力。"王胡子便找机会撺掇杜少卿："公中看祠堂的房子是少爷盖，眼见得学院不日来考，又要寻少爷修理考棚。我家太老爷拿几千银子盖了考棚，白白便宜众人。少爷就送一个人去考，众人谁敢不依？""后门口张二爷，他那儿子读书。少爷何不叫他去考一考。""他是个冒籍，不敢考。"经王胡子这么一激一撺掇，杜少卿发话道："叫他去考，若有廪生多话，你就向那廪生说，是我叫他去考的。"没过两天张俊民又来求杜少卿，一来拜谢，二来讨钱。他向杜恳求：各位廪生先生听见少爷吩咐，都没得说。只要门下捐120两银子修学宫。门下哪里捐得起。杜少卿又慷慨解囊，当场表示：这容易，我替你出。并吩咐道：你就写一个愿捐学宫求入籍的呈子来。

中国古代科举考试除会试外，分地区举行。只有本地人或某些特定条件的人才有资格参加。张俊民之子本无资格在当地（天长县）参加考试。但因求得名士杜少卿捐资120两银子修缮学宫得以入籍，取得了在当地考试的资格，这属于学术不端。

（二）私改年龄，假装年轻

一般考试、上学、为官、仕进是有一定年龄规定的。把年龄改小以捞取利益，便是一种学术舞弊。古代户籍制度不严，乡下、山区、偏远地区户籍登记更加粗疏。因此，私改年龄比较容易。《儒林外史》第三十六回还揶揄了一起把年龄改小的事件。常熟有个读书人虞博士（虞育德）50岁上才中了进士，殿试在二甲，朝廷要将他选作翰林。哪知这些进士，也有50岁的，也有60岁的，履历上多写的不是实在的年纪（一般是改小）。只有虞氏写的是实在年庚。天子见了便说："这虞育德年纪老了，着他去做个闲官罢。"虞博士仍很欢喜，认为"南京好地方……强如做个穷翰林"。

（三）秘密交易，出书挂名

前面说过的那个偶得诗稿、自己冒充"补辑"并已得逞的蘧公孙，后来旧病复发，又想在别人评选的书稿上挂名。有一天在文海楼，马纯上、蘧公孙二人会面。看见刻的墨卷目录摆在桌上，上面写着"历科墨卷持运"，下面一行刻着"处州马静纯上氏评选"。蘧公孙笑着对马说道："请教先生，不知尊选上面可好添上小弟一个名字，与先生同选，以附骥尾。"马纯上正色道："只是你我两个，只可独站（封面），不可合站。"蘧公孙问是何缘故，马纯上便道："这事不过是个名利二者。小弟一不肯自己坏了名，自认作趋利。假若把你先生写在第二名，那些世俗人就疑惑刻资出自先生，小弟岂不是个利徒了？若把先生写在第一名，小弟这数十年虚名，岂不都是假的了？"（第十三回）马纯上当场便谢绝了蘧公孙的无理要求，令他悻悻而退。

但《儒林外史》后面又数次提到，蘧公孙的这一贪欲还是实现了。一天，迟衡山和杜少卿走到状元境，只见书店里贴了许多新封面，内有一个写道："《历科程墨持运》（前后仅一字之差，当是同一本书），处州马纯上、嘉兴蘧駪（shēn）夫同选"。駪夫是蘧公孙的字，杜少卿知道他是南昌蘧太守之孙，是自己的世兄，便同迟衡山进去会会。蘧駪夫出来叙了世谊，马纯上也出来叙礼。蘧向马介绍了杜和迟，让他们相识。彼此客套一番（第三十三回）。又有一次朋友聚餐，翰林院侍读高老先生到了，东道主薛乡绅迎了出去。高老先生进来与熟人打招呼，与生人相识，又问马、蘧二人的姓名。马纯上道："书坊里选《历科程墨持运》的便是晚生两个。"还有一次，写两个考生看到摊子上摆着红红绿绿的封面，都是萧金铉、诸葛天申、季恬逸、匡超人、马纯上、蘧駪夫选的时文（第四十二回）。

由此可见，蘧公孙后来真的在马纯上评选的《历科程墨持运》一书上挂了名，遂了自己觊觎之愿。这起学术不端不同于书中描写的牛浦郎盗得牛布衣的遗稿，利用自己也姓牛的巧合，移花接木摇身一变成了牛布衣；也不同于蘧公孙过去偶得前人诗稿，自己冒充"补辑"。那两起学术腐败皆是在当事受害人不知晓的情况下做成的。这次直接当事人马纯上是同意了的，但吴敬梓并未交代马纯上是怎么从断然拒绝转为接受了蘧公孙的无理要求。可知吴敬梓在这个故事的创作和编排上有纰漏，系百密一疏。所以我们只能推测，也许后来马氏筹钱出书无着，于是蘧氏乘机出资将那书付梓刻印发行，马氏才同意让他挂名；或蘧氏给了马氏什么别的好处，两人私下做了利益交换，等等。不管怎样，蘧公孙在自己并未参与评选的时文集上挂名，沽名钓誉，属于一种学术不端。

《儒林外史》虽是一部文学作品，但在一定程度上反映出明清两代特别是康雍乾时期的各种学术不端和腐败行为，包括假冒编者、替身代考、偷稿署名、考场作弊、鬻买功名、冒籍参考、改小年龄、出书挂名，等等。吴敬梓以文学家、小说家的笔触对此予以了辛辣的讽刺、无情的揭露和深刻的批判，留下了一幅幅生动诙谐的文学画卷。这些案例对于今天的学界自律和反腐打假仍有镜鉴和警示意义。

作者简介

　　张箭，1955 年生，四川成都人。四川大学历史文化学院教授、博士生导师。著有《地理大发现研究，15—17 世纪》《郑和下西洋研究论稿》等，合译《清末近代企业与官商关系》，发表论文百余篇。

圆明园里的皇家生活

李国荣

圆明园是康熙帝亲自提笔命名的。为什么叫"圆明园"？园子的第一位主人雍正帝有个解释，说"圆明"二字的含义是："圆而入神，君子之时中也；明而普照，达人之睿智也。"其中，"圆"是指个人的品德圆满无缺，超越常人；"明"是指政治业绩明光普照，完美明智。这可以说是中国古代贤明君主的理想标准。那么清朝的皇帝们，在圆明园里是怎样生活的呢？

祖孙三代赏牡丹

根据《清实录》记载，康熙帝曾经 5 次走进圆明园。第一次是在康熙四十六年（1707）十一月十一日，这一年，后来的雍正帝胤禛 30 岁。当时，皇太子允礽、皇三子允祉也都有自己的花园，他们看到父皇最先游玩的皇子花园，是四弟的圆明园，便紧接着也请康熙帝到自己的花园走一走，以拉近和父皇的关系。

康熙帝最后一次走进圆明园，是在康熙六十一年（1722）三月二十五日。这是一次极其重要的游园活动，因为就是这一次，69 岁的康熙帝、45 岁的雍正帝和 12 岁的乾隆帝这前后祖孙三代皇帝实现了历史性的相会，也是史书记载的唯一一次相会。现在看来，这次游园应当是雍正帝精心安排的。康熙帝特别喜欢牡丹花，雍正帝就在圆明园里专门建了一个牡丹台，然后请父皇来观赏。当康熙帝兴致正浓的时候，在花丛中看见了自己的孙子弘历，也就是后来的乾隆帝。

康熙帝有35个儿子，长大成人的有十几个，孙子就更多了，加起来有50多个。这些孙子，绝大多数连爷爷的面都没见过，乾隆帝长这么大，还是第一次见。据说，康熙帝特别喜欢他的机敏和聪慧，后来还当面夸奖乾隆帝的母亲能生这么个好儿子，是"有福之人"。就这样，康熙帝破例将弘历接到身边养育，先是跟随住在畅春园，后来又带着去了避暑山庄，前后有将近半年的时间，直到这年冬天康熙帝病死在畅春园。

历史上一直有这样一种说法，正是因为康熙帝看中了孙子弘历，所以才在最后把大清江山交给了雍正帝。乾隆帝登极之后，特地在牡丹台题写了一块匾额，名字就叫"纪恩堂"。这一方面表明他对祖父感恩戴德，同时也说明他念念不忘自己就是从这里发迹的。

紫禁城没有圆明园好

作为皇家园林的圆明园，摆脱了紫禁城高墙的封闭、夏季的燥热和格状建筑的单调。正因如此，圆明园就成了雍正、乾隆、嘉庆、道光、咸丰这五朝皇帝长年居住生活的地方，直到第二次鸦片战争中咸丰帝逃往热河，园子被英法侵略军烧毁为止。正像乾隆帝诗句所说："紫禁围红墙，未若园居良。"红墙围起来的紫禁城，肯定没有田园一样的圆明园住着舒服。

皇帝们通常是在正月元宵节前，就从紫禁城搬到圆明园来。皇太后、皇后妃嫔、皇子公主等家属，也随着搬进园子。等到入冬后，皇帝全家再由圆明园搬回皇宫大内。每年这样两次浩浩荡荡的大迁居，当时称为"大搬家"。

雍正帝登基后，按照清代礼制的要求，在宫内为父守孝 27 个月之后，便于雍正三年（1725）八月，第一次以皇帝的身份正式进驻圆明园。当天，他就向亲王大臣们传谕，说他"在圆明园与宫中无异，应办之事照常办理"。当年的九至十二月，雍正帝又 4 次来到圆明园居住，短则 9 天，最长的一次有 32 天，直到十二月二十一日，已是年根儿了，才最后回到紫禁城。

从这以后，雍正帝每年都到圆明园长时间居住，最少 185 天，最多 247 天，直到雍正十三年（1735）八月二十三日死在圆明园。在这 11 年里，雍正帝累计去圆明园 47 次，居住 2314 天，每年平均 210 天，差不多有三分之二的时间是在圆明园度过的。

大戏楼与买卖街

清朝皇帝在圆明园的休闲生活很有情调。在园中后湖与福海之间，有个景区叫同乐园，顾名思义，是皇帝与臣下一同娱乐联欢的活动中心。同乐园内建有一座三层大戏楼，叫清音阁。此阁每两层之间都设有滑车，根据戏的内容，神仙大佛从上层降下，鬼怪妖精从下层钻出，刹那间神鬼齐集，好不热闹。每当逢年过节，同乐园总要连唱十几天的大戏。陪皇帝看戏的，除了后妃之外，还有亲王大臣、外藩王公以及各国使臣。当然，妃嫔公主与男人们是要分开的，她们在楼上看戏。

同乐园西侧有一条皇家买卖街，大约有三四百米长。这个集市每年都要开上好几次，最热闹的当然是正月了。据长期在圆明园供职的法国传教士王致诚描述，每当赶集的时候，街上四五十个铺子的店门全都打开，商品琳琅满目，凡是在京城里能见到的，在这里都有个小号。有丝绸街、棉布街、瓷器街，有家具店、首饰店、书店，还有茶馆、酒肆、旅馆等等。水果、饮料、日用杂货应有尽有。那些开店的人，都由太监们来充当。

有趣的是，在买卖街上，有的太监装作游客吵嘴打架，而被官员拿下用棍子打上一顿。还有的装扮成小偷，被当场捉住，出尽了洋相。每当皇帝来到集市的时候，跑堂的呼茶，店小二报账，掌柜的核算，叫卖声吆喝声此起彼伏，好一派热闹景象。皇家在这里买东西是次要的，重要的是他们要享受一下普通百姓的生活乐趣。

岛上寝宫

圆明园与紫禁城一样，也是前朝后寝。前面是办公区，后面是生活区。作为一座有山有水的大型园林，其帝后寝宫的配置，独具匠心，格外有特色。

圆明园内的寝宫主要集中在九州清晏景区一带，位于皇帝处理朝政的正大光明殿正北，前朝与后宫在同一条中轴线上。帝后寝宫在一个岛上，前后都是湖水，左右设有横跨溪流的小桥四座。

九州清晏殿是皇帝的主要寝宫，相当于紫禁城的养心殿。从雍正初年开始，在殿内就设有火炕取暖的卧室，分别叫东、西暖阁。档案文献记载，乾隆时期，每当冬天来临，圆明园内皇帝后妃的寝宫总共要安设取暖火炉324个。

道光时，在九州清晏殿的西头接了三间套殿。咸丰帝喜欢住这个套殿，就把道光帝原先赏给他的"同道堂"匾额，用在这里了。1861年（咸丰十一年），咸丰帝在避暑山庄驾崩时，为防止大臣专权，特地交给慈安太后一枚"御赏"印章，交给5岁的小皇帝一枚"同道堂"印章，要求朝廷谕旨必须加盖这两个印章才能生效。慈禧太后是小皇帝的生母，那枚"同道堂"印便由她控制了。后来，慈禧太后等最终发动政变，实现垂帘听政。

慈禧太后其实也发迹于圆明园。九州清晏的东路，是妃嫔的寝宫，总称"天地一家春"。咸丰帝住在园子里时，他的婉嫔、懿嫔、丽嫔以及5名贵人、2名常在都住在这里，各有一套院落。懿嫔就是后来的慈禧太后，因为她是在这里开始得到皇帝宠幸的，所以对天地一家春这个地方总是念念不忘。

皇家书院

皇帝住在圆明园期间，皇子们也跟着一起到园子里来读书。在清朝，皇子称为"阿哥"，阿哥们的书房称为"上书房"（道光以前也作"尚书房"）。圆明园的上书房，在前朝区东侧福园门内的洞天深处，与皇家画院如意馆一墙之隔，由南北相连的两个小岛组成，雍正帝亲笔书写的"斯文在兹"等四块匾额挂在殿堂之上。

皇子虚龄6岁正式入学，授课师傅由皇帝钦点。上课时间从清晨5点来钟一直到下午2点半，才放学吃饭。下午的课程是军事训练。皇子们在宫里练习走步射箭，到了开阔的圆明园，便练习骑马射箭。练武场所叫"山高水长"，也是别有一番寓意。根据档案记载，皇子们学习一年只放5天假，只有大年初一、端午、中秋、皇帝生日万寿节和自己的生日这5天可以放松一下。

乾隆帝当皇子时在圆明园的住所叫"桃花坞"，在后湖的西北角，取自陶渊明《桃花源记》的艺术意境，景色相当优美。他住进这里的时候是15岁，具体住的地方叫"桃花深处"，在桃花坞最北端的环山之中，非常幽静。乾隆帝很喜欢在这里读书吟诗，把书房取名为"品诗堂"。他从小就喜好诗赋，登基之后更是写诗成癖，走到哪里写到哪里，看见什么就写什么，一生竟写了四万多首诗。每次往返紫禁城和圆明园之间，在路上他都要写个十首八首的。

园子里的差役

圆明园里的服务人员有多少？根据清宫档案记载，在最鼎盛的时候，园子里的差役达到2000人。这其中，有管理园内事务的官员，有太监、宫女，还有做工的匠役、种田的农夫、养蚕的蚕户，以及喇嘛、道士等等。

圆明园内的太监最多时达到620名。他们主要负责皇帝后妃的起居生活，其中有一种技勇太监负有警卫任务，在平时还要练习长枪、腰刀和弓箭。正是这些技勇太监，在后来侵略者闯进圆明园时，拿起手里落后的武器，进行了一番顽强的抵抗，总算为国人争了一口气。

再说说园子里的匠役。乾隆五十二年（1787）规定，圆明园匠役的定额是667名，嘉庆十年（1805）增至908名。这些匠役，白天担负园内各处的洒水打扫，夜里轮流值班看护，还要负责园内40亩花圃的养护和16处宫殿四季花卉的摆放，以及园内各处进水、出水闸门的启动和关闭等等。园内大小船只，在乾隆十年时是184只，主要由太监经管。

圆明园很大，四周的门算起来共有30多个。凡是进入圆明园执行临时差务的官员和匠役，都必须走指定的门，并且要仔细核对身份才能放行。虽然规定很严，也有奉行不力的。乾隆二十一年（1756）的一次大清查发现，在圆明园当差的540名园户，竟有95人是冒名顶替的。乾隆帝知道后大为震怒，责令给每个园户制作两个火印腰牌，上面写明年龄和相貌，一个由园户自己携带，一个放在指定的园门处，每天委派专门官员查验核对。园户进入园子，由太监带到当差的地方，不能随意乱走。

拖家带口的护卫军

从雍正二年（1724）开始，圆明园就设置了专门的护军营，由八旗护军营和内务府三旗护军营组成，统辖营务的总统大臣由皇帝亲自委派。圆明园护军营人数最多时达到 6847 名，配备官马最多时 3244 匹。围绕着圆明园，总共设置了 133 处哨所。

在圆明园周围，为护军建起了 8 所大型营房。清代八旗制度是兵民合一的，不仅是军队组织，也是户籍组织。所以圆明园护军营的营房很大，每个营的最高官员——营总有房子 12 间，以下依次递减，但就连普通士兵也给 3 间房子，妻儿老小都住在一起。这种拖家带口的警卫部队战斗力不强，是完全可以想象的。圆明园护军营的武器装备，主要是长枪、弓箭、腰刀、梢子棍等。当时，能发射铅丸的鸟枪，就算是"军中利器"了。

除了圆明园护军营，在园子外围，还有一支绿营，这就是由九门提督直接统领的巡捕五营。他们在圆明园四周的土山、树林、桥梁以及偏僻小巷，昼夜巡逻。

圆明园的稽查把守，的确可以说是里三层、外三层。可是，这看似森严的拱卫，实际却是涣散软弱的。在第二次鸦片战争中英法联军攻向圆明园时，竟像进入无人之地，实在可悲！

作者简介

李国荣，1961 年生，辽宁建平人。中国第一历史档案馆副馆长、研究馆员，《历史档案》杂志总编辑，中国档案学会档案文献编纂学术委员会执行主任。主要著作有《清朝十大科场案》《帝王与佛教》《帝国商行》《实说雍正》（合著）等 14 部，担任国家清史纂修工程《科举志·科场案》项目主持人，28 集电视纪录片《清宫秘档》总撰稿，12 集纪录片《故宫》清宫档案总顾问。

清代的中国与琉球

杨东梁

琉球（今冲绳）在明代就是中国的属国，明太祖洪武五年（1372），双方正式确立了宗藩关系，明廷赐其国王家族姓"尚"，含有尊重之意。此后 500 年来，琉球一直奉明、清两代正朔（一年的第一天称"正朔"，这里指历法），定期朝贡（两年一贡），从无间断。明、清两代册封使之往返记载，史不绝书。只是到了明神宗万历三十四年（1606），日本岛津藩派兵入侵，将琉球王尚宁掳至日本（两年后释归），胁迫其称臣，才出现了所谓"两属"之事。尽管有此变故，琉球与中国王朝的封贡关系仍一直延续下来，并未动摇。

清世祖顺治三年（1646），琉球使臣金应元等由福建至北京。四年，清廷赐使臣衣帽、布帛后遣归。十年、十一年，琉球接连遣使请封，清廷命张学礼、王垓为正副使臣捧诏书、印绶赴琉球，封其国王尚质为"琉球中山王"，终因海道不通，未能成行。至康熙元年（1662），始至琉球，成礼而还。康熙七年，清廷在福建重建柔远馆驿，专门接待琉球使臣。

琉球与中国的关系从政治上讲是一种宗藩关系（或曰封贡关系），即藩属定期向宗主国进贡，并接受册封。琉球新王嗣位，必须向清廷请命，等待册封。受封之前称为"世子"，暂统国事，待清朝使臣奉敕往封后，才能正式称王。也就是说，只有得到中国王朝的认可，其王位才具有合法性。

在经济上，所谓"贡献方物"和清廷赏赐实质上是一种货物交换。以康熙十八年为例，当年琉球的"贡物"计有：金银罐、金银粉匣、金缸酒海、泥金彩画围屏、泥金扇、画扇、蕉布、苎布、红花、胡椒、苏木、腰刀、火刀、盔甲、枪、马、鞍、丝绵、螺盘等。后来，作为常例，一般的"贡物"为马匹、熟硫磺、海螺壳、红铜等物（后免其贡马）。而清廷的"赏赐"多为丝绸、玉器、瓷器等物，客观上起到了互通有无的作用。

在文化上，琉球受中华文化影响较深，尤其是入清以后，文化交流更为密切。琉球国王在本土大力倡导中国传统文化，并于康熙十二年，在久米设文庙，祭祀孔子。46年后，又在文庙之南建明伦堂（明伦堂是清代学官宣讲皇帝训谕的场所），称为"府学"。嘉庆三年（1798），琉球国王尚温在王府以北建"国学"一所，另建乡学三所，乡学士子成绩优异者送至国学深造。在历法上，琉球采用了中国的"时宪书"（即历书）。为更好地学习中华文化，琉球还不断向中国派遣留学生。康熙二十五年，琉球国王尚贞派官学生四人来华入太学（国子监），因遇风暴，船只受损，一人受伤，其余三人至二十七年二月始至北京。清廷对琉球学生颇为优待，不但供给膳食，每人每月还发"纸笔费"白银一两五钱，并专设教习一人，加强指导。雍正二年（1724），琉球再派官学生来华，后又于嘉庆五年、道光二十年（1840）、同治六年（1867）分别派陪臣子弟入北京国子监读书。持久的文化交流，加深了琉球人民对中华文化的认同。

进入19世纪后半叶，在外界因素干扰下，琉球与中国的关系发生了重要变化，这主要是西方资本主义势力入侵、特别是明治维新后的日本加快吞并琉球的结果。

随着欧美资本主义势力东侵，琉球由于其在东太平洋的重要战略位置而为列强所关注。1855至1859年间，美国、法国、荷兰先后与琉球签订了通商条约。明治维新后，日本也迅速对外扩张，琉球首当其冲。1872年，明治天皇亲政，要求琉球遣使朝贺，贡献方物。随即又下诏以琉球为"藩"，作为其吞并计划的第一步。翌年，又将琉球与日本府、县同列，要求其受内务省管辖，并向大藏省交纳赋税，悍然视琉球为日本领土的一部分。

1874年（同治十三年）4月，日本派兵入侵我国宝岛台湾。这不但是近代史上日本侵华的开端，也迫使清政府放弃了对琉球的宗主权，可谓一箭双雕。当时，日本侵台的借口就是所谓"琉球漂民"事件。

1871年11月间，琉球船只遇飓风，漂泊至台湾，船员66人登岸，与当地土著发生冲突，结果有54人被杀，其余12人经中国官方救助，返回本土。两年多后，日本政府借题发挥，说琉球是其"属国"，琉球人是其臣民，因此要"兴师问罪"。但是，日本的入侵行动并不顺利，损兵折将，在军事上讨不到便宜，便企图通过外交谈判来捞取利益。中、日双方的谈判代表在北京共举行了八次谈判，最后在1874年10月31日签订了《北京专条》。由于清廷一心只想息事宁人，承认日军侵台为"保民义举"，还应允赔款白银50万两。《北京专条》中明确写有"台湾生番曾将日本国属民等妄为加害"字样，实际上为日本正式吞并琉球提供了口实。

由于有了清廷的承诺，日本谈判首席代表大久保利通回国后，立即向日本政府提出逐步吞并琉球的建议，其主要内容是："琉球两属状态，自中世纪来，因袭已久，难于遽加改革，以致因循至今日。今者中国承认我征蕃（同'番'）为义举，并抚恤难民，虽似足以表明琉球属于我国版图之实迹，但两国分界仍未判然。""今如以朝命征召藩王，如其不至，势非加以切责不可。是以姑且缓图，可先召其重臣，谕以征蕃事由及出使中国始末，并使令藩王宜自奋发，来朝觐谢恩，且断绝其与中国之关系。在那霸设置镇台分营，自刑法、教育以下以至凡百制度，逐渐改革，以举其属我版图之实效。"（东亚同文会《对支回顾录》）

日本政府采纳了大久保利通的建议，召琉球三司官池城安规等至东京。但琉球官员拒绝了日本提议，要求仍按旧章办事。日本遂强令琉球废止对清廷朝贡及受册封的惯例，其对华交涉转由日本外务省处理，并撤销驻福州的琉球馆。琉球政府一面竭力抵制日本的吞并行为，一面派人赴中国求援。1877 年 4 月 12 日（光绪三年二月十九日），琉球使臣向德宏受国王之命抵达福州，会晤闽浙总督何璟、福建巡抚丁日昌，呈递国王咨文，且陈述日本"阻贡"之事。清廷随即指令驻日公使何如璋与日本交涉。

何如璋调查了事情真相后，立即上书北洋通商大臣李鸿章，指出："（日本）阻贡不已，必灭琉球；琉球既灭，行及朝鲜。""又况琉球迫近台湾，我苟弃之，日人改为郡县，练民兵；琉人因我拒绝，甘心从敌……是为台湾计，今日争之患犹纾，今日弃之患更深也！"（《李文忠公全书·译署函稿》）为此，何如璋致函总理衙门，提出了解决琉球问题的上、中、下三策：上策为派军舰赴琉球，向日本表示琉球为必争之地；中策为据理力争，约琉球夹攻日本；下策为通过外交途径，援引《万国公法》，联合各国使节与之"评理"。李鸿章胆小怕事，于 6 月 9 日致函总理衙门，主张采取何如璋提出的"下策"，并说："此虽下策，实为今日一定办法。"总理衙门最终同意了李鸿章的意见，上折称："惟是先遣兵船责问及明约琉球夹攻，实嫌过于张皇，非不动声色办法……再四思维，自以据理诘问为正办。"（《清光绪朝中日交涉史料》）孰知，侵略者只信奉武力，其图谋绝非"据理诘问"可以制止。清廷标榜的"据理诘问"不过是妥协退让、放弃琉球的一块遮羞布而已！

尽管清廷对日外交是软弱的，但何如璋仍以积极的态度办理交涉。他一方面就"阻贡"事向日方提出口头抗议，一面又于1878年10月7日提出措辞强硬的照会，称日本"谅不肯背邻交、欺弱国，为此不信不义、无情无理之事"。但他理直气壮的交涉却得不到本国政府的支持，终被解职归国。日本看透了清廷软弱可欺，遂毫无顾忌，于1879年3月8日下令对琉球"废藩置县"，正式予以吞并。

琉球虽遭吞并，但怀亡国之痛的琉球人并不甘苟且偷生，他们渴望中国能起而援手。开始，琉球国王命驻日法司官毛凤来向何如璋请援，又托旅日闽商带密信给福建督抚，再派紫巾官向德宏于1876年12月赴中国求援。翌年4月12日，向德宏抵福州，改装易服，扮作商人北上，在天津谒见李鸿章，"吁请据情密奏，速赐拯援之策，立兴问罪之师"。10月24日，琉球前贡使毛精长等又至北京，向礼部递送禀帖，希望能"迅赐救存，以复贡典"。中国一部分官员和士大夫也呼吁清廷在琉球问题上采取强硬态度。迫于舆论，清政府遂邀请来华"游历"的美国卸任总统格兰特出面调停。格兰特于1879年7月4日抵东京，两个月后，自东京回国，其间虚与委蛇，一事无成，清政府依赖外国调停的幻想终于破灭。

1879年12月初，日人竹添进一经日本外务省授意来华试探，其与李鸿章会面时，试图否定日本政府原先的"两属"之说，称琉球本属日本。次年3月，竹添进一再次来华谒见李鸿章，提出了"分岛改约论"。所谓"分岛"是指日本拟将琉球南部的宫古、八重山两岛（临近台湾）分与中国，条件是清政府必须同意修改《中日通商条约》，让日本商人获得到中国内地贸易的权力

（即所谓与西方列强"一体均沾"）。随即，总理衙门与日本驻华公使开始正式谈判。清廷提出"三分琉球"的方案：琉球36岛中（今冲绳辖160个岛，其中49个有人居住），北部9岛属日本；中部11岛恢复琉球王国；南部16岛隶属中国。日方不允，反复争辩，一直没有结果。当时主持清廷外交的李鸿章，对琉球归属是倾向放弃的，他的基本态度是："琉球地处偏隅，尚属可有可无。"只是为了敷衍舆论，才不得不在谈判中做出争辩的样子。最终，中日谈判未能达成协议，日本公使宍（ròu）户玑离京而去。由于清廷与日本未就琉球问题达成一致，在1879年之后双方未再进行商议，琉球问题也就成为中日之间的历史"悬案"。由于清廷所采取的不作为的"拖延外交"，最终也就葬送了琉球。

作者简介

杨东梁，1942年生，湖南岳阳人。中国人民大学清史研究所教授，博士生导师。主要从事中国近代史研究，著有专著及主编丛书10余部，发表文章百余篇。

十三行行商与清政府的"夷务"

徐素琴

鸦片战争前,清政府"严华夷之防",实行"闭关锁国"政策。此时的中西交往主要是通商贸易,被称为"夷务"(鸦片战争后逐步改称"洋务")。康熙二十四年(1685),清政府设粤海关,并指定广州十三行(háng)为专营对外贸易的垄断机构。在清廷的"夷务"管理制度中,十三行行商成为对外贸易的代理人,实质上具有半官半商的性质。乾隆二十二年(1757)实行广州一口通商后,行商在这一得天独厚的制度环境下迅速崛起,几乎包揽了全部合法的中西贸易,成为当时令人瞩目的商人群体。

一、"天朝体制"与粤海关的设立

在中国古代,统治者一直用朝贡的办法处理对外关系。近人刘锦藻在《清朝续文献通考》中指出,近代以前的中国对外关系不过是"自抚其藩属,非外交也"。清承明制,由礼部管理藩属各国的朝贡事宜,从中央到地方都形成了一套完整的管理制度,清政府常常表述为"天朝体制"。但以英国为首的西方国家,其目的主要是"通商互市",他们既不是传统的朝贡国,也无意成为朝贡国。这样,"天朝体制"不断受到挑战。

西人东来，并非始于清朝。明正德九年（1514），葡萄牙人首次航行至广东屯门，开启了中国与近代意义上西方各国的关系。此后，西班牙、荷兰、英国、丹麦、瑞典人纷纷前来叩关索市。不过，除了葡萄牙人被允许租居澳门贸易，其他西方商人基本上被明朝的海禁政策挡在国门外。

清廷在康熙二十二年（1683）统一台湾后，接受东南沿海官员请求，酝酿开海设关，并派人前往江浙和闽粤地区巡察沿海形势。二十四年，康熙帝下令在江苏、浙江、福建、广东四省设立海关，开海贸易。由于历史、地理原因，广州成为西方商人在华贸易的主要口岸，粤海关即成为四大海关中对外贸易最为繁多的一处。很快，粤海关就在实践中形成了由地方督抚、海关监督和行商共同管理中西贸易的制度。广州一口通商后，这一制度被称为"广州制度"。

在这套制度内，地方大员负责秉承皇帝旨意，拟定、颁行贸易规章，并负有监管海关的职责。乾隆十年（1745）兼任粤海关监督的两广总督策楞奏准实行保商制度。乾隆二十四年，两广总督李侍尧奏准《防范外夷规条》，对外商在广州的行止严加限制。嘉庆十四年（1809）和道光十一年（1831），先后制订了《民夷交易章程》《防范夷人章程》等。行商则要代表清政府对外商在华的各种活动进行监督和管理，在外交事务中担任重要角色。乾隆二十二年，清廷为抑制外商扩大北方口岸贸易的企图，将中西贸易限于广州一口，一直以来作为中介贸易洋行的广州十三行，遂成为清政府指定办理对外贸易的垄断机构。

二、行商与"夷务"

乾隆帝谕令广州一口通商后，清政府日益走向政治和文化上的封闭。为严"华夷之别",清廷禁止官民与洋人直接接触,中外商务与外交事务均由熟悉"夷务"的洋行商人出面交涉。外商若有申诉,只能通过行商转呈,事关商务者转呈粤海关监督,民事诉讼则转呈香山县衙。十三行行商的涉外活动范围逐步扩大,概括而言,包括以下几个方面:

(一)协助官方解决中外纠纷

这些纠纷包括贸易、政治以及民事纠纷等。行商所起的作用,主要是在官、"夷"之间斡旋协调。现各举一例如下:

——贸易纠纷:俄罗斯商船来广贸易案

1805年(嘉庆十年)11月,俄国美洲公司商船"希望号"和"涅瓦号"到广州销售皮货。按照清政府"天朝体制"的传统,俄国属于"北地陆路通商之国",其法定的互市地点在恰克图,不许前往沿海口岸贸易。对于俄国商船这一严重违反旧制的举动,粤海关监督延丰在收受贿赂后,未予深究,更未经奏准,就允许俄商上岸贸易。清廷获悉后,对于俄船越界贸易深感不安,一月之内三次寄谕查究。即将卸任的两广总督那彦成于1806年1月作出"应俟朱批到日,方准放行"的决定,暂缓放行已装好回程货物的俄船出洋。而俄国商船若错过季风,将滞留一年才能起航回国。一个不予放行,一个急着要走,僵持之际,在英国东印度公司驻粤商务总管的协调下,行商应允代俄商出面恳求"放行"。行商先是将"夷商"请求放行的禀文代呈海关监督,没有结果后,又由总商潘有度率众商前往粤海关衙署叩求。经过行商一番斡旋,广东官府在没有接到谕令前,就发放出港执照,俄船得以赶上季风,于2月8日返航回国。嘉庆帝"原船返回,不准开仓贸易"的谕令成为一纸空文。当然,涉事官员事后均获清廷查究:延丰被革职,接那彦成任的吴熊光、接延丰任的阿克当阿及广东巡抚孙玉廷均交部议处。

——政治纠纷：英国兵船登陆澳门事件

1808 年（嘉庆十三年），法国与葡萄牙发生战争。英国借口帮葡萄牙防备法国，派军在澳门登陆，其三艘兵船违禁驶入虎门，停泊黄埔。从这年 9 月英军驶抵澳门鸡颈洋面，到次年 1 月迫于清政府封堵进澳水路、断绝粮食供应、停止中英贸易等措施的压力而退出澳门，在这 5 个月的交涉中，广东地方官府和粤海关多次通过行商传达谕令，行商居间起到了传递信息、协助沟通的重要作用。

——民事纠纷

外商与中国百姓发生冲突，也要靠行商协助解决。在协助解决官"夷"冲突时，行商通常是缓和矛盾，协调二者关系，而在协助处理民"夷"冲突时，常常是助"夷"抑民，带有明显的倾向性。1820 年（嘉庆二十五年）11 月，一艘停泊在黄埔的英国驳艇上有人开枪打死一个中国人，凶手逃匿。事件发生后，行商多次与英商商讨如何应对番禺县官捉拿凶手的要求。事有凑巧，随后一艘英国船上有一屠夫自杀，时任总商的伍沛官（伍秉鉴的商名）与英商合谋，将自杀屠夫顶替凶手结案。他还提醒英商"立即将该两艘船打发走，不要延误，以免另生枝节"。反之，次年 2 月，一个英国船长被中国人打伤，总商伍沛官和保商鳌官却为英商积极奔走，促使官府将几个打人者逮捕加以严惩。

（二）钤束外人活动，为外人的违禁行为负责

行商控制了广州口岸，每年对外贸易总额达数百万银元，收益虽多，责任也重，不仅要管理外商的日常生活，还要监督他们遵纪守法。外商的任何违禁行为，都要由相关行商负责，若有监督不力，行商轻则被罚款，重则被治罪。如 1784 年（乾隆四十

九年），寓居十三行的西洋人蔡伯多禄等违反禁令私自进入内地传播天主教，清廷降谕指责洋行商人失于防范，行商首领潘文岩不得不交银 12 万两赎罪。1801 年（嘉庆六年）丽泉行潘长耀所担保的英船私运羽纱，粤海关监督佶山决定重罚，在原关税之外，加 100 倍罚款充公，潘长耀自此一蹶不振。1805 年（嘉庆十年），英国兵船"猎兔狗号"违禁驶入黄埔，有关行商被处以重罚。兵船违禁闯关应是海防官兵失职，外商走私应是海关稽查不力，但责任皆由行商承担。

（三）协助官府接待外国使者

按照惯例，外国人是不能进广州城的，因此，建于广州城外的行商府第经常成为广东地方政府接待外国使者的场所。1794 年（乾隆五十九年）荷兰遣使访华，两广总督长麟首先在与华洋互市的十三行区隔江相望的海幢寺接见荷兰来使，后设宴于行商伍氏家族位于海幢寺隔壁的花园。前一年访华的英国马嘎尔尼使团停留广州期间，亦下榻于伍氏花园。鸦片战争前后，以行商的宅邸、花园作为中外谈判交涉之地的情况更加频繁。1843 年（道光二十三年）10 月，澳门政府的全权代表前往广州谈判时，谈判地点就是行商潘仕成的花园海山仙馆。次年 10 月，中法谈判从澳门转到广州，谈判地点也是海山仙馆。

三、结语

广州十三行作为民间贸易机构，实质上参与了诸多政府与粤海关的对外交涉事务。"官事民办"将属于政府职能的外交事务转变为行商的民间行为，把商人推向外交的前沿，这显然是一种制度缺陷，其消极影响显而易见：一方面，但凡有中外纠纷、冲突发生，行商既要秉承官府的旨意办事，又要满足外商的要求，有时不得不采取欺官瞒"夷"的方法，有意模糊双方的立场或要求。随着中西贸易日益发展，清政府难以运用这一模式有效解决越来越频繁、严重的中外冲突，"官事民办"本身反而成为加剧中外冲突的直接因素之一。另一方面，行商以"民"的身份处理"官"的事务，其本身没有权力，却要负起约束外人并保证外人守法的责任，有责无权，地位十分尴尬，有些行商甚至因为受到外商违法行为的牵连而破产。"夷务"成为了影响行商浮沉的重要因素。

作者简介

徐素琴，女，1963年生，广东河源人。历史学博士，广东省社会科学院历史与孙中山研究所副研究员。主要从事澳门史、香港史、海洋经济社会史研究。主持广州大学十三行研究中心项目"百年回顾：十三行研究的回顾与展望"。

马嘎尔尼出使何以失败

王金山

乾隆五十八年（1793）英使马嘎尔尼率团来华，是中英首次政府间的正式接触。马嘎尔尼此行是以给乾隆帝祝寿为名，谋求扩大中英贸易，建立外交关系，但却没有达到最终目的。作为中英两国早期影响最大的一次交往，马嘎尔尼出使为什么会失败，其中原因值得深思。

一、礼仪之争

觐见礼仪一直是西方使者面见清朝皇帝需要解决的重要问题。马嘎尔尼此次使华，也对礼仪之事有所了解，还收集了一些相关情报作为参考。此前的任职经验（他曾担任过英国驻俄国全权特使、加勒比群岛总督和印度马德拉斯总督）让马嘎尔尼对觐见礼仪形成了一套自己的见解，但一直没有渠道和机会加以表达。与此同时，中国方面负责接待的钦差大臣徵瑞则在汇报中一直称马嘎尔尼为"贡使"，夸赞使团成员很是"恭顺"、识礼。最终，在使团提交一封关于觐见礼仪的信件之后，"礼仪之争"爆发。马嘎尔尼建议两国君主享有同等待遇，由双方级别相同的官员分别向对方君主（或其画像）行礼。乾隆帝很不高兴，认为这是"无知"的要求，英使妄自尊大，应予制裁。

由此，中英双方围绕礼仪问题展开了多轮较量：首先，中方主持接待的大臣和珅假称自己腿部受伤，试图迫使英国使节先去拜访他，以获得礼遇上的优势；马嘎尔尼则以旅途疲劳、身体不适为由推脱，派其副手斯当东出面。随后，斯当东出席了和珅主持的接见和晚宴，但并未在觐见礼仪方面做出任何妥协。此后，中方又降低使团的伙食标准，以图惩戒英方逼其让步，但马嘎尔尼仍然没有妥协。

就在"礼仪之争"陷入胶着之际，中方鉴于乾隆帝寿辰临近，英使又属首次来华，最终同意马嘎尔尼如期觐见。乾隆五十八年八月初十，使团在避暑山庄以"适当的礼仪"完成了觐见，不过双方对行礼的记载完全不同：中方记载马嘎尔尼当日行了叩头礼；英国方面则认为特使只是单腿下跪。

虽然双方各执一词，但作为一项外交活动，关键并不在于马嘎尔尼行了什么礼，而在于他终于完成了觐见，中英之间实现了官方的直接接触。而且从中英各自的记载来看，觐见的气氛在双方看来都是友好的。这意味着，"礼仪之争"虽然造成一些波折和不快，但并不是马嘎尔尼出使失败的直接原因。

二、"表文"挑战朝贡制度

由于礼仪障碍，马嘎尔尼来华的真正使命一直没有机会提及或被中方关注。直到觐见时，乾隆帝看到了马嘎尔尼所呈递的英王乔治三世的信，即"英吉利国表文"，使团的目的才终于揭晓。正是这份"表文"，使乾隆帝对马嘎尔尼来华的目的产生了怀疑甚至愤怒，并由此决定了此后对使团的一系列安排：回避关于中英贸易的所有实质性交涉；尽快遣送使团出境；沿途加倍防范等。

乔治三世"表文"的中心内容就是要求中国皇帝同意英国向中国派驻大使。他说："求与中国永远平安和好，必得派一我国的人带我的权柄，住在中国地方，以便弹压我们来的人，有不是罚他们，有委曲亦可护他们"，"我所派的热沃尔日·吗哩格德呢·公哩萨诺吧咙（即马嘎尔尼）……就是此次派的正贡使，到大皇帝驾前办事"，"恳准将所差的人在北京城切近观光，沐浴教化"。为求得乾隆帝的同意，英王还表示："至所差的人，如大皇帝用他的学问巧思，要他办些事，做些精巧技艺，只管委他。"（《乾隆朝上谕档》）派驻大使在今天的国际外交中，是很普通的事情，不过在当时却与中国的朝贡制度发生了严重冲突。

清朝取代明朝确立在中国的统治地位之后，朝贡制度一如既往地成为其对外交往的主要模式。皇帝是天子，天下之共主，代表"天"统御四方藩属，并且根据藩属与中央朝廷的关系安排其朝贡的周期，即"贡期"。朝贡结束后，贡使即当按期回国，同时带回天子的恩赏和天朝的教化。通过这一过程的反复实践，皇帝主导下的天下秩序得以建立和不断强化。

朝贡制度与近代西方国际秩序最大的不同在于，它是建立在中国绝对优势基础上的，国与国之间的地位并不平等。首先，在中国与各藩属国的关系上，中国是君长，是规则的制定者，可以向藩属国发号施令，藩属国无权讨价还价。其次，各藩属国的地位也不平等。其中，藩属国的贡期就表明了其与中国的亲疏程度，贡期越短越密切。

在清廷看来，英王的要求是对中国主导地位的严重挑战。"贡使"驻京不还，就无法带回天子的恩赏和天朝的教化，也不能显示藩属国同天朝的关系程度。不仅如此，由于肩负扩大双方贸易的使命，马嘎尔尼还一再表示要同中方进行谈判，这无疑是对中国宗主权更进一步的挑战。在朝贡制度体系里，从来只有中国发号施令，藩属国是没有资格讨价还价的。

因此，乾隆帝在赐马嘎尔尼的敕书中明确拒绝了英方的请求："至尔国王表内恳请派一尔国之人住居天朝，照管尔国买卖一节，此则与天朝体制不合，断不可行。向来西洋各国有愿来天朝当差之人，原准其来京，但既来之后，即遵用天朝服色，安置堂内……况西洋诸国甚多，非止尔一国。若俱似尔国王恳请派人留京，岂能一一听许？是此事断难行。"（《乾隆朝上谕档》）

乾隆帝说得很明白：一旦同意英国的请求，就会有更多的国家效仿，那么，"天朝体制"不就废弃了吗？而他之所以要求尽快遣送使团出境，恐怕也是出于这种心理：防止使团滞留京城，逐渐造成突破朝贡体制的既成事实。

三、出使失败背后的历史必然

英国方面的请求，现已成为国际外交惯例。乾隆帝当时的决策，或许让后人感到遗憾，但对这段历史的认识不能徘徊在鸦片战争等民族伤痛的情绪之中，而应该努力揭示隐藏在表象下的历史规律。

如果清廷答应英国的请求，就需要对中国原有制度进行调整，其实质是对既有的朝贡制度进行变革。扩大双方贸易，中国虽然能够得到更多英国商品，但英国当时仍处在工业革命初期，商品优势尚不明显。更为重要的是，中国将会失去既有的朝贡体制主导权，英国将成为与中国享有同等（或近似同等）地位的规则制定者。总之，乾隆帝的所作所为，代表着他所理解范围之内的国家利益和尊严。

在马嘎尔尼来华所进行的外交交涉中，涉及朝贡制度这项清廷的核心利益。这个核心利益，不可能因为一个携带礼物的使团而让渡，因此，马嘎尔尼的失败就成为必然。此后，清廷与其他国家间的秩序依然如故，只是从这时起，秩序下隐藏的危机开始渐渐浮上水面。近半个世纪之后，鸦片战争爆发，英国用大炮迫使清廷与其他国家的秩序开始按照西方的意愿改变。

作者简介

王金山，1985年生，山东胶州人。山东大学历史学硕士，国家清史纂修领导小组办公室工作人员。主要研究方向为明清史、近现代史，著有《民国元年北京兵变详考》等。

清代的火枪

毛宪民

火枪，俗称鸟枪，因其发机处龙头翘起，形似鸟首而得名。它以其迅猛准捷、冲锐折坚、携带方便、不受地形地势影响等优点，与弓矢、火炮同列为清代军队装备的三大武器。

一、使用与管理

早在努尔哈赤时期，就开始使用缴获的明军火器，当时的鸟枪兵附属于弓箭步兵类。入关后，火器更加得到重视，开始设立火器营。顺治五年（1648）建立了专门的鸟枪兵种。此后鸟枪兵规模不断扩大，至康熙十三年（1674）议定：京师八旗步兵21000 余名，其中鸟枪步兵为 1737 名，比例约占 8%（《清史稿·兵志》）。

乌兰布通之战（1690 年）后，康熙帝更加意识到使用火器的重要性，展开了大规模练兵。此后，在京师八旗中抽调士卒专门训练鸟枪等火器，官兵素质和训练水平有较大提升。各省营伍鸟枪的训练大致与此相同。雍正五年（1727），朝廷把火枪的增设重点放在沿边沿海的省份，议定："腹内省份，地势平坦，利用弓矢；沿边沿海省份，山深林密，利用鸟枪。应将腹内省份，

每兵千名，设鸟枪三百杆；沿边沿海省份，每兵千名，设鸟枪四百杆。"（《大清会典事例》）

演习鸟枪虽有明确规定，但由于管理不严、训练不力，难免出现各种问题。如甘肃省军队曾用纸火绳代替麻火绳，乾隆帝为此训斥道："鸟枪最为军营利器……纸张质地脆薄，易于破损，若用以为绳，药多则过火迅速，药少则又难点引，且不耐雨水潮湿……嗣后各省营伍所用火绳，俱著照定制以麻绳要制，毋许偷换纸张，以利军队而昭实用。"（《清朝续文献通考》）

清代火器设专营管理，"制度有定式，给发有定数，简阅有定期，年久朽损或出征残缺者，以时修补"（《清朝文献通考》）。根据内务府造办处档案记载，造办处制作鸟枪要经皇帝钦定，必须严格保证质量，不合格的要回炉重造，直至造出精良的鸟枪，还要试放校准枪支，定分枪支等级。枪支进宫后，再由武备院检验合格，才准入武备库收贮。如乾隆二十三年平定蒙古准噶尔部及新疆回部之役缴获的赞把拉特火枪，因其射程远、精度高而受到乾隆帝重视，下旨武备院和造办处仿制批量生产，库存量保持在万支左右，随时调拨地方使用，并照数补造，及时补足库存火枪数量。

火枪为军中利器，若管理不严，容易发生侵冒与盗卖的问题。因此，清代对火枪管理制定了严格的制度，主要包括专职责成，注册编号，勤点验，严禁私造、私藏、私卖等。清帝曾多次下旨，规定火枪由国家统一管理，严禁民间拥有。

二、种类和收藏

当时火枪种类非常多，这一点从现存清宫火枪的收藏情况大体可探究竟。清朝皇帝多喜欢收藏火枪，将其视为赫赫武功的见证。清宫收藏有康熙（图一）、雍正（图二）、乾隆（图三）、嘉庆（图四）、道光等皇帝的各种御用火枪。具体有禽枪、炮枪、抬枪、花枪、线枪、叉子枪、新奇枪、威捷枪、威赫枪、威远枪、应手枪、大交枪、连中枪、百中枪、新花准枪、蒙古花枪、纯正神枪、准正神枪、奇准神枪、摺花交枪、准正神交枪、八楞口火枪、琵琶鞘燧发枪、仿神花小交枪、榆木鞘花交枪、桦木鞘花交枪、蒙古花小交枪、六棱口火绳枪、十喜花膛锸子枪、素铁莲花口小交枪等。

图一　康熙帝御用琵琶鞘燧发枪

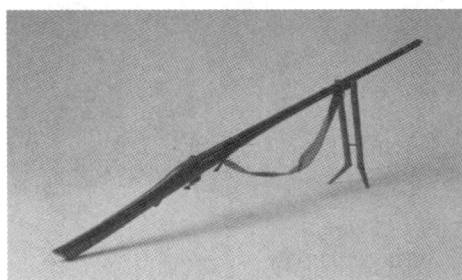

图二　雍正帝御用火绳枪

图三　乾隆帝御用奇准神枪

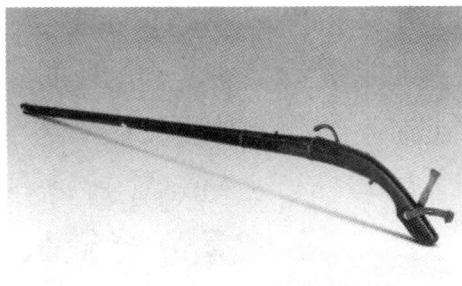

图四　嘉庆帝御用火枪

此外，清宫还收藏各式官用火枪，还有王公大臣、少数民族首领以及外国进献的火枪（图五、图六、图七）等。值得一提的是清宫所藏各类外国火、气枪（图八），虽是欧洲生产，但由造办处进行了种种修饰和改造，如枪管上鋄（jiǎn，剪）金花卉蕉叶纹饰，枪床处包嵌铁鋄金镂花夔龙纹饰或以象牙装饰，使其更加符合中国皇家的审美情趣。

图五　燧发小手枪

图六　莲花口排枪

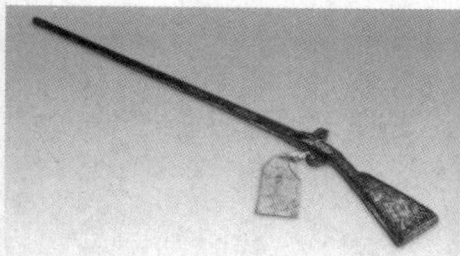

图七　马嘎尔尼进献自来火枪

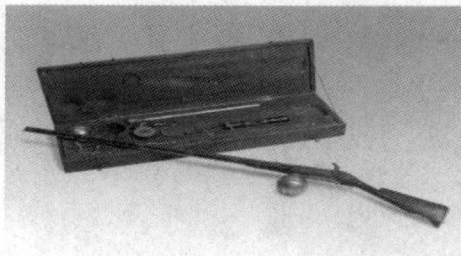

图八　清宫藏西洋气枪

清宫武备库收藏的这些火枪，其枪机有火绳枪机、燧发枪机、击发枪机；枪管有单管、双管和四管，类型齐全，制作精良，性能优秀，从一个侧面反映出当时中外文化交流以及各国兵器制造业的发展状况。

三、清帝狩猎火枪在诗歌书画上的反映

御制火枪显示着皇家气派，被清朝皇帝视为"武功良具"。康熙帝暮年时总结一生射猎战绩，提到他从幼时起就鸟枪、弓矢并用，总共射鹿数百，曾经一日内射兔300余只。乾隆帝更是将御制枪视为"神枪"，说他习武用枪"效奇而愉快"（《大清会典图·武备》）。

对御制狩猎火枪的赞美，更多地出现在皇帝的御制诗文中。

康熙帝作《鸟枪铭》《咏鸟枪》；乾隆帝作《虎神枪记》；嘉庆帝曾作《题花准神枪》，还有题为《九月初一日猎后，驾幸西山用虎神枪毙虎恭纪》的御制诗；道光帝也写过《恭和御制用花准神枪一发获二鹿元韵》等。

御制枪在书画中也多有反映。如故宫博物院珍藏一幅《弘历射熊图像轴》，述说乾隆帝弘历少年时随康熙帝木兰秋狝，有一黑熊被赶进合围中，康熙帝先用火枪将熊射倒，又令弘历举箭再射，使其得获熊之名，现藏御用弓上还镌刻有射熊字迹。宫廷画家郎世宁所画《弘历哨鹿轴》《弘历击鹿图像轴》（图九）等，也描绘了乾隆帝使用火枪围猎的景象。故宫博物院现存最大的两幅木兰图——《丛薄行围图》和《雪猎诗意图》，分别表现了在

图九　弘历击鹿图像轴

杂草丛生的深莽中殪（yì，杀）虎捕虎的情节以及行围"哨鹿"的活动。

从清代火枪的发展来看，相比较而言，康熙朝较为重视对火枪火炮的研制，而雍正朝以后受"以骑射开国，武功定天下"观念的影响，大力提倡"国语骑射"，在清军中要求"不可专习鸟枪而废弓矢"（《清史稿·兵志》），从而阻碍了火器的发展，在技术创新上乏善可陈。那些深锁宫中的火枪，只是帝王权势的象征和显示武功的摆设。

作者简介

毛宪民，1954年生，江苏南通人。故宫博物院研究馆员。从事清宫武备管理、陈列研究，发表论文数十篇。

鸦片战争后中国新式军事技术的夭折

刘海峰

鸦片战争后，朝野上下许多有识之士痛感国力积弱、武器落后，在羡慕英人"船坚炮利"的同时，开始了追求军事强国的探索。林则徐、魏源等提出军事自强理论，龚振麟、潘仕成等则潜心研制新式武器。但是，国人梦寐以求的强大水师舰队却迟迟没有出现，在十余年后的第二次鸦片战争中，中国继续惨败。其历史教训，值得深思。

一

林则徐清醒地认识到中国海防一味被动防守的不足，他在道光二十一年（1841）给友人的私函中，描绘了建立一支强大水军的蓝图：拥有大船百只，中小船 50 只，水军 5000 人，舵工、水手 1000 人，以"忠勇绝伦、与士卒同甘苦"的江南水师提督陈化成领兵，另选一"善于将将，筹策周详者，为之指挥调度"（《复苏螯石书》）。林则徐的设想很有远见，在军事理论上，是从陆地被动防守向海洋积极备战的战略转变。其后，魏源在《海国图志》中，又进一步提出"师夷长技以制夷"的军事自强理论。

军事自强，既要有理论，又要有实践。当时，在制造新式战船方面，浙江嘉兴县丞龚振麟造出了小型火轮船，广东绅商潘仕成造成了新式大战船，安徽歙（shè）县人郑复光则写就一部《火轮船图说》。在制造新式大炮方面，龚振麟发明了当时世界上最先进的铸炮方法——"铁模铸炮"，并与林则徐一起研制出能使大炮四面旋转的"磨盘炮架"；福建监生丁拱辰提出了能够提高大炮命中率的测量法；江苏候补知府黄冕发明了"炸弹飞炮"。在制造水雷方面，潘仕成重金雇佣美国人任雷斯研制出新式水雷。在制造地雷方面，黄冕所造地雷只须"数十人守扼要，可当千百兵之用"；户部主事丁守存奉旨研制的地雷"绳牵其机，然后炸裂，铁片飞空，皆能杀贼"（《海国图志》）。在制造新式枪械方面，丁守存研制出了"自来火机"式新式火枪，既有长铳又有短铳（即步枪和手枪）。在制造新式炸药方面，丁拱辰根据广东精制火药的方法制造出当时最先进的白色炸药；广西提督陈阶平从被俘海盗处间接得到西洋火药制造法，经数年潜心研究后，发明了"火药筛药成珠"法。

鸦片战争后，清廷兴起"海防捐输"，仅道光二十年至二十三年的捐银——1600万两，就足以造出6支林则徐所设想的水师舰队。道光二十二年，潘仕成将所造新式战船一艘捐给广东官府。道光帝接报，认为此船"坚实得力"，明令"以后制造船只，即著该员一手经理，断不许令官吏涉手，仍致草率偷减，所需工价，准其官为给发"。如果照此谕令办理，又不缺乏资金，林则徐的设想本有可能实现，但结果却一支舰队也没有打造出来。依笔者所见，首席军机大臣穆彰阿等守旧派从中作梗，是其中一个重要原因。

二

尽管道光帝让潘仕成"一手经理"造船事宜，但朝中的守旧派却不愿把这个"肥差"交给他。穆彰阿并不积极贯彻上谕，而是采取惯用的"法不责众"手段加以阻挠。以他为首的军机处以"军机大臣字寄"的方式，给直隶总督讷尔经额、两江总督耆英、山东巡抚托浑布、江苏巡抚程矞（yù）采、浙江巡抚刘韵珂、福建水师提督窦振彪等发函，风示其联合劝阻道光帝。

托浑布首先出来反对，说山东沿海暗礁较多，只能用吃水较浅的船，不宜用潘仕成式样的战船。程矞采的奏折措词更为巧妙，称他与熟悉水战的浙江水师提督、福建同安人李廷钰商量，李认为潘仕成所造之船虽能制胜，但不如自己家乡的同安梭船便利。刘韵珂则先斩后奏，上折说他与李廷钰已请福建地方代制了40只同安梭船。道光帝向来举棋不定，眼见封疆大吏群起反对，干脆将自己的旨意束之高阁，不再过问。后来魏源记载此事时，愤慨地写道："大吏尼（nǐ，阻拦）之，旋亦中止。"（《道光洋艘征抚记》）

在接下来的几年里，讷尔经额、刘韵珂以及四川总督宝兴、湖广总督裕泰、福建巡抚刘鸿翱等在各自辖地多多少少造出一些比老式战船大一点的船舰，但换汤不换药，仅仅是做做样子，敷衍皇帝而已，都没有真心实意地建造新型战舰。

在各种近代化军事技术中，中国最应优先考虑新式战船——大型火轮船的研制与大规模应用。对此有突出贡献的潘仕成，仅制造新式战船一项就自费花去白银8万余两，但由于清廷未能兑现"造船经费由官府给予"的诺言，新船只造了4艘即行停止。他把煞费苦心研制出的水雷送到北京后，道光帝让穆彰阿处理，穆彰阿交给讷尔经额，讷尔经额又交给驻守大沽口的总兵善禄等试验。结果转了一大圈，结论是：该水雷虽好，但不易放入"夷船"底部（《筹办夷务始末》）。

龚振麟对新式枪炮的研制有重要贡献，但却未受重用，不仅县丞的职务没升迁，还因为"承造鸟枪，不合用者亦有四杆"遭议处，随后就丁忧回籍了。进士出身的丁守存，鸦片战争前任户部主事，虽然在军事科技方面贡献巨大，战后却依然还是户部主事。丁拱辰早年因家贫流落南洋经商，学会了制造火轮船等先进技术，回国后立志报效，但由于出身低微，也一直不受重用。他把用自己一生心血写就的《演炮图说》和研制的初级火轮船图样请人转奏朝廷，穆彰阿却以"不适用"为由下令无须制造。

相比较而言，造船专家何礼贵的下场最为凄怆。他本在海外从事造船，鸦片战争时出于爱国热情回国报效，却被穆彰阿等人秘密安置到湖北，名为帮总督裕泰造船，实则被当作"奸细"看管起来。道光二十二年十二月，军机处密谕裕泰："何礼贵昔为夷人造船之人……密为看管，勿令与外人交接，或至乘间脱逃，是为至要。"（《清宣宗实录》）后来，何礼贵就不知所终了。

三

战争是新式军事技术大量涌现的催化剂。从现在的角度看，鸦片战争后中国新出现的军事技术是先进的，只是刚刚研发出的武器尚处于初级阶段，需要进一步改进，而不是像垃圾一样抛弃。

鸦片战争后中国新式军事技术夭折之原因，首先是清朝封建制度的落后。制度的腐朽和吏治的腐败，导致了清政府对新式技术和人才的漠视。

其次是穆彰阿等守旧派势力的阻挠。穆彰阿把持权柄，因循守旧，不思进取。在当时的军机大臣中，穆彰阿是满洲进士，潘世恩是状元，季芝昌是探花，祁寯（jùn）藻、何汝霖等均为进士出身。整个军机处是"文人掌军"，他们接受的是传统科举旧章，视新式军事技术为"奇技淫巧"，自然不予重视并且横加阻拦。

林则徐、邓廷桢、黄爵滋、龚自珍、魏源等军事自强理论的先驱，大都是穆彰阿等在政坛上的对立面。而前述新式军事技术的研发者，则大都和林则徐等人关系密切。潘仕成曾因捐纳巨额军饷抗英，受到林则徐亲笔致书赞扬。龚振麟是林则徐的好友，何礼贵是林在广东禁烟时发现的军事人才。《演炮图说》写成后，丁拱辰把它送给同乡御史陈庆镛，陈推荐给林则徐，林又推荐给闽浙总督邓廷桢。正是他们的赏识和重用，丁拱辰才有机会在当地施展才华。陈阶平长期在福建水师任职，与林则徐、邓廷桢关系密切。丁守存与黄爵滋是密友，属于京师的"清流派"。正因为是坚决的抵抗派，他们才有极大的热情去探索自强理论，研制新式武器；也正因为是坚决的抵抗派，他们才屡屡遭到守旧派势力的打击和压制。这些因素交织在一起，最终导致了鸦片战争后中国新式军事技术的夭折。

作者简介

刘海峰，1965年生，河南平舆人。历史学博士，黄淮学院天中历史文化研究所副教授。著有《穆彰阿与道光朝政治》等，发表论文60余篇。

袁崇焕之死

周喜峰

在中国古代，每当一个王朝即将灭亡时，总会涌现出一些悲剧性的英雄人物，明末的袁崇焕就是其中之一。袁崇焕，字元素，号自如，祖籍广东东莞，落籍于广西藤县，生于万历十二年（1584），卒于崇祯三年（1630）。

袁崇焕生活的时代，外有日本侵朝，内有蒙古扰边，女真兴起，明王朝面临着来自各方面的压力，兵联祸结，战事不断。这种社会背景对袁崇焕影响很大，进士出身的他特别关心东北边事。当时，努尔哈赤已经统一女真各部，建立后金政权，并于万历四十六年取得了萨尔浒之战的胜利。随后，明军屡败，辽阳失守、沈阳沦陷，辽东地区为后金攻占。天启二年（1622），努尔哈赤率军进占辽西，广宁明军溃败入关，袁崇焕挺身而出，到山海关监军。

天启六年正月，努尔哈赤率后金兵渡辽河，连下塔山、松山、锦州、小凌河、大凌河等十余城，直逼山海关。当时身为宁远道的袁崇焕率领将士上下一心，利用城坚炮利，誓死守卫宁远孤城。后金军连续两日攻城不下，死伤惨重。宁远城之战，明军以少胜多，打败了数倍于己的后金军队，这是明金战争中明军取得的第一个大胜仗。努尔哈赤负伤退兵，不久便愤愤而死。袁崇焕因宁远大捷被任命为辽东巡抚。

天启七年五月，皇太极率军渡过大凌河，包围锦州，发起了宁锦之战。在袁崇焕的协调和指挥下，明军将士英勇奋战，后金军再次大败而归。袁崇焕也因此成为令人瞩目的抗金名将。崇祯元年，他又以兵部尚书兼右副都御史，督师蓟、辽，兼督登、莱、天津军务，结果却在两年后被朝廷以最残酷的磔（zhé）刑凌迟处死。袁崇焕作为明末著名的抗金将领，却被他一直忠于的明王朝以酷刑处死，并被京城民众刻骨仇恨，实为历史上罕见。

袁崇焕之死，与其个人性格有着密切关系。他"为人慷慨负胆略"，好为大言，过于自负，敢于抗上，只要他认为对的东西，不管是皇帝还是上司，都敢于违命不遵。这种自负的性格随着其权力和责任的增大，膨胀成为自大和专擅。如天启六年八月，努尔哈赤去世，袁崇焕自作主张，派人到沈阳吊唁并与后金开始议和。"崇焕初议和，中朝不知。及奏报，优旨许之，后以为非计，频旨戒谕。"（《明史·袁崇焕传》）但袁崇焕却一意孤行，他虽然通过和谈之机完成了宁锦防线建设，而老谋深算的皇太极却借此机会打败了东江毛文龙的明军，征服了朝鲜，消除了后顾之忧，使朝鲜由明朝属国变为后金的物资供应基地，并动摇了漠南蒙古各部对明朝的信心。因此，这次违反朝令的和谈暴露出了袁崇焕在战略上的短视，为其后来的惨死埋下了伏笔。袁崇焕的性格，既为他屡立战功、成为名将奠定了基础，也是其后来被杀的重要因素。袁崇焕是从崇祯元年开始，一步步走向死亡的。

平台召对是袁崇焕走向死亡的第一步。崇祯元年七月十四日，崇祯帝召见袁崇焕及六部群臣于平台。崇祯帝对袁崇焕寄予厚望，慰劳备至，咨询复辽方略。袁崇焕慷慨陈词："愿假以便宜，计五年，全辽可复。"皇帝听后非常高兴："复辽，朕不吝封侯赏。卿努力解天下倒悬，卿子孙亦受其福。"给事中许誉卿乘皇帝退而少憩之际，问袁崇焕五年复辽之略。崇焕笑言："圣心焦劳，聊以是相慰耳。"誉卿大惊道："上英明，安可漫对。异日按期责效，奈何？"袁崇焕听罢方觉大话失言，等皇帝回来后，他马上提出许多前提条件，力图表明五年复辽是一个理想化的方案。但崇祯帝对袁崇焕的要求无不答应，关照在场的相关各部尚书照办，所提条件一一予以满足，对其策略表现出了高度重视。二十四日，崇祯帝赐袁崇焕尚方宝剑，允其便宜行事。袁崇焕先在平台招对时向崇祯帝许下五年复辽的豪言，又制定了以守为主的复辽方略，这本身就是自相矛盾、难以执行的方案。袁崇焕的君前浪言，已经构成了欺君之罪，这使他向死亡迈进了一步。

擅杀毛文龙是袁崇焕走向死亡的第二步。崇祯元年八月，袁崇焕出山海关赶往宁远，督师蓟、辽。他为此付出了辛勤的努力，如平定兵变、整顿军队、统一事权、重建宁锦防线等，并取得了一系列成绩，但擅杀东江总兵毛文龙，为袁崇焕之死增添了砝码。二年七月，袁崇焕在皮岛用尚方宝剑斩杀了同样拥有尚方宝剑的东江总兵毛文龙。当时袁崇焕曾向皇帝请旨："臣今诛文龙以肃军，诸将中有若文龙者，悉诛。臣不能成功，皇上亦以诛文龙者诛臣。"崇祯帝闻之大骇，但也只得优旨褒答，并下诏宣谕毛文龙罪状。明末史料普遍认为袁崇焕杀毛文龙是为了与后金议和，不过这只是时人的猜想。笔者认为袁崇焕杀毛文龙，一是因其桀骜不驯、难以统驭，杀之以肃军；二是归并其军队，统一指挥。但毛文龙毕竟和袁崇焕一样是统驭千军万马的边关大将，他在皮岛虽有诸多不法之事，但他屡次派兵出击，使皇太极不敢全力放手西进，对牵制后金具有重要的战略意义。袁崇焕明知"文龙大将，非臣得擅诛"，却大胆而自负地杀了毛文龙，并改编了他的部队，其后果是严重的。它一方面引起了崇祯帝和朝臣对袁崇焕的疑虑，为其后来的悲剧命运埋下了伏笔，另一方面也使毛文龙所建的东江部队开始瓦解，失去了牵制后金的战略作用。

粜（tiào，卖米）米蒙古是袁崇焕走向死亡的第三步。袁崇焕督师辽东后，非常重视联蒙抗金。崇祯二年春，蒙古喀喇沁部发生大饥荒，请求袁崇焕通市。袁即上奏要开马市售粮给蒙古。此时朝中已经知道喀喇沁等部投金，崇祯帝警告袁崇焕："据报西夷市买货物，明是接应东夷，藉寇资盗，岂容听许？"而袁崇焕则不以为然，上疏抗辩，为蒙古求情，最后迫使朝廷同意对蒙古开市粜米。袁崇焕的错误判断和固执己见不仅带来了严重后果，也使他为此付出了惨痛代价。后来为后金进攻北京带路的，恰恰就是这个袁在奏章中认为"断不敢诱奴入犯蓟辽"的蒙古部落。

与后金和谈是袁崇焕走向死亡的第四步。他第二次督师辽东后便与皇太极和谈，尽管这次议和是后金主动提出来的。皇太极虽然多次要求与明朝议和，态度非常积极，但实际上多半是军事行动前后带有欺骗性的缓兵之计。崇祯帝即位后，皇太极先后多次给崇祯帝、辽东前锋总兵祖大寿、辽东巡抚毕自肃、东江总兵毛文龙等人送信请求和谈，但都没有回音，可以看出明朝君臣对和谈非常忌讳。崇祯二年闰四月，皇太极得知袁崇焕复出，便派人致书请求和谈。袁崇焕接到来信却积极响应。两人书信往返不断，多次和谈，直到十月皇太极发动己巳之役，入关围攻北京。袁崇焕与后金和谈虽然是为了争取时间休养兵马，巩固城池，构建防线，但也造成了朝廷君臣对他的误解，为自己被杀又增加了一个砝码。

己巳之变是袁崇焕走向死亡的第五步。崇祯二年十月，皇太极率数十万兵马绕过宁锦防线，取道辽西，以蒙古诸部为先锋，分路突破长城边隘的龙井关、大安口、马兰峪，攻陷遵化，进逼北京。崇祯帝一面令京师戒严，一面诏令各路兵马勤王。袁崇焕闻讯大惊：作为蓟辽督师，从广义上讲，整个顺天府都在蓟州镇防卫的辖区之内，后金兵由此入关，他当然罪责重大。袁崇焕立即率军赴援，抵达蓟州。崇祯帝"令尽统诸道援军"，袁则向皇帝承诺"必不令敌越蓟西"。但袁崇焕指挥失误，将赶到的各路军队部署到其他防线，使得皇太极在没有受到任何阻拦的情况下直接通过天险蓟门关，接连攻陷京城东面屏障玉田、三河、香河、顺义等县，直逼北京城下。袁崇焕发现后金军越过防线后，并未进行追袭、拦截，而是率兵跟踪。他不顾明朝勤王援军不得在京城下作战的规定，不听部将劝阻，率兵前往北京，于十六日晚抵达广渠门外。此时后金军已经在北京城外侵掠达四天之久。尽管如此，崇祯帝还是立即召见袁崇焕，而他不顾勤王援军不得入城的规定，多次要求率关宁军入城休整，均遭拒绝。袁崇焕作为蓟辽督师，手握重兵，既没有拒敌于长城以外，又没有阻敌于蓟门防线，而是跟到北京城下才与敌决战。此举使京城突遭兵祸，引起城外绅民的极度不满。于是"怨谤纷起，谓崇焕纵敌拥兵。朝士因前通和议，诬其引敌胁和，将为城下之盟"。这些谣言和议论不断传到崇祯帝耳中，使他对袁崇焕的疑心越来越重。十二月初一，崇祯帝在平台再次召见袁崇焕，问以擅诛毛文龙等事，崇焕无言以对。于是宣布将其停职，入诏狱收监待勘。

崇祯帝最初并不想杀袁崇焕，但袁部下的兵变和阉党的推波助澜，最终使他走上了刑场。崇祯三年八月十六日，崇祯帝"谕以袁崇焕付托不效，专恃欺隐，以市米则资盗，以谋款则斩帅，纵敌长驱，顿兵不战，援兵四集，尽行遣散，及兵薄城下，又潜携喇嘛，坚请入城，种种罪恶，命刑部会官磔示"（《崇祯长编》）。

袁崇焕之死，不是因为清人编造的皇太极设的反间计，而是因欺君失职而被杀。按照明律，敌军入境不能堵截，攻城不能入保，要按律逮治。袁崇焕向皇帝许诺五年复辽，结果一年多后敌军竟然兵临北京，这既是欺君，又是失职。此前督师辽东的杨镐、熊廷弼、王化贞只因失地就被杀头，袁崇焕与之相比罪责要严重得多。袁崇焕在战略上只重宁锦防线而忽略全局、擅杀毛文龙而瓦解东江、违抗圣命入巢蒙古以及在己巳之变中的一系列指挥失误，最终使自己走上了磔刑台。但袁崇焕毕竟是一位具有军事才能而且忠诚于明朝的抗金名将，他的惨死无疑是明朝的重大损失。正如《明史·袁崇焕传》评述的那样，"自崇焕死，边事益无人，明亡征决矣"。

作者简介

周喜峰，1964 年生，黑龙江龙江人。黑龙江大学历史文化旅游学院教授、硕士生导师。主要研究方向为明清史、东北民族史。著有《清朝前期黑龙江民族研究》《依克唐阿传》《黑龙江史话》等，发表论文 50 余篇。

康熙帝书法活动背后的统治艺术

成积春

康熙帝书法造诣很深，一生摹写和颁赐臣下书法作品很多。在其个人爱好的背后，康熙帝的书法活动体现了他的政治思想和统治艺术。

一

康熙帝从小喜好书法，但真正开始练习时已是 20 多岁。康熙十年（1671）开经筵日讲以来，讲官熊赐履、傅达礼等按照"帝王之学"的要求安排讲授内容，只注重《四书》讲章中的治道蕴意，而不赞成皇帝将精力分散在学习写字上。十一年二月，康熙帝召傅达礼至懋勤殿说："至于听政之暇，无间寒暑，惟有读书写字而已。"遂提笔写了一行令其观看。傅达礼观后奏曰："皇上书法端楷，尽善尽美……但人君之学，与儒生不同。写字无甚关系，恐劳圣体。"康熙帝说："人君之学，诚不在此。朕亦非专工书法，但暇时游情翰墨耳。尔言朕知之矣。"（《康熙起居注》）

十六年二月，随着平定三藩的战事出现转机，康熙帝对治道治术有了新的想法，在崇尚理学的同时，公开提出要"修举文教"，以文学和书法来塑造自己的"儒雅"之气，于是命翰林官将所作诗赋词章及真行草书不时地呈上来，以便研修。当时，詹事府的詹事沈荃以善书著称，康熙帝便经常召他至懋勤殿切磋书法，并令其写大字、小字、草书《千字文》和《百家姓》进呈，以便于摹写，还令人传谕："朕素好翰墨，以尔善于书法，故时令书写各体，备朕摹仿玩味。"这年十月，康熙帝谕大学士勒德洪、明珠："朕不时观书写字，近侍内并无博学善书者，以致讲论不能应对。今欲于翰林内选择博学善书者二员，常侍左右，讲究文义。"经反复酝酿，最终选定张英、高士奇二人入值南书房，陪侍左右，修习书法。为方便自己不时宣召，还下令在皇城内拨给房屋居住。由于设立了讲论书法的机构和人员，康熙帝的书法水平提高很快。

二

二十一年（1682）以前，康熙帝基本处在描摹研习他人书帖的阶段，期间先后临摹了苏轼、赵孟頫、王羲之、董其昌、黄庭坚的书帖。其后，他的书法渐趋成熟。在后来的 40 多年里，他书写不辍并频频颁赐亲书诗文、碑文、匾、榜、扇等给臣下或所经之地，这成为康熙帝政治生活的重要组成部分。

康熙帝的书法作品，除岁时节庆和游览名胜时的应景之作外，大多数都带有明确的政治倾向和政治意义。

其一，鲜明地体现了崇儒重教的思想倾向。康熙帝对理学的尊崇在书法中有明显体现。例如，十六年五月二十日，赐讲官喇沙里、陈廷敬、叶方蔼、张英御笔楷书"清慎勤"大字、草书"格物"大字各一幅。数日后，又书"存诚忠孝"大字赐张英。翌年十一月，沈荃将获赐御笔"存诚"大字刻石于詹事府署，并拓文进呈，康熙帝传谕曰："二字刻来甚好，若有求者，尔可酌量拓与之。"二十三年十一月，康熙帝南巡至孔庙行礼，为大成殿书"万世师表"匾额，命大学士明珠、王熙等宣谕曰："至圣之德与天地日月同，其高明广大，无可指称。朕向来研求经义，体思至道，欲加赞颂，莫能名言。特书'万世师表'四字，悬额殿中，非云阐扬圣教，亦以垂示将来。"二十八年正月第二次南巡途中，康熙帝将装潢成册的孔子、孟子及周公庙碑文御书墨本分赐衍圣公孔毓圻、博士孟贞仁、东野沛然（周公后裔）等。四十四年三月第五次南巡途中，康熙帝赐江南青浦孔宅匾额，并下谕旨："朕念孔子乃万世之师，既有遗迹，亟宜表彰，因于万几之暇，亲书'圣迹遗徽'匾额，以示尊崇先师之意。"又书"理明太极"匾额令悬周敦颐祠堂，书"正谊明道"匾额令悬董仲舒祠堂，书"经术造士"匾额令悬胡安国书院。十一月，从福建学政沈涵之请，书"程氏正宗"匾额令悬杨时祠（《清圣祖实录》）。

其二，大力表彰忠臣廉吏。通过御书碑文、匾额以及赐予手卷等方式表彰忠臣、奖掖廉吏是康熙帝的一贯做法。据载，他亲为忠贞不屈被"三藩"所害的范承谟、马雄镇书写碑文，并为范承谟祠书"忠贞炳日"匾额。二十八年二月，康熙帝于南巡途中命随员为在湖广兵变中"尽节捐躯"的叶映榴议谥号，亲写谥词"忠节"赐予映榴之子叶敷（fū）。三十八年三月，康熙帝赐故温处道陈丹赤之子陈一夔（kuí）"名垂青史"匾额，并谕曰："尔父为国殉难，朕至今悯之。赐此，特表尔父之忠。"

通过书法褒扬清官廉吏的事例也很多。二十三年十一月，康熙帝赐江宁知府于成龙（时称"小于成龙"，与下文中两江总督于成龙并非同一人）亲书手卷一轴，并传谕："朕于京师，即闻尔知府于成龙居官廉洁。今临幸此地咨访，与前所闻无异，是用赐尔朕亲书手卷一轴。朕所书字非尔等职官应得者，特因嘉尔清操，以示旌扬。"二十四年四月，康熙帝为已故廉吏——原两江总督于成龙亲书御制碑文，并令随行大学士、学士等观看。学士常书等奏曰："于成龙居官清慎，始终一节。今蒙皇上特恩，虽死犹生。伏望以御书镌石，颁给诸臣，使凡为臣者，时时仰睹宸翰，勉思效法，以副皇上鼓励臣工至意。"四十四年四月，康熙帝书"两江遗爱"匾额，令悬原任两江总督傅拉塔祠堂，并谕曰："傅拉塔居官甚好，其参劾之人虽多，总无怨者。大有气节，实心效力。朕因是特书匾额赐之。"

其三，密切"上下周浃（jiā，融洽）"的君臣之谊。康熙帝认为"君为元首，大臣为心腹"，君臣应当"上下一心，志气感孚，罔不周浃"（《圣祖仁皇帝御制文集》）。早在摹写书帖阶段，他便从近臣对自己所书只字片语的珍视情形中觉察到书法在沟通君臣关系方面的独到作用，这是他日后不断赐予大臣亲书匾榜、字幅、卷轴，并使此事渐渐成为其政治生活重要组成部分的主要原因。如二十一年八月，大学士杜立德、冯溥先后告老还乡，康熙帝亲书御制诗、唐诗卷轴赐之，以昭"优礼眷顾之意"。四十四年二月，康熙帝南巡至苏州，赐致仕在籍大学士张英御书"谦益堂""葆静"两匾额以及对联、手卷各一幅。次年七月，赐福建提督蓝理之母匾额，蓝理感激不尽，在陛辞时动情地说："今又准臣所请，赐臣母'昼锦萱荣'四大字匾额，臣虽粉骨碎身，何能仰报？"

康熙帝还曾将日常积累的大批书法作品拿出颁赐群臣。如四十一年五月，康熙帝传大学士、九卿、翰林、詹事、科道官 140 余员至保和殿，分别颁赐了御书字幅。

其四，体现对海外属国的怀柔思想。二十一年八月，清廷派翰林院检讨汪楫等前往琉球封赏该国国王。康熙帝一面叮嘱使臣

"务持大体，待以宽和，以副朕怀柔远人之意"，一面挥毫书写"中山世土"四大字令其颁赐琉球国王，以广播文教于属国。大臣牛钮等上奏评说："海外属国，得瞻宸翰，咸知皇上以人文化成天下之意。遐荒万里，如对天颜咫尺，慑威怀德，服教畏神。"次年四月，内阁侍读明图等前去安南封赏，康熙帝颁赐国王黎惟禛"忠孝守邦"四大字，日讲官们敬观御笔后奏言："以此颁赐安南，使遐荒万里，仰瞻天藻，具见圣朝文德怀柔至意。"大臣之语虽有言过其实之嫌，却大体说出了康熙帝的赐书意图。

三

康熙帝的书法活动绝非一般文人间的相互酬答唱和，而是具有丰富的政治内涵，成为其密切君臣关系、贯彻政治意图和统治思想的重要手段。

康熙帝的书法活动与其开博学鸿儒科以及六下江南一样，成功地笼络了汉族士人，改善了满汉关系，最大限度地赢得了汉人对皇帝本人和满族统治的认可。康熙帝亲政尤其是经历三藩之乱后，深刻地认识到除了大力推行崇儒重教政策外，最重要的是努力使自己掌握乃至精通汉族的文化，从而接续汉人的道统与治统，在根本上解决满汉矛盾问题。于是，他决意塑造自己的儒雅之气，致力研修文学和书法。

在中国历史上，书法对文人社会的影响十分深远。书法是文人的专长，精湛的书法艺术为每个文人所向往，科举考试的入门要求就是"楷法是否圆润"。一个人字写得好坏，是其思想深度和格调高低的重要参考。康熙帝发现，自己日益长进的书法技艺使群臣尤其是汉族文臣钦佩不已，而颁赐书法作品又能使他们感恩戴德，于是，书法作品便成为赏赐文臣的重要物品。康熙帝与汉族臣僚也在频繁的赏赐中建立起融洽和悦的君臣关系。依靠书法这门古老的艺术，康熙帝与汉族士人找到了一个新的契合点和沟通情感的桥梁，他很快赢得了汉族士人的普遍认可。

康熙帝曾说自己"政事稍暇，颇好书射"。大量史料表明，他的书法活动主要是围绕着改善满汉关系开展的，而射猎活动主要是围绕着维护满蒙关系和永葆本民族尚武精神举行的。这就是为何在南巡、西巡时，他走一路写一路，到处题词，广赐匾额，而北巡或木兰秋狝时则不断召见蒙古王公，一路走来，射猎不止。"书"与"射"是他文治武功的典型表征，而对"书"的巧妙运用恰恰体现了他高超的统治艺术。

作者简介

成积春，1965 年生，山东日照人。历史学博士，曲阜师范大学历史文化学院院长、教授。主要研究方向为清史、中国古代思想史，相关研究成果有《论康熙的社会控制思想》《治吏与"和平"——论康熙"中正和平"之道对吏治的影响》《论顺治帝的"自罪"帝王观念》等。

清代词人纳兰性德其人其事

吴伯娅

纳兰性德，姓纳喇氏（又译作纳兰氏），原名成德，后为避太子讳（胤礽初名保成）改为性德，字容若，号楞伽山人，满洲正黄旗人，生于顺治十一年十二月（1655 年 1 月），卒于康熙二十四年五月（1685 年 7 月），得年 30 岁。他是清初词坛上的名家，满族第一大词人。

性德的祖辈出自女真族中势力较大的叶赫部。曾祖金台什反对努尔哈赤，战败后自焚身死。金台什之妹被努尔哈赤纳为妃嫔，生下皇太极。皇太极被拥立为八旗之主后，叶赫纳喇氏的地位迅速上升。清兵入关时，他们统属于满洲正黄旗下，声威显赫。康熙年间，性德父亲明珠历任刑、兵、吏三部尚书，后升为大学士，权倾朝野。

性德自幼聪敏，儿时受过严格的教育，习文练武、能骑会射，少年时刻苦钻研学问，喜吟咏诗词。康熙十年补诸生，贡入太学。次年，中顺天乡试举人，主考官是蔡启傅（zǔn）和徐乾学。发榜之日，他随同年一起谒师（拜见老师），其身着青袍，举止闲雅，给徐乾学留下了很好的印象。之后，他又单独到徐乾学家求教，谈经史源委及文体正变。徐乾学既欣赏其才华，又看重其家世，对他很热情，给他讲立身行事的道理，还让他观看自己珍藏的宋元诸家经解。

被取入江南名士徐乾学的师门，刚满18岁的性德十分激动，向亲友们说道："吾幸得师矣！"从此，他经常向徐乾学请教，并开始广交学士。从康熙十二年五月到十五年秋，性德每逢三、六、九日，均到徐家听老师讲论书史。他十分勤奋，每次黎明出发，日暮方归。

康熙十二年，性德会试得中，不料殿试时因患寒疾未能参加。病愈后，他钻研经史愈加勤奋，准备三年后再考。这期间，徐乾学不仅指导他的学习，还将自己费30年心力选取并校定的138种先秦以来解释儒家经典的书籍交给他。性德又自撰两种，最终汇刊成大型丛书《通志堂经解》。性德不但用心将自己阅读经史的见解整理出来，朋友来访时所传述的异闻，他也随手记下。三四年后，积累成卷，汇成一部包含历史、地理、天文、历算、佛学、音乐、文学、考证等方面知识的集子——《渌（lù）水亭杂识》。

次年，性德娶两广总督卢兴祖之女为妻。两人感情笃深，幸福的新婚生活也激发了他的文学创作热情。谁知三年后卢氏难产而死，这给他造成了极大的痛苦，从此"悼亡之吟不少，知己之恨尤深"。虽然此后又续娶并纳妾，但这一精神打击使他在诗词中一再流露出凄楚怅然的思念。

康熙十五年，性德21岁，中二甲进士，被授以乾清门侍卫，初为三等，后晋为二等，直至一等。侍卫是皇帝近臣，清初，许多满族大臣如遏必隆、索额图、明珠、米思翰等都是从侍卫擢升上去的。性德这位素喜诗词的新进士没有像人们预料的那样选入词馆，而被皇帝留在身边，可见康熙帝对他很是器重。

在九年的侍卫生涯中，性德颇受皇帝眷注。康熙帝去盛京、登东岳、幸阙里、下江南，他都随从前往，多次得赐金牌、彩缎、御馔等物。性德忠于职守，不仅吃苦耐劳，而且特别谨慎。

　　然而，性德内心深处却对此职十分厌烦。他生平淡于荣利，并不想由侍卫发迹，但也不是一个只会吟诗作赋的书呆子，而是具有一定的政治才能和抱负。性德走上宦途之时，正值平定三藩期间，他既精文翰，又善骑射，很想有个发挥才能的机会。可是作为侍从，终日在皇帝身边打转，才华无所施展，公务上不敢有丝毫差错，还常常离家随驾，所以非常苦闷。他暗暗感叹："我今落拓何所止？一事无成已如此。平生纵有英雄血，无由一溅荆江水（指两湖地区的长江，在三藩之乱中是战场）。"他甚至想到脱离宦海，隐居江南作为归宿。

　　性德非常珍重友情。康熙初年，满汉民族矛盾仍然较为尖锐，他是权相之子，少年得志，却能消除偏见，与顾贞观、严绳孙、秦松龄、陈维崧、姜宸英、朱彝尊等众多汉族知识分子结交，这其中不少人是很不得志的。在官场上，性德处处提防，谨小慎微，一到朋友中间，他便敞开心扉，尽吐真言。他们常常饮酒赋诗，于论文之暇，谈论天下事，无所隐讳。友人们抨击时弊，他也激昂论事。有时对酒，雪涕（擦拭眼泪）悲歌。和朋友们别离，他总是依依难舍，写下了许多感人肺腑的篇章。他不但热情帮助有困难的友人，甚至对素不相识的寒士也慷慨解囊。

　　性德珍重友情，爱惜人才，最突出的例子是营救吴兆骞（qiān）。吴是清初江南有名的诗人。顺治十四年，清廷为打击江南地主，借惩办科场舞弊而兴起大狱。吴兆骞受到诬告，被流放到宁古塔，知情人都为他的冤屈叹息。康熙十五年，顾贞观以词代书，写了两首《金缕曲》寄给吴兆骞。其中一首词中写道："季子平安否？便归来，平生万事，那堪回首？行路悠悠谁慰藉？母老家贫子幼。记不起、从前杯酒。魑魅搏人应见惯，总输他、覆雨翻云手！冰与雪，周旋久……"这两首词情真意切，感人至深。性德见后，凄然泪下。尽管他素来不参与外廷事，与吴兆骞又从不相识，也明知此案牵扯着一连串的政治纷争，但仍然决定出面营救。经他多方努力、四处奔走，终于得到明珠、宋德宜、徐乾学等人的协助，使吴兆骞结束流放生涯，于康熙二十年回到北京。性德十分高兴，写诗祝贺，还将吴兆骞接到自己家中居住。

康熙二十一年，为了打击沙俄侵略势力，康熙帝派副都统郎谈率精干队伍，以行猎为名，赴黑龙江侦察。这是一项艰巨的任务，也是性德第一次参加军事行动。行军途中，他白天在冰天雪地里跋涉，晚上又不顾劳累，在灯下攻读。在《唆龙与经嵒（古同"岩"或"严"）叔夜话》一诗里，他写道：

绝域当长宵，欲言冰在齿。

生不赴边庭，苦寒宁识此。

草白霜气空，沙黄月色死。

哀鸿失其群，冻翮飞不起。

谁持《花间集》，一灯毡帐里。

经过数月的艰苦工作，他们完成任务回到北京。郎谈将他们对雅克萨的侦察情况和将来水陆两路进军的勘测结果，向康熙帝作了详细汇报，明确表示："俄罗斯久踞雅克萨，恃有木城，若发兵三千，携红衣炮二十具，即可攻取。"这坚定了康熙帝反击沙俄侵略的决心。

此后，性德又过起了乏味的侍从生活。他虽然年未而立，但身体并不强壮，曾在词中写道："曾记年年三月病，而今病向深秋。""身世等浮萍，病为愁成。"不过，他还能坚持跟随康熙帝四处巡狩，并扈从南巡后回京。二十四年五月，性德突然病重。康熙帝十分关切，每天派御医看视，并经常听取病况报告。然而性德高烧七天不退，还没有来得及服下御赐方药，便匆匆辞世，年仅 30。性德死后，康熙帝遣使赐奠，恤慰有加。许多士大夫深表震悼，悲叹他"志有所未尽展，才有所不得施，乃遗恨而入地耶！"六月，康熙帝在塞外得到捷报，清军攻克雅克萨城，沙俄侵略者投降。庆功时，康熙帝想起性德在世时曾远行侦察，于此胜作出过贡献，不禁悲从中来，于是遣官使拊其几筵（灵位）哭而告之。

性德的一生虽然短暂，但在文学方面取得了很大成就，是清初文坛上一颗耀眼的流星。其诗文书法俱臻佳妙，尤喜填词，在词的创作上成就最大。其诗词自然流畅，真切感人，如"德也狂生耳，偶然间，缁尘京国，乌衣门第。有酒惟浇赵州土，谁会成生此意？"性德的词虽不乏豪放之作，但更多的却是哀婉凄艳，如"晚来风起撼花铃，人在碧山亭。愁里不堪听。那更杂、泉声雨声。无凭踪迹，无聊心绪，谁说与多情。梦也不分明，又何必催教梦醒"。仕宦的苦闷，爱妻的早逝，对社会阴暗面的愤懑和无能为力等多种原因，引起了他的伤感情绪，造就了他独特的艺术风格。

作者简介

吴伯娅，女，1955 年生，湖北武汉人。中国社会科学院历史研究所研究员，著有《康雍乾三帝与西学东渐》《圆明园史话》等，发表论文数十篇。

两对满洲勋戚父子的人生命运

杨　珍

　　清朝前期的满洲勋戚中，佟国纲、鄂伦岱与阿灵阿、阿尔松阿两对父子有不少共同的特点，如性格爽直、勇于任事等。他们四人都是康熙帝母家的戚属，受到康熙帝的宠信，但人生命运各不相同：佟国纲于康熙二十九年（1690）乌兰布通战役中阵亡；阿灵阿病逝于康熙五十六年，雍正帝继位后，他因曾倡举皇八子允禩（sì）为皇太子而被追罪；雍正四年（1726），鄂伦岱与阿尔松阿以"固结朋党，扰乱众心"罪被杀。

　　佟国纲生于崇德初年，一等公、都统佟图赖长子，康熙帝生母孝康章皇后之兄。这一家族成员在清初多任显职，有"佟半朝"之称。顺治年间，国纲任一等侍卫（正二品），康熙帝继位，国纲与其弟国维并称国舅。数年后，国纲升正蓝旗汉军都统（从一品），袭一等公，又调任镶黄旗汉军都统，统领汉军火器营。

　　佟国纲个性鲜明，口无遮拦，即使在康熙帝前也是如此。如举荐官员时，如果他与康熙帝看法不一，总要坚持己见，坚请允准。康熙帝不悦，将他写有举荐人名字的绿头签掷之于地，他仍无惧色，奏称："宁将我都统革去，臣所荐无私，断不可不用。"康熙帝深悉其性，不予怪罪。

康熙二十八年，清廷派遣使团前往尼布楚，与俄罗斯使臣谈判议定边界。清朝使团以领侍卫内大臣索额图居首，佟国纲为辅。此次行程历时数月，备极艰辛，国纲的表现得到众人称赞。使团前往尼布楚途中，经过温达河，因连日暴雨，河水高涨，人畜多被急流卷走，众人多有畏难情绪。国纲为鼓舞士气，身先士卒，跳入水中，泅渡过河。即将抵达尼布楚时，使团成员对渡河前往会谈地点尚存疑虑。国纲称："彼倚长江之险，且秋草易枯，我军难留，故迟时日以要我也。如示远人以诚，身履其地，彼计沮矣。"在他的劝说下，众人不再犹豫。尼布楚谈判几度陷入僵局，佟国纲多次向作为使团翻译的传教士徐日升、张诚表示：无论拖延几时，必订立和约而后返。他以平和坚定的态度，敦促徐日升、张诚两人积极从中斡旋。经中俄双方反复磋商，是年七月，成功签订《尼布楚条约》。

佟国纲的长子鄂伦岱，自幼桀骜不驯。他大约生于顺治朝后期，初任一等侍卫。因常常顶撞其父，国纲以不孝奏闻，甚至请求康熙帝诛杀逆子。康熙帝煞费苦心为两人调解，于二十七年特将鄂伦岱调离京城，出任广东驻防副都统。二十九年，佟国纲阵亡，鄂伦岱奉旨回京，出任镶黄旗汉军都统。不久，袭封一等公，继父统领火器营，升任领侍卫内大臣。

四十七年九月，康熙帝废黜皇太子允礽，命众臣于诸皇子中保举一人，其意乃在复立允礽。可是，允礽暴戾恣肆，早已尽失人心。鄂伦岱同领侍卫内大臣阿灵阿等共同倡举皇八子允禩，被康熙帝驳回。次年春，鄂伦岱扈从康熙帝巡视畿甸。康熙帝对鄂伦岱等人倡举允禩一事，依旧耿耿于怀，对鄂伦岱面加切责，而他并无愧色。其后，复立允礽为皇太子。同年夏，康熙帝行围，鄂伦岱扈从左右。康熙帝怒气未消，斥责他："尔甚无恩情，尔所作之罪不可胜数，实为可杀之人。"遂令侍卫加以鞭责。鄂伦岱仍无畏惧，倨傲如故。

五十五年夏，鄂伦岱扈从康熙帝驻跸热河。因御轿迟误，皇帝不悦，令将该管大臣拿问治罪。恰好鄂伦岱在旁，听罢谕旨，不以为然，而且有所流露。康熙帝觉察后，对众臣说，必欲惩治鄂伦岱，以彰国法。然而一说而过，并未付诸实施。

雍正二年（1724）夏，鄂伦岱出任首席钦差大臣，赴楚库柏兴（即色楞格斯克），拟与俄使议定中段边界，议决逃人、盗案诸事。因沙皇使者未能如期抵达，鄂伦岱咨文俄国枢密院，敦请俄方就严守先前两国所定条约等项，明确指示全权大臣。此行为三年后清朝与沙俄签订《布连斯奇条约》打下基础。

与此同时，雍正帝颁示《朋党论》，要求诸臣"同好恶，公是非"，并加重责罚廉亲王允禩。朝中人人自危，不少大臣为了自保，极力疏远允禩等人。鄂伦岱依然故我，在人前袒护允禩，多次代他陈奏。不久，领侍卫内大臣阿尔松阿罹罪，鄂伦岱又挺身为他辩白，将其死罪担当一身。凡此种种，均成为他的罪证。

三年二月，雍正帝在诸王大臣前历数鄂伦岱"怀毒逞奸"诸事，称鄂伦岱与阿灵阿"原系廉亲王允禩等之党首，罪恶至重"。令将鄂伦岱革退一等公，发往奉天思过，与阿尔松阿同住。在发配地，鄂伦岱与阿尔松阿心怀不服，终日酗酒，牢骚满腹。四年五月，两人同被处斩。

与佟国纲父子情况相类的，是阿灵阿父子。

阿灵阿生于康熙九年，清朝开国勋臣额亦都之孙，一等公遏必隆第五子，康熙帝第二位皇后孝昭仁皇后及温僖贵妃幼弟。阿灵阿初任侍卫，17 岁袭一等公，22 岁任镶黄旗蒙古都统，其后调任满洲都统，升銮仪卫掌卫事大臣（正一品），再擢领侍卫内大臣（正一品），兼理藩院尚书（从一品）。

康熙四十七年一废太子事件中，阿灵阿是首倡推举允禩的大臣之一。在这一关系清朝命运的事情上，他的态度更为鲜明、坚决。允礽复立为皇太子后，阿灵阿倍感失望，长叹不已，竟有不愿存活之意。

五十一年春，阿灵阿参与察审允礽亲信、步军统领托合齐父子违礼筵宴、贪婪不法各款。不久，允礽第二次被废黜。阿灵阿喜形于色，且以审办太子党人有功自居。他在私下议论允礽的过失，与诸王大臣转相播扬，市井百姓亦有耳闻。

阿灵阿很有办事之才，被宗室成员视为"人杰"。时人称他无愧勋旧大臣子弟，处事公正，铁面无私。他长期领衔处理与西藏、蒙古及俄罗斯等交涉事务，得到康熙帝的嘉许。皇太子再废后，诸皇子结党角逐储位，阿灵阿仍倾心拥护允禩。

阿灵阿的次子阿尔松阿生于康熙朝中期。阿灵阿病故后，阿尔松阿袭二等公，康熙五十七年，擢领侍卫内大臣。较之上述三人，阿尔松阿的性格似相对内敛，故被雍正帝斥之为"柔奸狡猾，甚于其父"。

阿尔松阿的事迹在史籍中记载较少。雍正初年，他先任礼部尚书，后调刑部尚书，曾奉命赴天津料理盐务，审理盐价亏空案，得到朱批称赞。这表明他也较有才干。

二年七月雍正帝颁示《朋党论》后，谕责阿尔松阿自受任以来无心效力，劝之不听，惩之不畏，令革退刑部尚书。不久，雍正帝召集满汉众臣，备述阿灵阿生前造谣生事、结交允禩诸罪状，命将其墓碑镌刻"臣、不弟（tì，同"悌"）、暴悍、贪庸阿灵阿之墓"，以正其罪，昭示永久。令将阿尔松阿革退公爵，发往奉天，守其曾祖额亦都之墓。

佟国纲与鄂伦岱、阿灵阿与阿尔松阿两对父子，都是初任侍卫，精于骑射。除佟国纲外，其他三人均曾担任正一品的领侍卫内大臣。他们出身当朝勋戚之家，却非纨绔子弟，与清中期以降平庸少才的满洲权贵迥然有别。四人在朝中担任要职，无不勤于职守，口碑较好，有威信，孚众望。他们在一些重大事情上有自己的想法，敢于表明态度，不人云亦云，甚至不惧与皇帝相左，这以阿灵阿、鄂伦岱最为突出。

他们与康熙帝关系十分亲近，深得倚重庇护，却被雍正帝视做政敌，遭到报复，或被置之于死地。阿灵阿、鄂伦岱等因坚决拥护允禩，得罪了雍正帝。佟国纲英年早逝，本与储位之争无涉，因受鄂伦岱连累，也为雍正帝诟病，称他中枪身死，乃因平日蓄志忿戾，故特有意轻生，以辱国体。这显然是无稽之谈。阿尔松阿在康熙后期方步入政坛，然而既因其父之故，也因他本人同情支持允禩等人，于是同样为雍正帝所不容。

作者简介

杨珍，女，1955 年生，河南济源人。中国社会科学院历史研究所副所长、研究员，国家清史编纂委员会委员。著有《康熙皇帝一家》《清朝皇位继承制度》等。

名幕良吏汪辉祖

鲍永军

汪辉祖（1731—1807），字焕曾，号龙庄，浙江萧山人。他是清代乾嘉时期一代名幕，曾任知县等职，擅断疑难案件，被后人视为官场楷模。其所撰《佐治药言》与《学治臆说》等官箴著作受到世人推崇，晚清居官佐幕者几乎人手一册。

一、江南名幕

汪辉祖少孤家贫，勤学不倦。迫于生计，他在江浙地区佐理州县幕府 34 年，其间担任刑名幕友长达 26 年。幕友俗称师爷，是清代地方官私人延聘的辅佐人员，其中以审理裁决民事刑事案件的刑名幕友最为重要。萧山在清代辖于绍兴府，汪辉祖即为素有"无绍不成衙"之称的绍兴师爷群体中的代表人物。

他学问广博，见识超群，疑难纷淆，一览得其要领。乾隆年间，沿海诸省流行宽永通宝，文武官员竟无人识得此钱来历，乾隆帝下令严查。汪辉祖引用朱彝尊《曝书亭集》所载日本史书《吾妻镜》的序跋，指出这是日本铜钱，一时声名鹊起。

汪辉祖长期专掌刑名，才品兼优，秉性刚直，不唯上，只唯实。曾有官员想与他结拜，他说须待自己辞职之后，这样处理公务才不受情分干扰。还有一次，他起草的判词被上司多次驳回，却宁可辞职也不改变自己的正确意见，直至上司最终同意，因此人称"汪七驳"。凭借娴熟的司法技巧，当时营私舞弊本是易如反掌，但他却从不取一文非分之财。曾有扬州盐商愿出 160 两白银的年薪请他做文书，但由于此人态度傲慢，汪辉祖谢绝其请，却选择去做年薪仅 24 两的知府幕友，因为这位知府能以礼相待。

待人接物上，汪辉祖有自己的准则。一是忠诚守信，尽心尽力；二是刚正不阿，廉洁奉公；三是光明磊落，公平公正；四是宽厚仁慈，与人为善。保持这些优秀的道德品质，使他在应对复杂的人际关系时，能真正做到"富贵不能淫，贫贱不能移，威武不能屈"，进退自如。在处理公务时，他能不畏强势，不徇私情，维护公平正义，从而始终得到官员的敬重和民众的爱戴。

在他看来，人品正直是为人处世最起码的道德底线，并不值得夸耀。他的办案座右铭为"苦心未必天终负，辣手须防人不堪"，强调爱民、省事，不扰民、累民。处理案件无论大小，必静坐片刻，然后细心推究，慎重断案。有些因他秉公办案而免受牵连的百姓，甚至在家供奉其生像。他先后辅佐 16 位地方官，俱有贤声，成为各地争相聘请的一代名幕。

二、清官良吏

汪辉祖一边习幕，一边准备科举，乾隆四十年（1775）中了进士。由于丁母忧（母亲去世），他服丧期间又继续游幕，直到十年后才实授为湖南宁远知县。

他刚到任，就见有人来告状，立刻传令升堂。差役以为不吉利，他说："官员吉利与否，难道比处理民事更重要吗？"于是照审不误。宁远历年积案有 400 余件，新收状纸也很多，他充分发挥治狱特长，将新旧案件依次清理。宁远多"油火命案"，地痞流氓是"火"，差役为"油"，他们串通一气，将路毙浮尸摆在殷实乡民门前，恐吓敲诈，不遂即报官。汪辉祖碰到此类案件，受报即讯，并亲自赴验，有次竟翻山越岭90余里去勘验。当地痞见到浑身湿透的县太爷出现在面前时，惊得目瞪口呆，束手认罪，从此"打油火"之风顿息。由于断案精准，铁面无私，老百姓称他为"神君""汪龙图""汪佛""我们官"，人们甚至传说他会相面，好人坏人一看便知。邻近县的百姓有疑难官司，久拖不决，听说转由汪辉祖审理，遂转悲为喜。

虽然审理案件难度很大，但汪辉祖坚持问案不用刑，而是好语开导，往往说得嫌犯痛哭流涕，幡然悔悟，有时原告反而要替被告求情。有母告儿不孝，汪辉祖故意当堂要痛打儿子，事先授意母亲苦苦哀求免打，儿子大为感动，此后孝母送终。他在办案中注意为无辜者开脱，还对情有可原的重案犯讲究求生之道。他曾自豪地说："余治刑名佐吏凡二十六年，入于死者六人而已。"（《佐治药言》）

汪辉祖一生滴酒不沾，从不参加宴席。他办理公务，经常使用废旧纸张，馆舍油灯只留一条灯芯，甚至寒冬也不生炉火。县衙内厨购买菜蔬，惯例依照官价，比市价低很多，损害商贩利益，他下令一律照市价。宁远县例销淮盐，不仅价格高出粤盐八倍之多，而且经常缺货，民众只得偷买粤地私盐。上级派兵稽查，汪辉祖为民请命，并冒纵私罪名，对零星贩卖粤盐十斤以下者概不禁止。他的义举为总督毕沅所嘉赏，称其为"莽知县"。汪辉祖善察民情，整顿户籍，行保甲法，教民广种植、修城墙、兴学校，导以讲礼让、惜廉耻、节婚丧，以致风俗丕变，政声大播，时称"湖南第一好官"，总督命州县官皆仿其行事。

汪辉祖为人淡泊名利，不图升官发财，只求问心无愧。上司好几次想调他去富庶之地任职，他却不惜下跪请辞，宁可在偏僻贫困地区尽心履职。汪辉祖后任道州知州，因跌伤左足，未能及时办案，以迁延规避罪名被革职。途经宁远时，老百姓空邑相送，老幼泣拥，轿子不能前行。直至嘉庆二年（1797），还有宁远县民拿了全县父老的信札，赴萧山请他复职，受百姓拥戴之情可以想见。

三、官箴经典

汪辉祖游幕为官近 40 年，不仅具有丰富的从政经验，而且善于总结，写了很多官箴书籍。《佐治药言》与《续佐治药言》是其幕学专著，内容为办理幕务尤其是刑名事务的技术规范以及处理宾主关系的原则。他在书中阐述清代幕业的道德规范，指出，幕友虽不是官，但实际上做着代官治民的工作。谚云："衙门六扇开，有理无钱莫进来。"当时司法黑暗，百姓一旦打起官司，就要受到讼师、差役、官吏雁过拔毛式的盘剥，往往陷于贫困甚至倾家荡产。"堂上一点朱，民间千点血"，汪辉祖强调刑名幕友在准词、勘验、审理、结案各个环节上，都要贯彻省事原则，体恤百姓疾苦，严防株累牵连。对于为幕的原则，汪辉祖总结说："幕之自爱，要在廉、慎、公、勤。"其中，"公"是基础，所谓"宾主之义，全以公事为重"。

此外，他还撰成《学治臆说》《学治续说》《学治说赘》，全面论述了做官的原则、思想、品德、职责以及技能等方面要求，尤其对州县官经常处理的事务，如治民、事上、用人、听讼、治狱、理财、催科等等，都提出了行之有效的方法。他说："百姓之称长官，叫父台、父师、父母，尊之亲之，美其名所以责其实。"（《善俗书·辨称谓》）在官民关系上，汪辉祖指出，"官之禄，民之脂膏"，民为官之衣食父母，故州县长官应尽心尽责，唯以百姓之事为务。"治以亲民为要"，亲民在听讼，得民在去弊，应"以地方为己任，悉心抚字，与民休养，雪民冤抑"。在强调清廉、恤民的同时，推崇"称职在勤"，勤贵以恒以渐。他主张为官"志趣宜正"，须"看得官轻"，一切以公事为重，"趋吉避凶，理也。公而忘私，不当存趋避之见"。

这些官箴书言简意赅，切中要领，问世后风行海内，翻刻不计其数，被誉为"宦海舟楫""佐治津梁""官场教科书"，对清后期幕业与吏治影响深远。书中虽不乏机变权术与陈腐说教，但更多的是教导官场中人要仁慈爱民、廉洁奉公。如不节必贪、至亲不可用事、勿使家人有居官之乐、勿以土物充馈遗等等。到清末民初，这些著作仍为学幕者必读之书。时至今日，依然具有一定参考价值。

清代政学两界多以名幕、良臣、循吏称颂汪辉祖。史学家章学诚在《汪龙庄七十寿言》中说："居闲习经，服官究史。君有名言，文能称旨，布帛菽粟，人情物理。国相颁其政言，市贾刊其佐治，雅俗争传，斯文能事。"学者洪亮吉评价道："计君一生，在家为孝子，入幕为名流，服官为循吏，归里后复为醇儒"，"亦可为完人矣"（《萧山汪君墓志铭》）。这些评价可谓是汪辉祖为幕做官的真实写照。

作者简介

鲍永军，1970年生，浙江临安人。历史学博士，浙江大学历史系副教授。主要从事清史、浙江地方史研究。著有《绍兴师爷汪辉祖研究》《章学诚传》等，发表论文40余篇。

曾国藩的残酷杀戮与望死情结

姜　涛

　　曾国藩于清王朝的最大功绩，是血腥镇压了太平天国的造反。书生杀人，本身是个悖论。但在曾国藩身上，书生与刽子手的双重身份似乎得到了协调和统一。而本质上却是，曾氏在其残酷的杀戮背后，从心理上逐步产生了愈发强烈的望死情节。

　　曾氏是恪守传统道德的"正人君子"，死后官谥"文正"。这一谥号至少说明两个问题：一是其政治之"正确"，二是其律己之"严正"。因为"政治正确"，所以他在对敌斗争中立场坚定，气势甚壮；因为"律己严正"，所以他屠戮太平天国和其他造反者毫不手软，勇于杀人。

　　马克思主义史学家范文澜曾给曾国藩一"刽子手"的断语。这一断语是有其事实依据的，范老所列举的大量证据，有很多直接来自曾国藩本人的奏折。范老指出，曾国藩"在省城设'发审局'。凡团绅送被捕人到局，立即杀死，禁止尸亲呼冤，又禁止向团绅讲理。他竭力提倡团绅捕人，地方官杀人、捕人要多，杀人要快，官杀人'不必拘守常例'，绅捕人'不必一一报官'。人民更陷入朝不保夕的险境，大家叫他'曾剃头'，形容他杀人像剃头发那样多。他感觉到公论不容，给咸丰帝上了一个奏章说：'即臣身得残忍严酷之名，亦不敢辞。'""曾国藩乃提倡兽性来报仇泄忿……例如兴国、大冶战斗，获俘虏一百三十四名，'一概剜目凌迟'；九江城外获俘虏十二人，立即'凌迟枭示'；又生擒十三人，'就地剜目凌迟'；武昌城外太平军新兵战败，'带回七百余人，全数斩决'；崇阳战斗擒获七十余人，'杀死祭阵亡将士，祭毕，令兵勇割人肉生吞'。"（《汉奸刽子手曾国藩的一生》）

湘军攻入太平天国的首都天京（南京）后，即在城内大肆烧杀抢掠。40岁以下的妇女都被抢光，老人、幼孩则惨遭屠戮。曾国藩向清廷报告说："三日之间，毙贼共十余万人。秦淮长河，尸首如麻"，"三日夜火光不息"（同治三年六月二十三日《金陵克复全股悍贼尽数歼灭折》）。应该指出的是，即使是出自曾国藩本人的奏报，其战绩亦不免有吹嘘和造假的成分。比如其所谓湘军攻克南京时，"毙贼共十余万人"就是根本不可能的事，因为据李秀成说，当时守城的太平军总共只有几千人，有一些还趁乱突围出去了。攻城的湘军显然是把南京城里的老百姓也都当成所谓的"贼"加以屠戮了。曾国藩的湖南老乡谭嗣同在其所著《仁学》中就曾揭露说：

> 湘军以戮民为义……（城邑）一经湘军之所谓克复，借搜缉逋匪为名，无良莠皆膏之于锋刃，乘势淫虏焚掠，无所不止，卷东南数省之精髓，悉数入于湘军，或至逾三四十年，无能恢复其元气，如金陵其尤凋惨者矣。

曾国藩之滥杀无辜，从其幕僚赵烈文的日记中所记的一件小事中亦可见一斑。1861年（咸丰十一年）秋，赵烈文从上海乘英国轮船溯江前赴九江，与其同行者有一狂妄的广东士人曾耀光，于舟泊南京附近时竟"投贼巢"而去，同时却又将名片托赵烈文转交曾国藩，说是"日后尚拟到营"。一个多月后，赵烈文在拜会曾国藩时提及此人，曾国藩告诉他：此人五六日前已到此，"以其语悖谬杀之矣"（《能静居日记》，咸丰十一年七月初五、八月二十九日）。这位曾耀光在太平天国的天京究竟有过什么样的活动我们已不得而知，但至少太平天国方面没有杀害他，更没有阻止他前往曾国藩湘军的大营。

于此可见，无论如何为曾国藩辩护，他"刽子手"的名号，是无法甩脱的。

但这位视造反者或语言"悖谬"者生命如草芥的正人君子，却也有着极其强烈的望死情结。在与太平天国的生死搏斗中，他曾数度企图自杀：一是出师之初的靖港之败，二是湖口之役的座船被夺，三是困守祁门时的预立遗嘱。而成功镇压太平天国之后，已位极人臣（其时为武英殿大学士）且封侯爵的曾国藩终于失去了继续生活下去的勇气和意趣，此时他还不到六十岁。

其身体的多病，大概是一重要原因。早在 1840 年（道光二十年），曾国藩就已得肺病，幸而死里逃生。1845 年起又得牛皮癣，几乎伴其终生，自觉"无生人之乐"。其他还有耳鸣、肝肾等毛病，而从他最后死时的症状看，很可能是死于中风。战争不仅耗尽了他的聪明才智，也耗尽了他的体能。

然而疾病的折磨仅是其望死的原因之一。曾国藩毕竟是大政治家。其望死，还因为此时的他已倍感心力交瘁。一来，清廷对手握重兵的曾国藩有着很深的猜忌，一直是恩威并用。这种不信任，在曾氏兄弟攻陷太平天国的首都之后，表现得更明显。他们在清王朝的处境变得充满了凶险，使得这位"中兴第一名臣"时时处于"战战兢兢、如临深渊、如履薄冰"的惊惧之中。二来，他之杀人固然是为维护统治阶级的利益所驱使，但其所竭力维护的却并非其理想中的政权。他看不到大清王朝的前途何在，而他自己已不可能身负起"挽狂澜于既倒"的重任；他明白自己已落后于时代，已不再属于他所生活的这个充满了变数的时代，但他也不愿消极地等待时代的淘汰。于是"惟望速死"就成了他自觉的诉求。

1867 年 7 月（同治六年六月），也就是太平天国刚被镇压后不久、捻军尚未被扑灭之时，曾国藩与自己的幕僚赵烈文谈起了清王朝的前途命运。

赵烈文说："以烈度之，异日之祸，必先根本颠仆，而后方州无主，人自为政，殆不出五十年矣。"

曾国藩"蹙额良久"，然后问道："然则当南迁乎？"

赵答："恐遂陆沉，未必能效晋、宋也。"

曾说："本朝君德正，或不至此。"

赵则婉转地以"国初创业太易，诛戮太重，所以有天下者太巧"，"后君之德泽，未足恃也"作答。

赵烈文话语中所暗含的玄机，曾国藩当然不会不明白，于是便回答道："吾日夜望死，忧见宗祏（shí，宗庙里藏神主的石匣）之隉。"（《能静居日记》，同治六年六月二十日）

赵烈文的预测是有见地的，因为事实上清王朝在此后不到 50 年就被推翻了；曾国藩之望死应该也是发自内心的，因为在十多天之前他即已表示过"自顾精力颓唐，亦非了此一局之人，惟望速死为愈"（《能静居日记》，同治六年六月初八），而此时离他去世仅有 5 年，尽管他讲此话时才虚龄 57 岁。曾国藩有魄力镇压太平天国，但已没有精力对付飘忽不定的捻军，更没有勇气正视清王朝即将到来的陆沉。进一步说，即使国内的问题可暂告一段落，但西洋人挟重器而来，清王朝虽解除了一时的内乱危机，仍摆脱不了对外交往中的失败命运。这一切，再加上身体的原因，就使望死成了他时时萦绕于怀的心结。

当然，"望死"并非消极的"等死"。事实上，曾国藩只要一息尚存，也仍在努力学习。死前不久，他在 1872 年（同治十一年）初的日记中记载了自己仍在孜孜不倦地温习《周易》，阅读《宋元学案》《二程全书》等著述，并且多在三更才就寝。不过他所温习或阅读的这些依然属于中国传统的旧学问。

曾国藩死于 1872 年的 3 月 12 日（同治十一年二月初四）。午后，他在次子纪泽的陪同下到总督署西花园散步，忽然连呼脚麻，被扶掖至厅堂，端坐三刻而逝，终年虚龄六十二岁。曾国藩逝世的地点两江总督署，在太平天国占领时期曾为宫殿。八年前的 1864 年，洪秀全也病逝于此。一代重臣，在内心的矛盾与无奈中死去，其本身即是一时代的悲剧。

作者简介

姜涛，1949 年生，江苏滨海人。中国社会科学院近代史所研究员、博士生导师，国家清史编纂委员会委员。著有《中国近代人口史》《人口与历史——中国传统人口结构研究》《中国近代通史·第二卷：近代中国的开端（1840—1864）》等。

左宗棠曾想投太平军吗?

杨东梁

有一种传说:咸丰二年(1852),后来成为清朝"中兴名臣"的左宗棠曾谒见太平军领袖,并献攻守建国之策,结果未被采纳。此说流播甚广,甚至被一些史学著作采用。该传言是否可信呢?

关于左宗棠投太平军的最早记载,见于光绪三十一年(1905)发表的历史小说《洪秀全演义》(连载于香港《有所谓报》和《少年报》),作者黄世钟(字小配,广东番禺人)。翌年,由香港《中国日报》社排印成单行本。该书写道:左宗棠"当洪天王入武昌时,曾上书天王,劝他勿从外教,洪天王见他不明种族,又不识君民同重的道理,因此不甚留意他。他满望上书洪天王,得个重用,故经许多人聘请过他,他倒不愿出。今见洪天王没有什么意思,心中就有些不快,暗忖欲作胡元时的刘因(元代理学家,诗人,以不仕元朝闻名),怎奈自己不能久耐。继思晋时王猛,曾佐苻坚,遂定了主意。先受湘抚张亮基之聘,参赞戎幕。继又受湘抚骆秉章之聘"。又说:"当秀全初下武昌时,湖南举人左宗棠尚未出仕,曾上书于秀全,力称秀全武将有余,文事不足;且称秀全不宜信仰外教,宜尊崇孔子。"

此前三年即光绪二十八年，留日学生杨毓麟（字笃生，湖南长沙人）曾著《新湖南》说："湖南人如胡、左二公，固非无度外之思想者也"，左公"薨时语其家人说：'朝廷待我固不可谓不厚'；少间，又语曰：'误乃公事矣，在当日不过一反手间耳！'此言故人子弟多闻之者"（《辛亥革命前十年间时论选集》）。此说虽未直接提及左宗棠投太平军一事，但却从侧面认为他在当时有反清的思想倾向。

其后，日本学者稻叶君山于1914年出版《清朝全史》，也曾写道："据长沙人言，洪天王围长沙时，有一人布衣单履，与天王论攻守、建国之策。天王不能用，其人乘夜逃去。后湘人欲缚此献策者，因不知其姓名，其事遂寝。然考清末刊印之书，有曰《支那》（即宋教仁、黄兴于1905年在东京创办的《二十世纪之支那》杂志，撰稿人多为两湖留日学生）者，以为此人即左宗棠也，且劝洪天王弃天主耶稣，专崇儒教。"

著名历史学家范文澜沿袭并进一步肯定了这一说法，其代表作《中国近代史》曾有这样的表述："据比较可信的传说，当太平军围长沙时，左宗棠曾去见洪秀全，论攻守、建国的策略，劝放弃天主耶稣，专崇儒教，秀全不听，宗棠夜间逃走。"（人民出版社1953年版）

研究太平天国史的资深学者简又文在其《太平天国全史》一书中，也曾述及此事。他写道："据传说：左宗棠初以怀才不遇，郁郁不得志，尝投太平军，劝勿倡上帝教，勿毁儒、释，以收人心。惟洪、杨以立国之源头及其基础乃在新教，不能自坏之，不听。左乃离去，卒为清廷效力。"

此传说自清末至今已流播了一个世纪有余，曾引起不少人的兴趣。那么历史真相到底如何呢？笔者认为当时的左宗棠并不具备投太平军的必要性和可能性。可从四个方面分析：

第一，生活环境不允许。

从经济状况看，咸丰二年左右，左宗棠已年届"不惑"，有了一份自己的家业。八九年前，即在湘阴柳家冲置田70亩，又种茶植桑，读书万卷，自得其乐。道光二十九年（1849），复到省城长沙开馆授徒，又添一笔不错的收入。

从社会地位看，左宗棠于20岁中举，可谓少年得志。又得到陶澍（曾任两江总督）、林则徐（曾任湖广、两广、云贵总督）、贺长龄（曾任云贵总督）等高官名流的赏识。当左宗棠18岁时，贺长龄即破格"以国士见待"；陶澍初识左宗棠，"一见目为奇才"；林则徐久闻左宗棠之名，道光二十九年冬，特派人至柳庄（即柳家冲），召其会于长沙湘江舟中，"诧为绝世奇才"；咸丰元年，清廷开"孝廉方正科"，收罗人才。翰林院编修郭嵩焘以左宗棠应举，但被左氏婉拒；次年，贵州黎平知府胡林翼向新任湖南巡抚张亮基推荐左宗棠，称誉其"才品超冠等伦"。可见，此时的左宗棠在上流社会中，已经声名鹊起，远非像洪秀全起义前只是个默默无闻的穷书生。

从社会关系看，左宗棠的亲戚师友中不乏显宦达贵：陶澍、贺熙龄（贺长龄之弟，曾任都察院监察御史）是他的儿女亲家；林则徐、贺长龄是他的忘年交；胡林翼（后来官至湖北巡抚）是他的世交兼挚友；郭嵩焘、郭崑焘兄弟是他的同乡兼朋友。试想，身处这样一种社会关系网络中，左宗棠怎么可能冲破罗网去投敌对阵营的洪秀全呢？

第二，主观动机不具备。

左宗棠出身于一个书香门第，耕读之家。六岁读《论语》《孟子》，九岁作制艺（即八股文），寻绎汉宋先儒遗书，从小接受儒家思想熏陶，研读程朱理学，思想深处很难摆脱"忠、孝、节、义"的封建伦理窠臼。让他以一个清廷叛逆者的身份出现，真是势比登天还难！

另外，左宗棠从青年时代起就有很高的抱负，经常以诸葛亮自期，立誓要"为播天威佐太平"。封妻荫子、青史留名是他一生的追求，封建士大夫的"正统观"，也不可能让他站到清王朝的对立面去。

第三，时间安排不接轨。

传说左宗棠投太平军发生在咸丰二年。此前，他一直住在湘阴柳庄，"日与庸人缘陇亩"，且"别有一段乐意"。是年八月，为自保计，从柳庄迁至湘阴县东白水洞"避乱"。十九日，新任湘抚张亮基抵长沙，立即致书左宗棠称"思君如饥渴"。左氏遂应聘"出山"，并于二十四日与张亮基一道"登梯"进入被太平军包围的长沙城。其间并不存在与太平军接触的时间段。

再从太平军方面看，咸丰二年四月下旬，太平军从广西入湖南，连克数州县后，于七月初三攻占郴州，二十七日抵长沙城下被阻。两天后，前敌总指挥西王萧朝贵中炮阵亡。直到九月初一，洪秀全才从湘南的郴州赶到长沙城外。时左宗棠已经进城，两人不存在见面的时间。

第四，地点选择不相符。

传说洪、左见面的地点一为武昌，一在长沙。太平军攻占武昌是在咸丰二年十二月初四，此时左宗棠正在长沙张亮基幕府，得到高度信任，张"一以兵事任之"。次年正月初二，太平军放弃武昌，顺江东下。十天后，左宗棠才随调署湖广总督的张亮基离开长沙，向武昌进发。二十二日抵武昌。此时，太平军撤离武昌已有 20 天了，根本不具备洪、左会面的空间条件。至于说左宗棠在长沙谒见太平军领袖，更是天方夜谭。当时一个在长沙城内抗拒，一个在城外猛攻，双方正在进行你死我活的搏杀，何能会面献策！

既然"左宗棠投太平军"绝无可能，那么流言怎么会广为传播呢？

传言起于 20 世纪初，是与当时民族民主革命运动高涨的形势密切相关的。一些民主革命宣传家借助"先贤"威名，打着他们的旗号，以求达到动员民众反清的目的。正是在这样的历史背景下，左宗棠投太平军的传言也就应运而生了。而且在他的个人经历中，确实存在一些"疑点"，不能不引起人们的猜测。比如，咸丰三年九月，左宗棠离开张亮基幕府回到家乡后，坚持暂不"出山"。后任湖南巡抚骆秉章三次礼聘，他都"托词谢之"，颇有点蛰居待时的意味。这明显与他建功立业、"以诸葛亮自期"的抱负不符。其实，左宗棠当时确实想沉下心来，深入观察一下眼前的政治形势，以便把握复出的时机，而不是盲目行动。这与他平生处世谨慎，遇事深思熟虑的性格特点是相符的。

末代皇后婉容的宫中生活

李国荣

婉容是中国历史上最后一位皇后，从 1922 年 12 月入宫，到 1924 年 11 月和末代皇帝溥仪一起被冯玉祥驱逐出宫，在紫禁城总共生活了两年时间。婉容是怎样被迎娶入宫的？她在宫中的生活又是哪般情形？透过原始的清宫档案，我们可以有个大致的了解。

一、婉容入宫没走大清门

溥仪结婚是在 1922 年 12 月 1 日，他和婉容这一年都是 17 岁。清朝皇帝结婚称为大婚礼。这时的清王朝虽然已被推翻 11 年，但按照皇室优待条件，溥仪仍然保持着皇帝的尊称，并继续住在紫禁城，所以对内对外仍然称为大婚礼。这次迎入紫禁城的，除了皇后婉容，另有淑妃文绣。

婉容能被挑选当上皇后，真是费尽了周折。当初，要为溥仪选皇后的消息传开后，提亲的人便接踵而来。但按清朝定制，皇后都从满蒙王公大臣家的女儿中挑选。所以，像徐世昌、张作霖提亲推荐的，都被婉言谢绝了。据说，当时负责汇总提亲情况的溥仪叔父载涛的桌子上，女孩的照片都可以装订成册了。在这让人眼花缭乱的女子堆里，经过反复筛选，有四人入围成为候选人。再经仔细挑选，最后剩下婉容和文绣。

皇后只有一个，是选婉容，还是文绣，皇室内部钩心斗角，特别是那些太妃们，都想让小皇帝选自己看中的姑娘，以巩固各自在宫中的势力。这样争来争去，各不相让，最后只好让溥仪来"圣裁"。他看过婉容和文绣的照片后，最终选中婉容做皇后，文绣则封为淑妃。民间传说，是婉容的父亲荣源花了 20 万两黄金，为女儿买下了皇后这顶凤冠。这只是传闻，已很难证实了。

迎娶婉容做皇后的礼节仪式，全都按照清朝的旧例来办，分为纳彩礼、大征礼、册立礼、大婚礼四个步骤。具有订婚意义的纳彩礼，是在 1922 年 10 月 21 日这天，溥仪派正副使臣带着近千人的仪仗队伍和 100 多抬轿的礼品，到北京地安门外帽儿胡同婉容的家，向其父荣源送上彩礼。接下来的两个月里，先后举行了大征礼和册立礼，大征礼是告诉女方家里确切的成婚日期，册立礼则是正式给予皇后名分。说起来，婉容的婚礼也还是有些遗憾的。按清朝惯例，奉迎皇后入宫，不论皇后的家住在京城哪个方位，迎亲队伍都要经过大清门，再从紫禁城的正门——午门进宫。大清门在平时除皇太后、皇帝可随时出入外，任何臣工都不能擅自行走，皇后也只有在大婚之日才能享用一次。而婉容却没有享受到这份荣耀，她入宫不仅没走大清门，而且也没走午门。婉容走的是东华门大街，从东华门入的宫。从这点说来，她这个小朝廷时代的皇后，还是与大清帝国的真正皇后不一样的。这时的溥仪已是退位的皇帝，虽获准住在后宫，但紫禁城内乾清门以南的地方已归北洋政府了，因此也就不能再那么讲究了。

屈指数来，清朝入关后的 10 位皇帝，先后共立过 24 位皇后。如果婉容还可以称得上皇后的话，那么她就是第 25 位，也是古代中国的"绝版皇后"。

二、梅兰芳为婉容大婚演《霸王别姬》

在保存下来的溥仪档案里，有两本大婚典礼时的礼品账簿，封面上写着《大婚典礼进奉衔名物品册》，里面一一开列了送礼的人名、物品种类和数量等等。清单里，不仅有清朝的遗老旧臣，还有民国政府的要员、军阀政客，外国使节也名列其中。当时的大总统黎元洪，专门派特使带着2万银元前去祝贺。像曹锟、吴佩孚、冯玉祥、徐世昌、张作霖等民国要人，以及康有为等社会名流，也都送了如意、家具等贵重礼品。

为了操办婚礼，当时的小朝廷成立了专门的"大婚礼筹备处"，他们查阅《大清会典》和清朝历代皇帝大婚的档案，最后决定按照同治帝婚礼的规模来办，因为那次大婚相对花钱少些。虽然小朝廷已不能过于铺张，但最终算来，还是花费了40多万银元。当时，两元钱能买一袋面粉，这次婚礼的开销，竟可买20万袋的白面，这还算是节俭的了。而光绪帝大婚，竟花费了550万两银子！

大婚期间，宫里连续唱了3天戏，光这就花了3万多银元。值得一提的是，还专门请梅兰芳、杨小楼演了《霸王别姬》这出戏。当时曾有人提出，在这样大喜的日子里，演这样伤感的戏不太合适。但溥仪认为没关系，还是决定演了。当戏演到动情的地方时，太妃和王公的女眷们都流下泪来。散戏之后，一些王公旧臣心事重重，认为这是不祥之兆。两年后，当溥仪和婉容被赶出宫的时候，还有人说：这都是大婚时演《霸王别姬》惹的祸！

三、婉容在宫里的英文名字叫伊丽莎白

婉容入宫后，住在当年慈禧太后当兰贵人时住过的储秀宫。文绣住在重华宫。而溥仪更多的时间，仍像婚前一样，独自睡在养心殿。

紫禁城高高的红墙，关不住溥仪、婉容这些十七八岁少男少女的心，他们总是打着看望父母、探望老师等种种名义走出宫门，顺便游逛花园。在 1923 年的夏天，他们就连续三次找机会登上景山游玩。

在清朝，皇帝的生日称为万寿节，皇后的生日称为千秋节，每当遇到这样的节日，宫里都要唱戏庆贺几天。1923 年 9 月，是婉容入宫后的第一个千秋节，虽然对外再三说要节俭，还是在紫禁城的漱芳斋唱了一天的戏，并且对身边太监和宫内当差人员分别赏赐银元，少则两元、五元，多则十几元。就是在平时，婉容每天的生活费也要用去一二百元。

据说，在民国时期长大的婉容，从小受到做生意的父亲的熏陶，接受了不少西化教育。在紫禁城里，婉容和溥仪常常在一起骑车、打球。婉容还手把手教会了溥仪吃西餐。溥仪和婉容、文绣这些小朝廷的主人，还在宫内拍了不少照片，留下了他们的身姿芳容。

在溥仪的档案里，还有不少当年婉容在宫内写给溥仪的英文短信。他们两个天天都能见面，还用英文通信，说明他俩那时的感情还是不错的。婉容为了学习英语，在宫里先后请过两个美国女教师，专门教她。文绣也学英文，只不过请的是中国女教师。在婉容给文绣的信中，也不时掺杂着一些英文单词。当时，婉容还有一个英文名字叫伊丽莎白（Elizabeth），那时她自己按音译写

成"衣里萨伯",溥仪的英文名字叫亨利（Henry）。西化风气已经进入并且影响到末代宫廷的生活。

四、婉容用"植莲"作笔名写给文绣的信

小朝廷时代的宫禁生活是空虚和寂寞的。为了打发时光，排遣心中的郁闷，婉容进宫后写了不少诗文。这些作品的文稿，在溥仪、婉容匆忙出宫的时候，都留在了储秀宫、养心殿。在这些诗文中，婉容用"植莲"作笔名，文绣则被称为"爱莲"。

有一首婉容写给文绣的诗，题目是《致爱莲书》，诗是这样写的："明月何凄凄，照我丝竹居。问君何所思？吾以（亦）无所意（忆）。无所思无所忆，是何烦事使君悲？君悲没（莫）非思亲远，无人怜我对月凄。无所依，思亲思友无知己，亚似离燕南飞。归故乡，归故乡，见爷娘。"这首诗，在遣词用字及写法上，很明显受了《木兰辞》的影响。诗中的宫廷是凄凉的，作者的心境是愁闷悲伤的。当然，读者也可以看到，短短几行诗里，婉容就写了三个错别字。

还有一首题目叫《赠淑妃》的诗，也是婉容写给文绣的："明明月，上东墙，淑妃独坐在空房。娇弱飞燕常自舞，窈窕金莲世无双。"在这首诗里，婉容用"独坐""空房""常自舞""世无双"这样的字眼，这既是同病相怜的同情，也多少有些对文绣讽刺挖苦的味道。

再看婉容写给文绣的另一封信，是这样写的：

爱莲女士惠鉴：

昨接来函，知 you 之兰楮现以（已）痊愈，甚欣慰之。至诸君勿怕 me 错误，是于（与）君互相立誓，彼此切不得再生误会。不拘何事，切可明言。所以君今不来，以 our 稍

有误会之处。只是君因病不得来，此实不能解也。君闻过中外各国有 you 不能见之理么？若有何获罪之处，还望明以见告为幸。不过自叹才德不足，难当君之佳偶耳。

请罪人植莲启

透过信内"误会""不能解""获罪""请罪"这些字眼，我们似乎看到，刚刚入宫不久的末代皇后与皇妃之间的恩恩怨怨，就在冷冷清清的末日皇宫，仍然少不了后宫女子的小心计。

还有一封婉容写给文绣的信，很有意思，上面写道："爱莲女士吉祥，爱莲女士弹琴弹的好，爱莲女士唱得好，爱莲女士的娇病好点了。爱莲女士进药啦吗？爱莲女士进的好，拉的香。"看到这段文字，不禁令人感到，与其说这是一封短信，不如说是闲得无聊的皇室女眷的一种文字游戏。从中可以看出，清廷末代后宫的生活是何等的空虚。

1924 年 11 月 5 日，冯玉祥的军队进入紫禁城。当时担任北京卫戍司令的鹿钟麟带着二十几名警察来到内廷，逼迫溥仪的小朝廷接受修改后的"优待条件"，且当天就要离开紫禁城。皇宫里顿时一片慌乱，溥仪双手托腮，一声不吭，文绣无奈地说："搬出去也好，省得在这里担惊受怕！"只有婉容态度强硬，叫喊着说："反正我铁下心，今天不搬，不能搬！"但是，愿意搬也罢，不愿意搬也罢，军队上午 9 点入宫，下午 4 点溥仪就交出了"皇帝之宝"和"宣统之宝"两颗大印，带着婉容等一批身边的家眷，分乘五辆汽车，暂时迁往其父载沣的醇亲王府邸。末代皇帝溥仪和末代皇后婉容就这样，永远地离开了紫禁城。

纪念龚书铎、王思治、李文海三位先生

李洪峰

原编者按：本文刊发前，洪峰同志曾向戴逸先生征求意见。戴逸先生阅后写道："洪峰同志所写对我三位挚友龚书铎、王思治、李文海三位教授的纪念文章，情真意切，令人感动。文章高度评价了三位教授的学术成就，赞扬了他们对清史修撰的重要贡献。打造精品，孜孜以求。严己助人，不倦不怠。哲人已逝，典范常存！戴逸 2013 年 7 月 18 日"

规模宏大的国家清史纂修工程启动于 2002 年，经过了十个年头，工程未竣，而一些潜心修史的专家学者却已经永远离开了我们。这两年先后辞世的龚书铎、王思治、李文海先生就是其中的三位。我在负责清史工作之后，曾经先后约三位先生谈话，听取他们的意见、建议，先生们虽年事已高，但仍然情绪饱满，先生们的负责精神和渊博学识，历历如在目前，许多真知灼见，至今发人深思。

一

龚书铎先生是北京师范大学历史学院教授，福建泉州人。年少时坎坷波折，几度辍学，但始终坚持不懈，负笈求知。1947 年开始先后在台湾省立师范学院史地系、北京师范大学历史系学习，1952 年毕业后在北京师范大学任教。先生治史一甲子，对国家与社会抱有强烈的责任感和使命感。晚年致力于新修清史事业，孜孜不倦，鞠躬尽瘁，十分令人钦佩。

龚先生治学严谨，博学多识。20 世纪 60 年代，刚过而立之年的他就参与了《中国通史参考资料》的选编工作，所编著的近代史部分，时至今日仍为全国研习史学的高校学子参考。他参与编写的《中国近代史》教科书前后再版三次，发行 200 多万册，被学界公认是新时期以来影响最大的一部近代史教材。20 世纪 80 年代，他还参加白寿彝先生主持的《中国通史》编纂工作，主编了《中国通史·近代前编（1840—1919）》。进入 21 世纪，龚先生将研究重点由近代文化史转向学术史，由他主导完成的《清代理学史》，填补了此领域的学术空白，受到学界广泛好评，被授予国内出版界的最高奖——中国出版政府奖。

龚先生长期潜心探索中国近代文化史，对其中诸多重要问题，如中国近代文化的特点和历史地位、文化结构的变化、传统观念的变化以及中西文化关系等，都作了宏观全面而富有深度的探讨。此外，他还着重就鸦片战争、戊戌维新、辛亥革命、新文化运动时期等特定时段的文化问题作了具体剖析，对思想观念、社会习俗、经学文学等文化现象，都作了综合的考察与论述。他对近代文化进行了整体而深入的思考，特别强调：钻研文化史既要胸有全局，也要林中见木，只有把宏观论述与具体探究相结合，才能扎实地推进研究。先生通过出版《中国近代文化探索》《近代中国与文化抉择》《求是室漫笔》《中国文化发展史》《社会变革与文化趋向——中国近代文化研究》等著作，回答了一系列理论问题，论证了我国近代文化的学术地位，为中国近代史学科的发展作出了开拓性贡献。

龚先生矢志不渝地坚持以唯物史观治史，强调用马克思主义指导史学研究的重要性，认为只有运用马克思主义的基本观点和方法去分析，才能够把握本质，明辨是非，使历史得到清晰、透彻、全面的解释。

新世纪之初，龚先生与季羡林、任继愈、王钟翰、蔡美彪、朱家溍、戴逸、李文海、马大正、朱诚如、成崇德、王晓秋、郭成康共13位学者一起联名向党中央国务院建言纂修清史。清史工程启动后，他出任国家清史编纂委员会委员，坚持参与修史工作近十个寒暑。

即使在晚年反复受到病魔折磨的情况下，龚先生还是在治疗间隙坚持参加清史工程的相关学术会议，提出了许多有益的意见、建议。这期间，先生还审读了史表、传记、典志诸多项目的阶段性成果。其敬业精神，十分令人感动。

二

王思治先生是中国人民大学清史研究所教授，四川自贡人。1949年考入华西大学哲史系，1952年转入四川大学历史系。1953年考入中国人民大学历史教研室研究生班，毕业后留校任教。曾长期担任中国人民大学学术委员会副主任、学位委员会委员、清史研究所学术委员会主任等，是该所国家重点学科——中国古代史方面的学术带头人。

王先生在20世纪中期已经是研究秦汉史及三国两晋南北朝史的知名青年学者，是两汉奴隶社会说和魏晋封建论的代表人物之一。他参与了当时对"农民战争""历史人物评价"和"清官"等问题的讨论，其观点在学界产生了重要影响。20世纪70

年代末以后，他将研究重点转向清史，很快就成为该领域中的一位顶级专家，以其严密的逻辑思维和宏观把握历史脉络的学术风格为学界称道，1986年即被评为博士生导师，是史学界最早一批进入此行列的中年学者。其主要著作有《两汉社会性质问题及其他》《清史论稿》《清代通史·康熙卷》《康熙大帝》《承德避暑山庄与外八庙》等，并为联合国教科文组织撰写了《人类科学与文化发展史》第五卷之《16—18世纪的中国》。

王先生继承了中国史学的经世致用传统，认识到：清朝离当下比较近，要科学认识国情，现在遇到的许多问题都要回溯到清代，研究清史不仅有学术价值，也是富有现实意义的。他主张应站在历史唯物主义的立场上，从世界视角来认识明清易代，进行客观评价。在着重强调清代民族压迫的时代背景下，他很早就认为清朝在结束国内分裂局面、加强国家统一、抵御西方殖民侵略等问题上作出了历史贡献。这一观点目前已成为学界共识，是我们评价清前期历史地位的基点之一。此外，在清代社会矛盾、皇位继承、文字狱案、外交外贸、宗族制度、盐商盛衰等课题上，他都有深入研究，建树颇多。

清史工程刚刚启动，王先生就参与了国家清史编纂委员会的学术工作。先生此前曾主编过《清代人物传稿》，对编撰人物传记经验丰富。由此，从选定传主到制定大纲，他对传记组前期的基础工作进行了悉心指导。参加编审组之后，王先生验收了《通纪·第一卷》的项目成果，作为一审专家主审了《传记·康熙朝》（上、下）两部书稿，并审读了大量其他项目的阶段性成果。同时，作为学界前辈，先生对清史工程主办的面向省部级领导干部的内参——《清史参考》给予了很大支持，六年中陆续发表了《"御门听政"——康熙朝中枢决策"朝会"》《清朝军机处》《清代文字狱》《"太后下嫁疑案"辨证》等8篇文章。

王先生学养深厚，为人坦诚，淡泊名利，勇于担当，对修史工作兢兢业业，十年如一日。去世前两年，虽然身体状况不好，他仍坚持拄着拐杖出席会议，精心修改审定书稿。直到生命走到尽头的前一天，还在伏案耕耘。他的事业心、责任心，足为后学楷模。

三

李文海先生是中国人民大学清史研究所教授，江苏无锡人，1949年参加革命工作，1952年考入中国人民大学历史研究班学习。1955年毕业后留校任教，先后担任该校清史研究所所长、历史系主任、副校长、党委书记、校长等职。

李先生非常注重历史研究与现实关怀的有机结合。他坚信"任何一门学科，哪怕是最深奥的学问，如果不同丰富鲜活的社会生活发生紧密联系，不同广大群众发生密切的关联，就不可能有生命力"，学术"必须要有益于社会、服务于社会，学术成果要能为社会所共享"。他强调历史学要发挥以史为鉴的功能，大力呼吁"历史学，请走出史学界"。

我国是一个发展中的大国，各种自然灾害给国家发展和人民生活带来种种问题和困难，使党和政府时刻面临重大考验。李先生很早就敏锐地意识到近代灾荒史研究的学术价值和现实意义。20世纪80年代，他开始为这个新的史学研究领域拓荒。他先后主编了五部具有基础意义的著作：《近代中国灾荒纪年》《灾荒与饥馑：1840—1949》《近代灾荒纪年续编（1919—1949）》《中国近代十大灾荒》《中国荒政书集成》，成为我国灾荒史研究的必备工具书。此外，他还着重就某些特定时段的灾荒问题作了具体剖析，撰写或合写了《甲午战争与灾荒》《义和团运动时期江南绅商对战争难民的社会救助》《清末灾荒与辛亥革命》等专题论文。同时，先生从多个全新角度对灾荒史进行研究，发表《近代中国灾荒与社会生活》《晚清义赈的兴起和发展》等文章，推动灾荒史研究向前发展。在李先生的带领下，近代灾荒史研究不断取得新成绩。

李先生是清史《研究丛刊》的主编，龚书铎、王思治两位先生则兼任编委。作为清史工程五大丛刊之一，《研究丛刊》的目的是组织出版高质量的学术成果，以为清史研究和编纂之用。三位先生审读了大量书稿，有时还亲自约见作者，开诚布公地进行讨论。他们严谨的工作态度和认真负责的精神，得到了各位书稿作者的衷心感谢，广大读者也从中受益。

2010年开始，戴逸先生特邀一直担任国家清史编纂委员会委员的李先生参加主任办公会议，参与编委会领导工作。李先生恪尽职守，一丝不苟，殚精竭虑协助戴先生，深思熟虑地谋划清史工程的未来，抱病出席历次审改会议，语重心长地发表讲话，悉心指导史表、图录、传记等组的审改工作。

李先生一直强调要发挥清史纂修资政育人的社会功能。2008年起，他被《清史参考》聘为顾问。先生非常支持这份内参的发展，不但精心指导办刊工作，而且亲自对外广泛宣传，还身体力行，陆续发表《"振兴中华"口号的由来》《顺治帝论为官四戒》《康熙帝八拒尊号》《周恩来论清代历史及清史研究》《为政以爱民为本》等23篇文章。逝世前三天，先生刚刚为该刊改定了长文《〈聊斋志异〉描绘的官场百态》，不料竟成绝笔，实在令人慨叹。

四

龚书铎、王思治、李文海三位先生留下的宝贵精神财富，给我们以多方面的启迪。

第一，治史是名山事业，要以敬畏之心郑重对待。要继承和发扬《春秋》精神、《史记》精神、《汉书》精神、《通鉴》精神，要上对得起祖宗，下对得起子孙后代，经得起时间、实践和历史本身的检验。

第二，今天修史，拥有前所未有的有利条件，也面临巨大的困难。要以愚公移山的气魄，坚韧不拔，百折不挠，埋头苦干，努力修出信史，确保史实确凿；修出良史，确保史观正确；修出雅史，确保史笔精湛。

第三，坚持古为今用、实事求是。一切历史都是当代史。修史的根本目的是认识和把握历史发展的客观规律。必须从根本上正学风、改文风，切实扫除浮躁之弊，潜心读书，深入思考，字斟句酌地提高写作质量，以无愧于先贤、无愧于先人。

后　记

　　清史纂修工作自 2002 年启动以来，一大批新的科研成果相继产生。为发挥清史纂修在资政襄政等方面的作用，我们从 2006 年 7 月开始编发内部资料《清史参考》（周刊），择要刊登在清史纂修和研究工作中形成的部分科研成果。其内容包括典章源流、名人史事、资料考证、学术争鸣等，力求如实反映清代的政治、经济、文化、社会等各方面情况，为有关部门和领导同志提供参考。

　　2008 年，我们将已刊发的《清史参考》结集出版，取"以史为鉴"之意，定名为《清史镜鉴》。之后每年一编，先后出版了《清史镜鉴》前六辑。现将 2013 年的《清史参考》合刊为《清史镜鉴》第七辑。我们将所收文章进行了分类，对文中的生僻字词酌加注释，并重新校订了原文。

　　《清史参考》编发七年多来，得到了许多读者的关心指点，也得到各地清史专家的大力支持，值此《清史镜鉴》第七辑出版之际，谨表示衷心的感谢！

国家清史编纂委员会

国家清史纂修领导小组办公室

2014 年 1 月